基于"成果导向"的报关技能型人才培养教材

进出口报关实务

JINCHUKOU BAOGUAN SHIWU

● 主　编　李　洁　翟树芹
● 副主编　潘小波　赖红清

·广州·

图书在版编目（CIP）数据

进出口报关实务/李洁，翟树芹主编．—广州：华南理工大学出版社，2017.7
ISBN 978-7-5623-5343-0

Ⅰ.①进… Ⅱ.①李…②翟… Ⅲ.①进出口贸易-海关手续-中国-高等职业教育-教材 Ⅳ.①F752.5

中国版本图书馆 CIP 数据核字（2017）第 170590 号

进出口报关实务
李 洁 翟树芹 主编

出 版 人：	卢家明
出版发行：	华南理工大学出版社
	（广州五山华南理工大学17号楼，邮编510640）
	http：//www.scutpress.com.cn E-mail：scutc13@scut.edu.cn
	营销部电话：020-87113487 87111048（传真）
责任编辑：	黄冰莹
印 刷 者：	广州市穗彩印务有限公司
开 本：	787mm×960mm 1/16 印张：15.5 字数：343千
版 次：	2017年7月第1版 2017年7月第1次印刷
定 价：	38.00元

版权所有　盗版必究　　印装差错　负责调换

前　言

　　报关活动是国家对外经济贸易和国际商品供应链中的重要组成部分，报关是货物进出口的法定环节。近年我国海关为了提高进出口货物通关效率，进行了一系列改革，对报关企业和报关从业人员的管理方法做了调整，对进出口报关业务流程进行了优化。报关行业实践的发展对职业教育提出了新要求，本书本着"以职业活动为导向，以职业能力为核心"的指导思想，以学习成果为导向，致力于提高学生的学习、应用能力。

　　广东岭南职业技术学院在参考美国学历资格框架（DQP）的基础上，从2014年开始开展人才培养模式的改革与创新，践行以"学生为中心、成果为导向"的育人理念，实施"教、学、做、创"一体化改革，建立了成果导向的课程调优体系与人才培养质量的诊断与改进保障体系，实现由传统注重课程教学过程和学分的育人模式到以学生为中心、注重学生学习成果、强化课堂知识融合与应用转变，使学生毕业后能真正拥有职业和社会适应能力，成为全面发展的人才。该教学理念把学生的职业需求、发展需求、毕业生期望转变成DQP体系中学习领域的需求，同时将每个学习领域设置学业要求的多个预期学习成果参照点，作为对课程预期学习成果进行验收与评价的标准。本教材基于此理念，尝试编写适合"成果导向"教学模式的报关技能型人才培养教材。

　　本书编写以工作任务为载体，教学内容从学生"学习预期成果"着手，通过设计的"学习预期成果"，达到学生在完成"预期成果"过程中掌握知识和技能的目的。全书分为"报关基础知识""海关监管货物报关"和"报关业务专项训练"三大模块，每个模块分成若干项目和子项目。在每个项目中，我们设置了工作任务、技能目标、知识目标、任务预期成果、知识链接、工作任务示范、拓展提高等内容。工作任务是一个根据实际工作情景设置的虚拟工作任务，编写过程贯穿对这个工作任务需要完成的预期成果进行分析，直至最终完成这个任务，帮助学生更好地把知识、技能和实际工作结合起来。在编写时，我们考虑将各项目的工作任务交由学生完成。"知识链接"是学生完成任务时必须掌握的理论知识。"工作任务示范"是仿照需要学生完成的预期成果举例。学生通过完成项目任务预期成果达到掌握报关知识学习和技能训练的目的，培养学生提出问题、分析问题、解决问题的综合能力。全书编写注重知识的引导与实践操作相结合，教材融入了大量实践性案例，方便教师进行"以学生为中心、成果为导向"的教学方法改革。此外，在教材编写过程中以海关最新公布的政策和要求为基础，力求反映行业新发展。

本书由李洁、翟树芹担任主编，李洁负责确定全书的框架内容、统稿、定稿，翟树芹参与审校工作；潘小波、赖红清担任副主编。具体编写分工如下：翟树芹（广东岭南职业技术学院）负责编写模块一项目一、项目二；潘小波（广东外语艺术职业学院）负责编写模块一项目三、模块三项目二；李洁（广东岭南职业技术学院）负责编写模块二项目一、项目三及模块三项目一；赖红清（广东佛山职业技术学院）负责编写模块二项目二、项目四与模块三项目三。

本书可作为高职高专院校报关与国际货运专业、物流专业、国际贸易专业及其他相关专业的教材，也适合应用性本科院校学生学习，同时对有志于从事报关员业务的各类人员和外贸、国际物流公司的相关人员也有实践指导意义，还可作为报关水平测试的应试培训辅助教材。

本书出版得到了佛港报关行的大力支持，其提供了大量的企业资料和案例。在本书编写过程中，参考了国内外多部报关实务文献，在此谨向以上单位和相关专家、同仁表示衷心感谢。由于作者水平有限，本书难免有遗漏错误之处，希望专家、同仁、读者批评指正并提出宝贵意见。

编　者

2017 年 5 月

目 录

模块一　报关基础知识 ··· (1)
　　项目一　报关与海关管理认知 ·· (2)
　　项目二　报关单位和报关员岗位认知 ····································· (18)
　　项目三　对外贸易管制 ·· (31)

模块二　海关监管货物报关 ·· (55)
　　项目一　一般进出口货物报关 ·· (56)
　　项目二　保税货物报关 ·· (88)
　　项目三　减免税货物报关 ··· (122)
　　项目四　暂时进出境货物报关 ·· (132)

模块三　报关业务专项训练 ·· (147)
　　项目一　进出口商品归类 ··· (148)
　　项目二　进出口税费计算 ··· (162)
　　项目三　报关单填制 ··· (195)

参考文献 ·· (229)

附录一　模块二【项目一工作任务】资料 ································ (230)
附录二　模块二【项目一工作示范1】资料 ····························· (234)
附录三　模块二【项目二工作任务】资料 ································ (237)
附录四　模块二【项目二工作示范1】资料 ····························· (240)

模块一　报关基础知识

【引导案例】

离职空姐代购走私案

前空姐李×航伙同他人采用以客带货的方式从机场无申报通道将化妆品等货物携带入境，并通过李×航、石×东在网店销售牟利。2012年7月18日，北京市第二中级人民法院一审以走私普通货物罪判处李×航有期徒刑11年，罚金50万元。李×航不服判决，于2012年9月提起上诉。本案发回重审后，海关重新认定实际货物部分偷逃税款约为8万元，北京市第二中级人民法院做出判决，以走私普通货物罪分别判处李×航等人有期徒刑3年到2年4个月不等，并处罚金4万元到2万元。

模块预期学习成果：

（1）阐述海关管理的内容，运用海关法规界定走私罪、走私行为和报关过程中违规行为及管理措施。

（2）能够办理报关单位和报关人员的注册备案，掌握海关对报关单位和报关人员的管理措施。

（3）能够查找不同类别货物的对外贸易管制措施和相应许可证在报关过程中的使用要求。

模块学习主旨：

报关是对外贸易活动中的重要环节，海关作为国家进出境的监督管理机关，通过对报关活动的有效管理，以实现海关各项职能任务，维护进出口贸易活动的正常秩序。为了达到有效监管的目的，海关规定了运输工具、货物、物品进出境的手续和要求，这些手续和要求通过海关管理相对人的报关活动而实现。

报关活动是否规范合法，直接影响海关监管的工作质量和工作效率，与此同时，报关活动的规范、守法程度也会影响海关的监管方式与制度。

因此，进出口过程中报关企业和报关人员必须遵循海关管理规定，进出口商品必须符合我国对外贸易管制的要求。本模块介绍海关管理、报关企业报关人员管理、对外贸易管制等内容。

项目一 报关与海关管理认知

【工作任务】

2016年3月，广州海关对一批进口货物正常通关放行，2016年5月，广州海关发现该企业已经结关的货物有走私嫌疑，于是到负责该批货物的报关企业调查取证，该企业以货物已经正常结关、海关无权调查为由将海关工作人员驱出企业。

该企业的行为对吗？

【技能目标】

• 在报关过程中，能够遵守海关法律法规，按要求办理报关业务并配合海关工作。

【知识目标】

• 海关的含义、海关的权力
• 海关的组织机构、海关法律法规

【任务预期成果】

根据本项目工作任务资料完成任务预期成果：

（1）阐述该企业的行为是否合理，说明理由。
（2）阐述该企业在海关调查取证时正确的做法。
（3）阐述走私罪、走私行为、报关过程的违规行为之间的区别，并举例说明。

【知识链接】

一、报关认知

（一）报关的含义

《中华人民共和国海关法》（下简称《海关法》）规定："进出境运输工具、货物、物品，必须通过设立海关的地点进境或者出境。"因此，由运输工具负责人、进出口货物收发货人、进出境物品的所有人或其代理人必须在设立海关的地点进出境并为进出境运输工具、进出口货物、进出境物品办理规定的海关手续。该海关事务也称为"从事报关业务""办理报关纳税手续"等。

报关是指进出境运输工具负责人、进出口货物收发货人、进出境物品的所有人或者他们的代理人向海关办理运输工具、货物或物品进出境手续及相关海关事务的过程。

在进出境活动中，还经常使用"通关"这一概念。报关与通关的关系如表1-1所示。

表1-1 报关和通关的区别

项 目		报 关	通 关
联 系		对象相同，都是针对运输工具、货物、物品的进出境而言	
区别	角度不同	报关主体	海关行政管理人
	业务范围	进出境手续及相关手续	不仅包括进出境手续，还包括对报关对象进行监督管理

（二）报关分类

海关为了提高监管效率，根据所涉及的报关对象、报关目的、报关活动实施者、报关方式等对报关进行分类，不同类别的报关流程是有差异的，如表1-2所示。

表1-2 报关分类

划分标准	报 关 分 类	业 务 区 别
报关对象	运输工具报关	向海关交验合法证件、清单及其他运输单证
	物品报关	限自用合理数量
	货物报关	根据不同监管货物，由专业人员办理
报关目的	进境报关	进境报关手续
	出境报关	出境报关手续
报关地点	口岸报关	货物实际进出境地海关办理报关手续
	属地报关	报关单位所在地海关办理报关手续
申报是否集中	逐票报关	进出口货物每次进出境办理报关手续，常规通关方式
	集中报关	进出口货物每次先用"集中报关清单"申报，再以报关单集中申报
是否纸质报关	有纸报关	向海关提交纸质报关单履行申报义务的方式
	无纸报关	通过计算机信息系统向海关履行申报义务的方式，已全面推广使用
报关实施者	自理报关	进出口收发货人，为本单位办理报关纳税
	代理报关	报关企业为委托企业的进出口货物提供报关纳税服务

（三）报关的内容

1. 进出境运输工具报关的基本内容

根据海关要求，进出境运输工具负责人或其代理人在运输工具进入或驶离我国关境时均应如实向海关申报运输工具所载旅客人数、进出口货物数量、装卸时间等基本情况。

1) 运输工具申报的基本内容

进出境运输工具负责人或其代理人就以上情况向海关申报后,有时还需应海关的要求配合海关检查,经海关审核确认符合海关监管要求的,方可上下旅客、装卸货物。

2) 运输工具舱单申报

进出境运输工具舱单(简称舱单):反映进出境运输工具所载货物、物品及旅客信息的载体,包括原始舱单、预配舱单、装(乘)载舱单。不同舱单类型的内容见表1-3。

表1-3 舱单类型

目的	舱单	内容
进境	原始舱单	反映进境运输工具装载货物、物品或乘载旅客信息的舱单
出境	预配舱单	反映出境运输工具预计装载货物、物品或乘载旅客信息的舱单
	装载舱单	反映出境运输工具实际配载货物、物品或载有旅客信息的舱单

(1) 进境。

①进境运输工具载有货物、物品的,舱单传输人应当在规定时限内向海关传输原始舱单主要数据。舱单传输人应当在进境货物、物品运抵目的港以前向海关传输原始舱单其他数据。

海关接受原始舱单主要数据后,收货人、受委托的报关企业方可向海关办理货物、物品的申报手续。

②进境运输工具载有旅客的,舱单传输人应当在规定时限内向海关传输原始舱单电子数据。

(2) 出境。

出境运输工具预计载有货物、物品的,舱单传输人应当在办理货物、物品申报手续以前向海关传输预配舱单主要数据。

以集装箱运输的货物、物品,出口货物发货人应当在货物、物品装箱以前向海关传输装箱清单电子数据。海关接受预配舱单主要数据后,舱单传输人应在规定时限内向海关传输预配舱单其他数据。

出境货物、物品运抵海关监管场所时,海关监管场所经营人应当以电子数据方式向海关提交运抵报告。运抵报告提交后,海关即可办理货物、物品的查验、放行手续。

舱单传输人应在运输工具开始装载货物、物品前向海关传输装载舱单电子数据。

出境运输工具预计载有旅客的,舱单传输人应当在出境旅客开始办理登机(船、车）手续前向海关传输预配舱单电子数据。舱单传输人应当在旅客办理登机（船、车）手续后、运输工具上客前向海关传输乘载舱单电子数据。

（3）变更。

已经传输的舱单电子数据需要变更的，舱单传输人可以在原始舱单和预配舱单规定的传输时限以前直接予以变更，但是货物、物品所有人已经向海关办理货物、物品申报手续的除外。

2. 进出境货物报关的基本内容

进出境货物比较复杂，根据海关规定一定要由报关员来办理报关手续。货物的报关根据监管性质分为一般进出口货物、保税货物、减免税进口货物、暂时进出境货物等。对于各类货物的报关，一般来说必须向海关办理进出境手续，包括申报、查验、缴税、放行四个环节。但是对于保税货物、减免税进口货物、暂时进出境货物还要前期办理备案手续，后续办理核销手续。具体业务见本书模块二内容。

3. 进出境物品报关的基本内容

海关对进出境物品监管的基本原则是：自用合理数量原则。

对于通过随身携带或邮政渠道进出境的货物要按货物办理进出境报关手续。

（1）进出境行李物品的报关。

世界大多数国家都规定旅客进出境采用"红绿通道制度"，我国也采用"红绿通道制度"。

"绿色通道"（无申报通道）是指带有绿色标志的通道，适用于携运物品在数量上和价值上均不超过免税限额，且无国家限制或禁止进出境物品的旅客。

"红色通道"（申报通道）适用于携运有应向海关申报物品的旅客。对于选择红色通道的旅客，必须填写申报单。

（2）海关在对外开放口岸实行新的进出境旅客申报制度。

进出境旅客没有携带应向海关申报物品的，无须填写申报单，选择"无申报通道"通关。

除海关免于监管的人员以及随同成人旅行的16周岁以下的旅客外，进出境旅客携带有应向海关申报物品的，须填写申报单。

（3）进出境邮递物品的报关。

寄件人填写"报税单"（小包邮件填写"绿色标签"），"报税单"和"绿色标签"随同物品通过邮政企业或快递公司呈递给海关。

4. 进出境其他物品的报关

（1）暂时免税进出境物品。

个人携带进出境的暂时免税进出境物品，须由携带者向海关做出书面申报，经海关批准登记，方可免税携带进出境，应由本人携带出境或者携带进境。

（2）享有外交特权和豁免权的外国机构或者人员进出境物品。

包括：

①外国驻中国使馆和使馆人员，以及外国驻中国领事馆、联合国及其专门机构和其他国际组织驻中国代表机构及其人员进出境的公务用品和自用物品。

②外国驻中国使馆和使馆人员进出境公用、自用物品应当以海关核准的直接需用数量为限。

公务用品：是指使馆执行职务直接需用的进出境物品。

自用物品：是指使馆人员和与其共同生活的配偶及未成年子女在中国居留期间的生活必需用品。

③使馆和使馆人员因特殊需要携运中国政府禁止或者限制进出境物品进出境的，应事先获得中国政府有关主管部门的批准。

有下列情形之一的，使馆和使馆人员的有关物品不准进出境：

a. 携运进境的物品超出海关核准的直接需用数量范围的；

b. 未依照规定向海关办理有关备案、申报手续的；

c. 未经海关批准，擅自将已免税进境的物品进行转让、出售等处置后，再次申请进境同类物品的；

d. 携运中国政府禁止或者限制进出境物品进出境，应提交有关证件而不能提供的；

e. 违反海关关于使馆和使馆人员进出境物品管理规定的其他情形。

④使馆和使馆人员首次进出境公用、自用物品前，应向主管海关办理备案手续，按规定以书面或者口头方式申报。填写"中华人民共和国海关外交公/自用物品进出境申报单"，向主管海关申请，并提交有关材料。

二、中国海关管理体系

1999年6月世界海关组织理事会通关的《关于简化和协调海关业务制度的国际公约》（简称京都公约）总附约第二章E6条"海关是指负责海关法实施、税费的征收并负责执行与货物的进口、出口、移动或储存有关的其他法律、法规和规章的政府机构。"也即海关是依据本国（地区）的海关法律法规和本国（地区）所承担的国际义务，代表国家统一行使关税征收和进出关境监督管理职权的国家机关。我国海关机构的设立、撤销由国务院或者国务院授权海关总署来执行。

目前我国海关组织机构设置为海关总署、直属海关、隶属海关三级。隶属海关由直属海关领导，向直属海关负责；直属海关由海关总署领导，向海关总署负责，是负责管理一定区域范围内海关业务的海关，海关事务属于中央立法事权，不受地方政府（包括同级党的机构）和有关部门的干预，海关的隶属关系，不受行政区划的限制。

目前我国直属海关共有41个，除香港、澳门、台湾地区外，分布在全国31个省、自治区、直辖市。海关缉私警察是专司打击走私犯罪活动的警察队伍。根据党中央、国务院的决定，由海关总署、公安部联合组建走私犯罪侦查局，设在海关总署，实行海关总署和公安部双重领导，以海关领导为主的体制。

依据《海关法》，我国设立海关的基本原则是国家在对外开放的口岸和海关监管业务集中的地点设立海关。据此，目前我国在下列地方设立了海关机构：①对外开放港口、口岸和进出口业务集中的地点；②边境火车站、汽车站及主要国际联运火车站；③边境地区陆路和江河上准许货物、人员进出的地点；④国际航空港；⑤国际邮件互换局（交换站）；⑥其他需要设立海关的地点。

小资料：海关关徽

海关关徽由金色钥匙与商神手杖交叉组成，金色钥匙象征海关把守祖国的经济大门，钥匙上的三个齿分别代表当时海关的三项基本任务：监管、征税、查私；两蛇相缠的商神手杖源自古希腊神话，是商神赫尔墨斯手持之物，代表商业和国际贸易。

三、海关的性质和任务

国家以立法的形式明确规定了中国海关的性质与任务，《中华人民共和国海关法》规定："中华人民共和国海关是国家的进出境监督管理机关。海关依照本法和其他有关法律、行政法规，监管进出境的运输工具、货物、行李物品、邮递物品和其他物品，征收关税和其他税、费，查缉走私，并编制海关统计和办理其他业务。"

（一）海关的性质

1. 海关是国家的行政机关

根据《海关法》第三条，国务院设立海关总署，统一管理国家海关。海关在国务院机关序列中属于国务院直属机构。明确了海关是国务院的直属机构，对内、对外代表国家依法独立行使行政管理权。

2. 海关是国家进出关境的监督管理机关

《中华人民共和国海关法》第二条"中华人民共和国海关是国家的进出关境监督管理机关"。明确了海关"进出境监督管理"的职能、职权和职责。

海关依照有关法律、行政法规并通过法律赋予的权力，制定具体的行政规章和行政措施，对特定领域的活动开展监督管理。海关实施监督管理的范围是进出关境及与之有关的活动，监督管理的对象是所有进出关境的运输工具、货物、物品。

小资料：关境和国境

关境是国际上海关通用的概念，指适用于同一海关法或实行同一关税制度的领域。关境的范围是一个立体的空间，关境与国境是有区别的。海关法所指的关境范围是除享有单独关境地位的地区以外中华人民共和国全部领土，包括领陆、领空和领海。

关境和国境关系如下：

- 一般情况下，关境等于国境。
- 关境小于国境，例如中国台湾、香港、澳门地区享有单独关境地位。
- 关境大于国境，例如欧盟国家。

3. 海关的监督管理是国家行政执法活动

海关通过法律赋予的权力，对特定范围内的社会经济活动进行监督管理，并对违法行为依法实施行政处罚，以保证这些社会经济活动按照国家的法律规范进行。

（二）海关的任务

根据《海关法》的规定，我国海关有监管、征税、缉私、统计四项基本任务。

1. 监管

海关监管不是海关监督管理的简称，海关监督管理是海关全部行政执法活动的统称，而海关监管是指海关运用国家赋予的权力，通过一系列管理制度与管理程序，依法对进出境运输工具、货物、物品的进出境活动所实施的一种行政管理。

监管是海关的最基本任务，海关的其他任务都是由此派生出来的。监管通过进出口企业备案、审核单证、查验放行、后续管理、违规处理等环节，对进出境活动实施有效的监督管理。同时还要执行或监督执行国家其他对外贸易管理制度的实施，如进出口许可制度、外汇管理制度、进出口商品检验检疫制度、文物管理制度等。

根据监管对象的不同，海关监管分为运输工具监管、货物监管、物品监管三大体系，每个体系都有一整套规范的管理程序与方法。海关监管形式上是通过"物"的监管来确认当事人的进出境活动以及进出口企业经营活动是否符合法律规范和海关监管要求，可分为两部分：一是贸易性的物（货物和运输工具），二是非贸易性的物（行李物品、邮递物品和其他物品，如外交邮袋）。

2. 征税

关税是由海关按照国家制定的关税政策、法规和进出口税则，对进出境的货物物品所征收的一种流转税。征税是海关的另一项重要任务。海关征税工作的基本法律依据是《海关法》和《中华人民共和国进出口关税条例》（以下简称《关税条例》）。征税工作包括征收关税和进口环节海关代征税。目前，海关征税按照关税（进口关税、出口关税，以及进口反倾销税、反补贴税、保障性关税、报复性关税等）和其他税费（代国税系统征收增值税、消费税，代交通部征收的船舶吨税等）分类。

3. 缉私

查缉走私是海关为保证顺利完成监管和征税等任务而采取的保障措施，是海关依照法律赋予的权力，在各监管场所和设关地附近沿海、沿边规定地区内，为发现、制止、打击、综合治理走私违法活动而进行的一种管理活动。

《海关法》规定，国家实行联合缉私、统一处理、综合治理的缉私体制。海关是打击走私的主管机关，海关缉私警察负责走私犯罪的侦查、拘留、执行逮捕和预审工作。公安、工商、税务等部门都有缉私权力，这些部门所查获的案件应当给予行政处罚的，统一移交海关处理。

触犯《中华人民共和国海关法》等海关法律法规的行为分三种：走私罪行为、走私行为和违反海关监管规定的行为。

走私罪行为是指违反海关法及有关法律、行政法规，逃避海关监管，偷逃应纳税款、逃避国家有关进出境的禁止性或者限制性管理，非法运输、携带、邮寄国家禁止、限制进出口或者依法应当缴纳税款的货物、物品进出境，或者未经海关许可并且未缴应纳税款、交验有关许可证件，擅自将保税货物、特定减免税货物以及其他海关监管货物、物品、进境的境外运输工具，在境内销售，情节严重，由刑法处理的行为。

走私行为是指不构成走私罪的走私行为，构成走私罪但依法免予起诉或者免予刑罚的行为。以上两种行为由海关系统的缉私局办理。

违反海关监管规定的行为是指违反海关法及其他有关法律、行政法规和规章但不构成走私行为的，是违反海关监管规定的行为。

4. 统计

编制海关统计是《海关法》赋予海关的重要任务之一，是国民经济统计的组成部分。海关统计以实际进出口货物作为统计和分析的对象。我国海关的统计制度规定，实际进出境并引起境内物质存量增加或减少的货物，列入海关统计；进出境物品超过自用、合理数量的，列入海关统计。对于部分不列入海关统计的货物和物品，实施单项统计。

除了这4项基本任务外，近年来，国家通过有关法律、行政法规赋予了海关一些新的职责，如知识产权海关保护、海关对反倾销及反补贴的调查等，这些新的职责也是海关的任务。

四、海关的权力

《海关法》在规定了海关任务的同时，为了保证任务的完成，赋予了海关许多具体权力。海关权力是指国家为保证海关依法履行职责，通过《海关法》和其他法律、行政法规赋予海关的对进出境运输工具、货物、物品的监督管理权力，属于公共行政职权，其行使受一定范围和条件的限制，并应当接受执法监督。

根据《海关法》及有关法律、行政法规，海关的权力主要包括行政许可权、税费征税权、进出境监管权、行政强制权、行政处罚权、走私犯罪侦查权、佩戴和使用武器权、连续追击权及其他海关权力等。下面介绍其中的进出境监管权和行政强制权。

(一) 进出境监管权

1. 检查权

海关有权检查进出境运输工具；检查有走私嫌疑的运输工具和有藏匿走私货物、

物品的场所；检查走私嫌疑人的身体。海关对进出境运输工具的检查不受海关监管区域的限制；对走私嫌疑人身体的检查，应在海关监管区和海关附近沿海沿边规定地区内进行；对于有走私嫌疑的运输工具和有藏匿走私货物、物品嫌疑的场所，在海关监管区和海关附近沿海沿边规定地区内，海关人员可直接检查，超出这个范围，在调查走私案件时，须经直属海关关长或者其授权的隶属海关关长批准，才能进行检查，但不能检查公民住处。海关检查权如表1-4所示。

表1-4 海关的检查权

对象	区域	授权限制
进出境运输工具	"两区"内	海关有关部门可直接行使
	"两区"外	海关有关部门可直接行使
有走私嫌疑的运输工具	"两区"内	海关有关部门可直接行使
	"两区"外	须经直属海关关长或者其授权的隶属海关关长批准，方可由海关有关部门行使
有藏匿走私嫌疑的货物、物品的场所	"两区"内	海关有关部门可直接行使
	"两区"外	①不能对公民住所实施检查 ②当事人在场；当事人未到场，须有见证人在场 ③须经直属海关关长或者其授权的隶属海关关长批准，方可由海关有关部门行使
走私嫌疑人	"两区"内	海关有关部门可直接行使
	"两区"外	无授权，不能行使

注："两区"指海关监管区和海关附近沿海沿边规定地区；"授权"包括一般授权和一事一权。

小资料：海关监管区和海关附近沿海沿边规定地区

按照《海关法》的规定，海关监管区是指设立海关的港口、车站、机场、国界孔道、国际邮件互换局（交换地）和其他有海关监管业务的场所，以及虽未设立海关，但是经国务院批准出境的地点。海关附近沿海沿边规定地区是指由海关总署和国务院公安部门会同有关省级人民政府确定的一定的区域。该区域的确定原则为海关保有缉私等权力的边境或沿海设关地周围的一定区域。

2. 查阅、复制权

此项权力包括查阅进出境人员的证件，查阅、复制与进出境运输工具、货物、物品有关的合同、发票、账册、单据、记录、文件、业务函电、录音录像制品和其他有关资料。

3. 查问权

海关有权对违反《海关法》或者其他有关法律、行政法规的嫌疑人进行查问，调查其违法行为。

4. 查验权

海关有权查验进出境货物、物品。海关查验货物认为必要时，可以径行提取货样。

5. 查询权

海关在调查走私案件时，经直属海关关长或者其授权的隶属海关关长批准，可以查询案件涉嫌单位和涉嫌人员在金融机构、邮政企业的存款、汇款。

6. 稽查权

自进出口货物放行之日起3年内或者在保税货物、减免税进口货物的海关监管期限内及其后的3年内，海关可以对与进出口货物直接有关的企业、单位的会计账簿、会计凭证、报关单证以及其他有关资料和有关进出口货物实施稽查。根据《稽查条例》的规定，海关进行稽查时，可以行使下列职权：询问被稽查人的法定代表人、主要负责人和其他有关人员与进出口活动有关的情况和问题；检查被稽查人的生产经营场所；查询被稽查人在商业银行或者其他金融机构的存款账户；封存有可能被转移、隐匿、篡改、毁弃的账簿、单证等有关资料；封存被稽查人有违法嫌疑的进出口货物等。

（二）行政强制权

海关行政强制，包括海关行政强制措施和海关行政强制执行。

1. 海关行政强制措施

海关行政强制措施是指海关在行政管理过程中，为制止违法行为、防止证据损毁、避免危害发生、控制危险扩大等情形，依法对公民的人身自由实施暂时性限制，或者对公民、法人或者其他组织的财物实施暂时性控制的行为。包括：

（1）限制公民人身自由。

①在海关监管区和海关附近沿海沿边规定地区，对走私犯罪嫌疑人，经直属海关关长或者其授权的隶属海关关长批准，可以扣留，扣留时间不得超过24小时，在特殊情况下可以延长至48小时。

②个人违抗海关监管逃逸的，海关可以连续追至海关监管区和海关附近沿海沿边规定地区以外，将其带回。

③受海关处罚的当事人或者其法定代表人、主要负责人在出境前未缴清罚款、违法所得和依法追缴的货物、物品、走私运输工具的等值价款，又未提供担保的，海关可以通知出境管理机关阻止其出境。

（2）扣留财物。

①对违反海关法的进出境运输工具、货物、物品以及与之有牵连的合同、发票、

账册、单据、记录、文件、业务函电、录音录像制品和其他资料等可以扣留。

②在海关监管区和海关附近沿海沿边规定地区，对有走私嫌疑的运输工具、货物、物品，经直属海关关长或者其授权的隶属海关关长批准，可以扣留。

③在海关监管区和海关附近沿海沿边规定地区以外，对有证据证明有走私嫌疑的运输工具、货物、物品，可以扣留。

④有违法嫌疑的货物、物品、运输工具无法或者不便扣留，当事人或者运输工具负责人未提供等值担保的，海关可以扣留当事人等值的其他财产。

⑤海关不能以暂停支付方式实施税收保全措施时，可以扣留纳税义务人其价值相当于应纳税款的货物或者其他财产。

⑥进出口货物的纳税义务人、担保人自规定的纳税期限届满之日起超过 3 个月未缴纳税款的，经直属海关关长或者其授权的隶属海关关长批准，海关可以扣留其价值相当于应纳税款的货物或者其他财产。

⑦对涉嫌侵犯知识产权的货物，海关可以依申请扣留。

（3）冻结存款、汇款。

进出口货物的纳税义务人在规定的纳税期限内有明显的转移、藏匿其应税货物以及其他财产迹象，不能提供纳税担保的，经直属海关关长或者其授权的隶属海关关长批准，海关可以通知纳税义务人开户银行或者其他金融机构暂停支付纳税义务人相当于应纳税款的存款。

（4）封存货物或者账簿、单证。

①海关进行稽查时，发现被稽查人的进出口货物有违反《海关法》和其他法律、行政法规嫌疑的，经直属海关关长或其授权的隶属海关关长批准，可以封存有关进出口货物。

②海关进行稽查时，发现被稽查人有可能篡改、转移、隐匿、毁弃账簿和单证等资料的，经直属海关关长或其授权的隶属海关关长批准，在不妨碍被稽查人正常的生产经营活动的前提下，可以暂时封存其账簿、单证等有关资料。

（5）其他强制措施。

①进出境运输工具违抗海关监管逃逸的，海关可以连续追至海关监管区和海关附近沿海沿边规定地区以外，将其带回。

②对于海关监管货物，海关可以加施封志。

2. 海关行政强制执行

海关行政强制执行是指在有关当事人不依法履行义务的前提下，为实现海关的有效行政管理，依法强制当事人履行法定义务的行为。包括：

（1）加收滞纳金。

①进出口货物的纳税义务人逾期缴纳税款的，由海关征收滞纳金。

②进出口货物和海关监管货物因纳税义务人违反规定造成少征或者漏征税款的，

海关可予追征并加征滞纳金。

（2）扣缴税款。

进出口货物的纳税义务人、担保人自规定的纳税期限届满之日起超过3个月未缴纳税款的，经直属海关关长或者其授权的隶属海关关长批准，海关可以书面通知其开户银行或者其他金融机构从其暂停支付的存款中扣缴税款。

（3）抵缴、变价抵缴。

①当事人逾期不履行海关的处罚决定又不申请复议或者提起诉讼的，海关可以将其保证金抵缴或者将其被扣留的货物、物品、运输工具依法变价抵缴。

②进出口货物的纳税义务人、担保人自规定的纳税期限届满之日起超过3个月未缴纳税款的，经直属海关关长或者其授权的隶属海关关长批准，海关可以依法变卖应税货物，或者依法变卖其价值相当于应纳税款的货物或者其他财产，以变卖所得抵缴税款。

③海关以扣留方式实施税收保全措施，进出口货物的纳税义务人在规定的期限内未缴纳税款的，经直属海关关长或者其授权的隶属海关关长批准，依法变卖所扣留货物或者其他财产，以变卖所得抵缴税款。

④进口货物的收货人自运输工具申报进境之日起超过3个月，未向海关申报的，其进口货物由海关提取依法变卖处理。

⑤确属误卸或者溢卸的进境货物，原运输工具负责人或者货物的收发货人逾期未办理退运或者进口手续的，由海关提取依法变卖处理。

五、海关权力行使的原则

1. 合法原则

海关及其工作人员只能在法定范围和幅度范围行使权力，是海关行政执法的基础。一切行政违法主体包括海关及管理相对人都应承担相应的法律责任。

2. 合理性原则

指海关权力的行使应该以公平、合理性为基础，以正义性为目标。海关在验、放、征、减、免、罚等管理活动中拥有相应的自由裁量权，为了防止自由裁量权的滥用，目前我国对海关的自由裁量权进行监察、检查、督促，确保海关权力在法定范围行使。

3. 程序性原则

海关行使权力必须有法律规范为依据，行使权力的方法、手段、步骤、时限等程序合法。

4. 依法独立行使原则

海关实行集中统一管理的垂直领导体制，海关无论级别高低都代表国家行使管理权，只对海关总署负责，各地方、各部门不得非法干预海关的执法活动。

六、海关法律框架

海关执法活动是以法律规范为依据，海关法律的框架包括海关执法相关法律、行政法规、海关规章和规范性文件、我国签订或缔结的海关国际公约或海关行政互助协议。

1. 海关执法相关法律

海关执法相关法律包括《中华人民共和国海关法》《中华人民共和国对外贸易法》《中华人民共和国进出口商品检验法》《进出境动植物检疫法》《中华人民共和国食品安全法》《中华人民共和国刑法》等。

2. 行政法规

行政法规是指国务院根据《中华人民共和国宪法》和其他法律制定和颁布的规范性文件的总称，包括《中华人民共和国进出口关税条例》《中华人民共和国海关稽查条例》《中华人民共和国知识产权海关保护条例》《中华人民共和国海关行政处罚实施条例》《中和人民共和国海关统计条例》等。

3. 海关规章

效力等级低于法律和行政法规，以海关总署令的形式对外公布。

4. 规范性文件

以海关总署公告形式对外发布或直属海关对外公告，规范性文件不得设定对行政管理相对人的行政处罚。

5. 我国签订或缔结的海关国际公约或海关行政互助协议

我国签订或缔结的海关国际公约或海关行政互助协议包括京都公约、ATA公约（暂准进出境公约、伊斯坦布尔公约）、海关商品估计公约、国际集装箱安全公约、濒危野生动植物国际贸易公约、关于消耗臭氧层物质的蒙特利尔协定书、建立世界知识产权组织公约、控制危险废物越境转移及处置的巴塞尔公约、WTO的有关公约等。

七、海关管理改革

党的十八大以来，中央对全面深化改革做出一系列的战略部署，十八届三中全会通过的《中共中央关于全面深化改革若干重大问题的决定》，为海关全面深化改革指明了方向，对改革海关监督管理体制，加快海关特殊监管区域整合优化，推动内陆同沿海沿边通关协作，为实现海关口岸管理相关部门"信息互换，监管互认，执法互助"等目标部署了具体任务。

（一）通关一体化改革加快

为了适应我国区域经济一体化的发展趋势，整合口岸海关和内地海关的管理资源，努力推动区域内市场资源的自由流动和有效配置，为企业创造一个守法便利、统一规范、快捷高效的经济环境，海关打破了行政区划和关区设置所造成的障碍，充分利用信息化手段，于 2005 年底开始实施区域通关改革。"区域通关"是以企业守法管理为核心，以守法便利为导向，通过提供多种通关模式，打破关区界限，实现物畅其流。

2006 年 9 月 1 日区域通关改革为进出口企业提供了"属地申报，口岸验放"的便捷通关措施，即对企业信用等级高的企业实施跨关区的通关作业，允许企业在属地海关办理申报征税手续，由口岸海关直接办理验放手续，不需要按照转关运输实施监管。

2014 年 5 月 1 日海关进一步深化通关改革，扩大"属地申报，属地放行"的适用范围，通过不断地推行区域一体化改革，受到进出口企业的由衷好评。

与此同时，海关先后推进实施了京津冀、长江经济带、广东地区丝绸之路经济带、东北地区海关区域通关一体化改革，2015 年 5 月，实现了全国 41 个直属海关全面覆盖，做到了多地通关如同一关。

2017 年 7 月 1 日起，海关总署决定在区域通关一体化基础上继续推行全国通关一体化改革，实现全国海关无缝对接，大幅度减少通关环节，适用企业，自动纳入一体化通关。

在一体化模式下，全国海关设立风险防控和税收征管两个中心，实现关键业务集中、统一、智能处理，全国海关统一操作规范，统一作业流程，统一执法标准，一体化改革将大幅度减少海关审批手续和通关环节，压缩通关时间，降低进出口企业办理跨关区货物流通的成本，减少企业通关成本，使企业通关更加便利。

（二）"单一窗口"建设和关检合作"三个一"的同步推进

2014 年 6 月，上海洋山保税港区启动国际贸易单一窗口试点，依托上海电子口岸平台，企业通过单一平台、一点接入、一次性递交格式化单证和电子信息，监管部门按照确定的规则，共享监管资源，实现联合监管，其处理状态和结果通过单一平台反馈给申报人。大大简化了申报人往来奔波、重复填报等程序，提高了申报效率和透明度，传统的串联式的口岸通关流程变成了一次性、同步化的并联式的流程，提高通关效率。据试点企业测试，通过"单一窗口"办理进出境通关手续，企业申报效率提高了 50% 以上，节约录入人工成本约 1/3。

2014 年 7 月，海关总署与国家质检总局签署合作备忘记录，将"三个一"全面推进到全国所有直属海关和检验检疫的所有通关现场、所有依法报关报检的商品。目前关检合作"三个一"已在全国海关和检验、检疫部门得到全面推广。实现关检合作"三个一"之后，企业可减少 30% 的重复申报项目，节约 20%～30% 的申报时间、查验时间，费用均节约近半。

（三）加快海关特殊监管区域整合优化

海关特殊监管区域的发展目标是增强科学发展内生动力，促进加工贸易转型升级，发挥要素集聚和辐射带动作用。而重点任务是借鉴自贸试验区创新制度的成功经验，创新管理制度，提高监管效率，坚持按需设立，适度控制增量，整合优化存量，逐步统一各类海关特殊监管区域的监管模式，规范海关特殊监管区域政策，在大力发展高端制造业的基础上拓展功能，促进海关特殊监管区域产业转型升级和多元化发展，为此需要加快海关特殊监管区域在类型、功能、政策、管理四个方面的整合，实现产业结构、业务形态、贸易方式和监管服务四个方面的优化。

（四）全面推开通关作业无纸化改革

通关作业无纸化是指海关以企业分类管理和风险分析为基础，按照风险等级，对进出口货物实施分类，运用信息化技术，改变海关验核进出口企业递交单证、报关单及随附单证办理通关手续的做法，直接对企业通过中国电子口岸录入申报的报关单及随附单证的电子数据进行无纸审核，验放处理的通关模式。2014年，海关将通关作业无纸化扩大至全国海关所有通关业务现场和业务区域，通过简化随附单证和内外部无纸化作业入手，努力打造从申报到放行通关全流程的无纸化，让企业真正享受到无纸化通关带来的手续简便和成本降低。无纸化进口、出口报关单平均通关时间分别比传统通关模式减少32.51小时和5.27小时。

（五）优化检验监管制度，推广"双随机"的抽查

优化检验监管机制，增加大型集装箱车辆检测设备、CT扫描设备X光机、门户式辐射探测设备等非侵入式监管查验设备的配置，对适合非侵入式检验的货物要求优先进行机检查验，切实提高货物通关效率，同时在提高检验的针对性和有效性的基础上，动态调整海关进出口查验率水平，方便守法企业的进出口贸易。

深化"双随机"改革，实现随机选择布控、随机派员查验的双随机制度。针对进出口报关单，海关在风险分析的基础上，按照明确的业务标准和规范的操作程序，加工转化为计算机编码，由计算机自动选定需要检查的报关单，并交由现场实施查验。此外，为了威慑不法企业，评估进出口企业的整体守法状态，还通过计算机对全部报关单进行一定比例的抽查。

针对随机选择部分确定的高风险报关单，由计算机根据检验作业人员在岗情况以及检验场地和工作量等情况随机派选，检查人员实施检验作业。检验发现问题的，检查人员按照操作规范移交相关部门处理；检查正常的，检验人员通过计算机系统反馈检验结果，由他人决定是否放行。

双随机制度促进了公平公正执法，有效地防范了廉政风险，减少了对布控查验的人工干预，克服了任性检查。用机器代替人工作业，并自动记录作业信息，全程留痕，责任可追溯。与此同时，双随机制度还提高了通关效能，通过计算机自动识别风险，对高风险货物集中力量进行严格监管，对低风险货物快速放行。

（六）进出口税费征税方式变革

1. 自主申报、自报自缴

进出口企业、单位使用海关计税（费）服务工具计算应缴纳的相关税费，对计

算结果进行确认后提交海关。收到海关通关系统发送的回执后，企业或单位自行办理相关税费缴纳手续。

2. 税收要素审核后置

货物放行后，海关将对进出口企业、单位申报的价格、归类、原产地等税收要素进行抽查审核；特殊情况下，海关实施放行前的税收要素审核。对主动向海关披露其违规行为的企业或单位，海关将从轻处罚。

（七）促进外贸稳定增长，减轻进出口企业负担

按照"打破垄断，促进竞争，规范行为，完善监管"的要求，海关把清理规范进出口环节收费放到更加突出的位置，严格实施"正面清单"管理，进一步清理收费项目，主要包括：①放开电子口岸录入系统（QP系统）的准入限制；②规范舱单传输收费；③推动降低转关运输监管车辆收费，加快推动对检验没有问题的企业免费吊装、移位、仓储等费用的政策落实。

【项目小结】

海关是报关业务的管理机构，为了有效地实施管理，国家以法律的形式赋予海关一系列的权力，本项目介绍海关的产生、海关的性质和任务、海关的权力，本项目的知识结构如下：

报关与海关管理
├─ 报关
├─ 海关组织架构
├─ 海关性质和任务
├─ 海关权力
├─ 海关法律法规
└─ 海关改革与发展

【拓展提高】

2016年10月15日，某公司以一般贸易方式向某海关（直属海关）申报进口大豆一批，申报单价明显低于国际市场同期同类商品行情价格以及海关所掌握的价格资料，该公司对此未能做出合理解释。后经进一步核查，某海关发现该公司在从事上述进口贸易过程中有删改合同和发票的行为，存在故意低报价格、偷逃税款的重大嫌疑。2016年10月28日，该海关对该公司立案调查，并根据《海关法》第六条的有关规定，于同日扣留了涉案货物。案件调查期间，该海关于2017年2月26日委托拍卖机构将该批货物先行变卖，同时制发《先行变卖通知书》，告知当事人对涉案货物先行变卖的有关情况。该公司不服上述处理决定，向海关总署申请行政复议。

根据以上资料，完成以下任务：

1. 阐述该公司申报进口大豆过程中的违规行为。
2. 分析海关提前拍卖这批大豆的行为是否符合法律依据。
3. 试讨论海关总署行政复议的结果。

项目二 报关单位和报关员岗位认知

【工作任务】

李明是一名刚从高职学校毕业的学生,入职于广州捷顺报关行,开始了报关见习之旅。部门王经理介绍了公司的情况,并让李明熟悉海关管理、报关单位、报关员管理的相关法律法规,李明非常用心,希望能在报关见习阶段掌握更多的报关技能,见习期后能独立工作。

这天,一家贸易公司到捷顺报关行咨询一项业务,情况如下:

广州向龙公司于2016年2月4日成立,次日即与美国ST公司成交一笔出口业务。因国外客户用货心切,向龙公司当天就派业务员小张去申报出口手续。结果海关不受理其货物的报关。

广州向龙公司向捷顺报关行进行咨询,王经理带着李明办理此项业务。

工作任务1 报关单位注册

【技能目标】
- 能够办理报关单位和报关人员的注册备案
- 掌握海关对报关单位和报关人员的管理措施

【知识目标】
- 报关单位注册流程
- 报关单位分类及报关单位管理规范

【任务预期成果】

根据项目二工作任务资料完成任务预期成果:

(1) 阐述海关不接受向龙公司业务员小张办理货物的出口报关手续的原因。

(2) 分析向龙公司未办理海关报关单位备案之前,该批货物可委托给哪些企业报关。

(3) 向龙公司想由本单位对货物进行报关,请你协助办理相关手续。

【知识链接】

一、报关单位注册

(一) 报关单位的含义

报关单位是指依法在海关注册登记的进出口货物收发货人和报关企业。《海关法》明确规定了对向海关办理进出口货物报关手续的进出口货物收发货人、报关企业实行注册登记管理制度。依法向海关注册登记是法人、其他组织或者个人成为报关单位的法定要求。

（二）报关单位的类型

《中华人民共和国海关法》规定："进出口货物收发货人、报关企业办理报关手续，必须依法经海关注册登记。未依法经海关注册登记，不得从事报关业务。报关企业和报关人员不得非法代理他人报关，或者超出其业务范围进行报关活动。"

"进出口货物，除另有规定的外，可以由进出口货物收发货人自行办理报关纳税手续，也可以由进出口货物收发货人委托海关准予注册登记的报关企业办理报关纳税手续。"

报关单位分为两种类型，即进出口货物收发货人和报关企业。

1. 进出口货物收发货人

进出口货物收发货人，是指直接进口或出货物的中华人民共和国境内的法人、其他组织或者个人。进出口货物收发货人指的是依法向国务院对外贸易主管部门或其委托的机构办理备案登记的对外贸易经营者，进出口货物收发货人经向海关注册登记后，只能为本单位进出口货物报关，不能代理别的企业报关。进出口收发货人主要包括有进出口经营权的贸易公司、有进出口经营权的全国或地方性的进出口公司、有进出口经营权的生产企业等。

除上述企业外，一些未取得对外贸易经营者备案登记的机构，按照国家有关规定需要从事非贸易性进出口活动的，应当办理临时注册登记手续，包括境外企业、新闻、经贸机构、文化团体等依法在中国境内设立的常驻代表机构；少量货样进出境的单位；国家机关、学校、科研院所等机构；临时接受捐赠、礼品、国际援助的单位；其他可以从事非贸易性进出口活动的单位。

2. 报关企业

报关企业，是指按照规定经海关批准准予注册登记，接受进出口货物收发货人的委托，以进出口货物收发货人的名义或以自己的名义，向海关办理代理报关业务，从事报关服务的境内企业法人。

目前，我国从事报关服务的报关企业主要有两类：一类是经营国际货物运输代理等业务，兼营进出口货物代理报关业务的国际货物运输代理公司等；另一类是主营代理报关业务的报关公司或报关行，分类如图1-1所示：

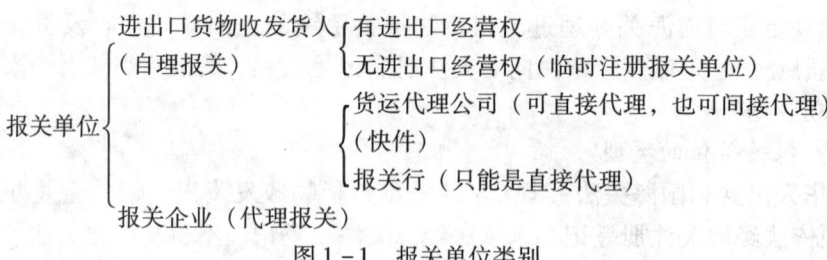

图 1-1 报关单位类别

（三）报关单位的注册登记

根据海关法规定，进出口收发货人、报关企业办理报关手续必须依法经海关注册登记，因此，向海关办理注册登记是报关单位向海关报关的前提条件。海关注册登记采用电子信息系统注册登记，申请人通过"海关行政审批网上办理平台""关企合作平台"申请报关单位注册、报关单位注册变更登记及注销登记。

1. 进出口收发货人的登记

海关对进出口收发货人的注册实行备案制，备案采用网上注册，通过"电子口岸网站"首页"海关行政审批网上办理平台"，点击进入登录页面（图 1-2），没有 IC 卡的用户选择"无卡用户"入口注册，上传以下文件材料：

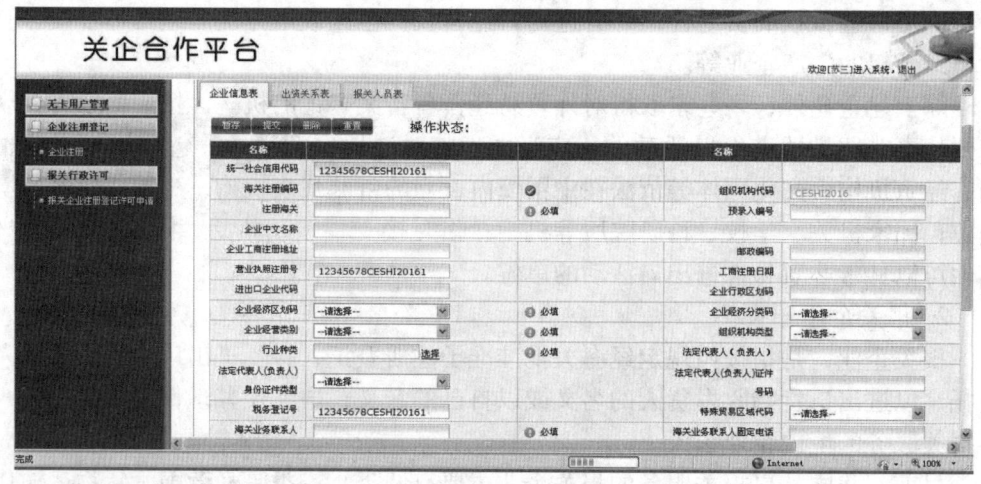

图 1-2 报关单位注册信息平台界面

①报关单位情况登记表；
②营业执照副本电子资料；
③对外贸易经营者备案登记表或者外商投资企业（台港澳侨投资企业）批准证书电子资料；
④其他与注册登记有关的文件材料。

申请人通过"海关行政审批网上办理平台"，登录"关企合作平台的无卡用户系统"提交资料，通过"操作状态"来查看注册申请的海关审批实时状态。注册地海关依法对申请注册登记材料是否齐全、是否符合法定要求进行核对，申请材料齐全、符合法定，审批通过，注册地海关核发《中华人民共和国海关报关单位注册登记证书》，进出口收发货人可通过电子口岸办理报关业务。

除海关另有规定外，进出口货物收发货人《中华人民共和国海关报关单位注册登记证书》长期有效。报关单位应当在每年6月30日前向注册地海关提交《报关单位注册信息年度报告》。

临时注册登记单位在向海关申报前，办理备案手续。临时注册登记的，海关可以出具临时注册登记证明，但是不予核发注册登记证书。临时注册登记有效期最长为1年，有效期届满后应当重新办理临时注册登记手续。

2. 报关企业的注册登记（图1-3）

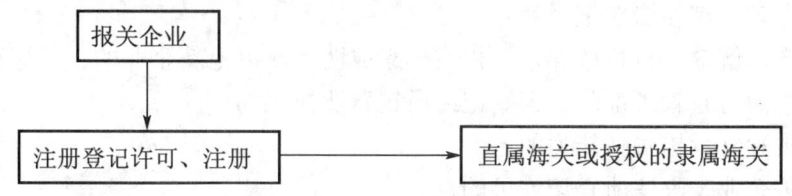

图1-3 报关企业注册登记导向图

进出口货物报关是一项专业性很强的工作，作为报关企业，必须在企业状况、管理人员素质、守法状况、管理制度等几个方面符合海关规定的设立条件，海关对报关的企业设立实行注册登记许可制，满足注册登记许可条件的，海关办理注册登记，具体流程如下：

（1）报关企业的设立条件。

①具备境内企业法人资格条件；②法定代表人无走私记录；③无因走私违法行为被海关撤销注册登记许可记录；④有符合从事报关服务所必需的固定经营场所和设施；⑤海关监管所需要的其他条件。

（2）报关企业注册登记程序。

申请人通过"关系合作平台"提交申请注册登记许可材料。

申请报关企业注册登记许可，应当提交下列文件材料：①《报关单位情况登记表》；②企业法人营业执照；③报关服务营业场所所有权证明或者使用权证明；④其他与申请注册登记许可相关的材料。

对申请人提出的申请，海关审核认为申请人不具备报关企业注册登记许可申请资格的，应当做出不予受理的决定；申请资料不齐全或不符合法定形式的，应在签收申请材料后5日内一次性告知申请人需补正的全部内容；申请材料齐全，符合法定形式的，海关应当受理报关企业注册登记许可申请；申请人的申请符合法定条件的，海关应当依法做出准予注册登记许可的决定,同时核发《中华人民共和国海关报关单位注册登记证书》。该证书的有效期为2年,报关企业注册登记证书需要延续的,应当在有效期届满40天前向海关提出延续申请,并递交海关规定的材料,对符合延续条件的,依法做出准予延续的决定,有效期延长2年。

3. 报关单位注册变更登记及注销登记

(1) 报关单位的变更登记。

报关单位注册登记后,如果其名称、企业性质、企业住所、法定代表人等海关注册登记内容发生变更的,则应当自批准变更之日起30日内,通过"关企合作平台"向海关申请办理变更手续。

(2) 报关单位的注销登记。

报关单位有下列情形之一的,应当向注册地海关报告,海关在办结有关海关手续后,依法办理注销注册登记手续:

①破产、解散、自行放弃报关权或分立成两个或以上新企业的;

②被工商行政管理部门注销登记或吊销营业执照的;

③丧失独立承担责任能力的;

④报关企业丧失注册登记许可的;

⑤进出口货物收发货人的对外贸易经营者备案登记或外商投资企业批准证书失效的;

⑥其他依法应当注销注册登记的情形。

报关单位、报关人员注册和延期情况见表1-5。

表1-5 报关单位和报关人员注册和延期

	报关企业	进出口货物收发货人	报关人员
注册方式	注册登记	备案登记	备案登记
登记许可受理审批	直属或授权的隶属海关	无	无
注册登记审批	所在地海关(与注册登记许可一并办理)	所在地海关	所在地海关
登记有效期	2年	长期有效	长期有效
届满办理时间	届满40日前		
届满办理手续	注册登记许可延期,同时办理换证手续		

三、报关单位管理

(一) 报关单位的行为规则

报关单位的行为分为进出口货物收发货人的报关行为规则和报关企业的报关行为

规则。

1. 进出口货物收发货人的报关行为规则

进出口货物收发货人在海关办理备案登记后，可以在中华人民共和国关境内各口岸或海关监管业务集中的地点办理本单位的报关业务，但不能代理其他单位报关，进出口货物收发货人自行办理报关业务时，应当通过本单位所属报关员向海关办理。

进出口货物收发货人可以委托海关准予注册登记的报关企业，由报关企业所属报关员代为办理报关业务，但不得委托未取得注册登记许可、未在海关办理注册登记的单位或个人办理报关业务。

进出口货物收发货人办理报关业务时，通过"电子口岸系统"向海关申报，采用纸质申报的向海关递交的纸质进出口货物报关单必须加盖本单位在海关备案的报关专用章，报关人员应在报关单上签名。

报关单位应当在每年6月30日前向注册地海关提交《报关单位注册信息年度报告》。

报关单位应对其所属报关员的报关行为承担法律责任。

2. 报关企业的报关行为规则

海关实施全国通关一体化以后报关企业可在全国关境各口岸或海关监管业务集中的地方从事报关服务。

报关企业接受进出口企业的委托办理报关。报关单位应当在每年6月30日前向注册地海关提交《报关单位注册信息年度报告》。

报关企业在从事报关服务时，应该遵纪守法，如实履行以下义务：

（1）遵守法律、行政法规、海关规章的各项规定，依法履行代理人职责，配合海关监管工作，不得违法滥用报关权。

（2）依法建立账簿和营业记录，真实、正确、完整地记录其受委托办理报关业务的所有活动，详细记录进出口时间、收发货单位、报关单号、货值、代理费等内容，完整保留委托单位提供的各种单证、票据、函电，接受海关稽查。

（3）报关企业接受进出口货物收发货人的委托办理报关手续时，应当履行对委托人所提供情况的真实性、完整性进行合理审查的义务，否则，应承担相应法律责任。

（4）报关企业应当与委托方签订委托协议。

（5）报关企业不得以任何形式出让其名义，供他人办理报关业务。

（6）对于代理报关的货物涉及走私违规事情的，应当接受或协助海关进行调查。

报关单位应对其所属报关人员的报关行为承担法律责任。

（二）海关企业信用管理

为了推进社会信用体系建设，建立企业进出口信用管理制度，保障贸易安全与便利，2014年10月海关公布了《中华人民共和国海关企业信用管理暂行办法》。海关根据企业信用状况将企业认定为认证企业、一般信用企业和失信企业，按照诚信守法便利、失信违法惩戒的原则，分别适用相应的管理措施。所有企业第一次均定为一般信用企业，然后在此基础上，根据企业报关实况，优升劣降，及时进行企业类别的调整。

1. 认证企业

中国海关经认证的经营者（AEO），中国海关依法开展与其他国家或地区海关的AEO互认，并给予互认AEO企业相应的通关便利措施。

《海关认证企业标准》分为一般认证企业标准和高级认证企业标准。

2. 一般信用企业

（1）首次注册登记的企业。

（2）认证企业不再符合《海关企业信用管理暂行办法》第九条规定条件，且未发生第十条所列情形的。

（3）适用失信企业管理满1年，且未再发生《海关企业信用管理暂行办法》第十条规定情形的。

3. 海关认定为失信企业

（1）有走私犯罪或者走私行为的。

（2）非报关企业1年内违反海关监管规定行为次数超过上年度报关单、进出境备案清单等相关单证总票数千分之一且被海关行政处罚金额超过10万元的违规行为2次以上的，或者被海关行政处罚金额累计超过100万元的。

报关企业1年内违反海关监管规定行为次数超过上年度报关单、进出境备案清单总票数万分之五的，或者被海关行政处罚金额累计超过10万元的。

（3）拖欠应缴税款、应缴罚没款项的。

（4）上一季度报关差错率高于同期全国平均报关差错率1倍以上的。

（5）经过实地查看，确认企业登记的信息失实且无法与企业取得联系的。

（6）被海关依法暂停从事报关业务的。

（7）涉嫌走私、违反海关监管规定拒不配合海关进行调查的。

（8）假借海关或者其他企业名义获取不当利益的。

（9）弄虚作假、伪造企业信用信息的。

（10）其他海关认定为失信企业的情形。

海关对企业信用状况的认定结果实施动态调整。

海关对高级认证企业应当每3年重新认证一次，对一般认证企业不定期重新认证。未通过认证的企业，不再适用认证企业管理，1年内不得再次申请成为认证企业；未通过高级认证但符合一般认证企业标准的，适用一般认证企业管理。

适用失信企业管理满1年，且未再发生《海关企业信用管理暂行办法》第十条规定情形的，海关应当将其调整为一般信用企业管理。

失信企业被调整为一般信用企业满 1 年的，可以向海关申请成为认证企业。

认证企业适用相应的通关便利措施，一般信用企业适用常规管理措施，失信企业适用严密的监管措施。

（三）报关差错管理

海关对报关单位办理海关业务中出现的报关差错予以记录，并且公布记录情况的查询方式。

报关单位对报关差错记录有异议的，可以自报关差错记录之日起 15 日内向记录海关以书面方式申请复核。

海关应当自收到书面申请之日起 15 日内进行复核，对记录错误的予以更正。

【工作任务示范】

广州东风服装有限公司内资企业是经商务部批准的具有进出口经营权的服装加工公司，从事各种男女服装的生产加工及贸易业务，产品主要销往欧洲、美、加及日本等国家和地区。为了拥有报关权，自主办理进出口报关业务，该公司欲到广州海关办理注册登记手续。

任务预期成果：

（1）判断该企业的报关单位类别。

（2）模拟办理报关单位注册。

（3）分析该企业海关注册之后，该企业能够在我国关境哪些海关口岸报关，能够办理哪些企业货物的报关。

任务成果分析：

（1）报关单位类型分析：广州东风服装有限公司是进出口收发货人，属于自理报关单位，应该按自理报关单位注册流程，向广州海关办理备案登记手续。

（2）注册程序：备案采用网上注册，通过"电子口岸网站"首页"海关行政审批网上办理平台"，点击进入登录页面，没有 IC 卡的用户选择"无卡用户"入口注册，上传以下文件材料：

①《报关单位情况登记表》；②营业执照副本电子资料；③对外贸易经营者备案登记表；④其他与注册登记有关的文件材料。

通过"操作状态"来查看注册申请的海关审批实时状态。注册地海关依法对申请注册登记材料是否齐全、是否符合法定要求进行核对，申请材料齐全、符合法定，审批通过，注册地海关核发《中华人民共和国海关报关单位注册登记证书》，进出口收发货人可通过电子口岸办理报关业务。"中华人民共和国海关报关单位注册登记证书"长期有效。

（3）广州东风服装有限公司海关备案后，可以在全国关境口岸自主选择申报海关。该企业属于自理报关企业，只能为本公司进出口货物办理报关手续。

工作任务2　报关人员备案

【技能目标】
- 能够办理报关人员的备案手续
- 培养报关人员职业素养

【知识目标】
- 报关人员的职业素养
- 报关人员管理

【任务预期成果】

根据项目二工作任务资料完成任务预期成果：

（1）向龙公司在海关备案成为报关单位后，拟聘请一名报关人员，阐述应聘人员应具备的职业技能和职业素质要求。

（2）请协助办理报关人员的备案手续。

【知识链接】

一、报关人员

报关人员指经过报关单位向海关备案，专门负责办理所在单位报关业务的人员。《报关单位注册登记管理规定》明确规定报关单位为所属报关人员办理海关备案手续，报关单位对所属报关人员行为负责。

（一）报关人员备案

报关单位所属报关人员，应按规定向海关申请备案，海关予以核发证明，报关人员的报关备案登记证明有效期为长期有效，报关企业对报关人员的行为负责。

报关人员备案程序：

（1）通过互联网，登陆"海关电子口岸"然后进入"海关行政审批网上办理平台"，录入申请信息，向海关提出申请。

（2）向海关提交以下申请备案材料：

①《报关单位情况登记表（所属报关人员）》（表1—6）；

表1-6 报关单位情况登记表

（所属报关员：_____）

序号	所属报关单位海关注册，编码			业务种类
	姓名	身份证件类型	身份证件号码	
1				□备案□变更□注册
2				□备案□变更□注册
3				□备案□变更□注册
4				□备案□变更□注册
5				□备案□变更□注册

我单位承诺对本表所填报备信息内容的真实性和所属报关人员的报关行为负责任，并承担相应的法律责任。

（单位公章）
　　年　月　日

②身份证件复印件（原件交海关验核）。

（3）海关经审核后，对符合规定者予以备案，发给"报关人员备案登记证明"，如图1-4所示，核发报关员卡。

报关人员备案登记证明

（报关单位名称）：

你单位（海关注册编码_____）所属报关人员_____（身份证号码：_____）已完成海关备案，备案编码：_____备案日期：_____

海关
（注册登记印章）
年　月　日

图1-4 报关人员备案证明

小资料：

2013年10月12日海关总署发布公告2013年第54号《关于改革报关员资格管理制度的公告》，改革现行报关从业人员资质资格管理制度，取消报关员资格核准审批，对报关人员从业不再设置门槛和准入条件。报关从业人员由企业自主聘用，由报关协会自律管理，海关通过指导、督促报关企业加强内部管理实现对报关从业人员的间接管理。

（二）报关人员执业

1. 报关人员的执业范围

报关人员应当受聘于一家报关单位，应当在所在报关单位授权范围内执业。

（1）如实申报进出口。

（2）申请办理加工贸易合同备案、异地加工、外发加工、深加工结转、转内销、结转、退运等事宜。

（3）申请办理进出口货物减免税事宜。

（4）协助海关办理进出口货物的查验、结关事宜。

（5）申请办理缴纳税费和退税、补税等事宜。

（6）应当由报关人员办理的其他报关事宜。

2. 报关人员的权利

（1）报关权：以所在报关单位的名义执业，办理报关业务。

（2）查询权：向海关查询其办理的报关业务情况。

（3）监督权：有权对违法国家规定、逃避海关监管的行为进行举报，有权对海关及其工作人员违法、违纪行为进行控告、检举。

（4）上诉申辩权：对海关做出的对其处理的决定享有陈述、申辩、申诉的权利。

（5）复议或诉讼权：依法申请行政复议或者提起行政诉讼。

3. 报关人员的义务

（1）依法报关：遵守海关法规和规章，依法办理报关业务。

（2）合理审查：报关人员熟悉所申报货物的基本情况，对申报内容和有关材料的真实性、完整性进行合理审查；提供齐全、正确、有效的单证，准确、清楚、完整填制进出口货物报关单证。

（3）配合执法：海关检查进出口货物时，配合海关查验；海关稽查和对涉嫌走私违规案件的查处时配合调查，协助落实海关对报关单位管理的具体措施。

（4）协助工作：配合所属报关单位完整保存各种原始报关单证、票据、函电等资料，协助报关单位办理有关事项。

（三）报关人员的法律责任

报关人员在报关活动中，违反《海关法》和相关法律、法规的，由海关或其他部门依据《中华人民共和国海关法行政处罚实施条例》给予相应的行政处罚，构成走私犯罪的，依法移送司法机关依据《中华人民共和国刑法》追究刑事责任。

例如，依据《海关法》报关人员非法代理他人报关或者超出其业务范围进行报关活动的，由海关责令改正，并处以罚款；报关人员向海关工作人员行贿的，处以罚款；构成犯罪的，依法追究刑事责任。

小资料：报关人员行政处罚

《中华人民共和国海关法行政处罚实施条例》：

第二十八条　报关企业、报关人员非法代理他人报关或者超出海关准予的从业范围进行报关活动的，责令改正，处5万元以下罚款，暂停其6个月以内从事报关业务或者执业；情节严重的，撤销其报关注册登记、取消其报关从业资格。

第二十九条　进出口货物收发货人、报关企业、报关人员向海关工作人员行贿的，撤销其报关注册登记、取消其报关从业资格，并处10万元以下罚款；构成犯罪的，依法追究刑事责任，并不得重新注册登记为报关企业和取得报关从业资格。

第三十条　未经海关注册登记和未取得报关从业资格从事报关业务的，予以取缔，没收违法所得，可以并处10万元以下罚款。

第三十一条　提供虚假资料骗取海关注册登记、报关从业资格的，撤销其注册登记、取消其报关从业资格，并处30万元以下罚款。

第三十二条　法人或者其他组织有违反海关法的行为，除处罚该法人或者组织外，对其主管人员和直接责任人员予以警告，可以处5万元以下罚款，有违法所得的，没收违法所得。

二、报关人员的职业素质

（一）道德要求

（1）遵纪守法：遵纪守法是报关员开展报关工作的前提。国家进出境相关政策、法规是报关人员在职业活动中应当严格遵守的行为规范。

（2）廉洁自律：廉洁自律已经成为报关人员在职业活动中处理好各种利益关系的准则。进出口贸易过程中，有不法企业或人员逃避海关监管、偷逃税款、扰乱外贸活动的正常秩序，报关人员在从业过程中免不了涉及各种利益关系和矛盾，报关人员倘若没有一定的道德修养和道德规范约束，很难处理好这些关系。

（3）爱岗敬业：爱岗敬业是一个人自强自立、实现自我和事业发展、创造价值、实现人生目标的条件和保证。

（4）诚信服务：在市场经济条件下，诚信服务是人们社会生活中的重要行为规范和准则。所有从业人员必须尊重自己的工作对象，以服务对象的利益为出发点，诚实守信。

（5）团结协作：报关人员不是自由从业者，在进出口货物申报流程中，需要与企业其他人员一起分工合作，共同完成申报工作。团结协助有助于形成和谐的报关工作氛围，有利于提高工作效率和工作质量。

（二）执业技能要求

根据《报关员国家职业标准（试行）》，对报关从业人员报关知识和报关技能提出以下要求。

（1）报关员职业知识。

报关员职业知识主要包括：对外贸易、国际物流、进出口贸易管理、报关单位及报关人员注册备案管理、进出口货物通关制度、进出口税费、进出口商品归类和原产地管理、相关法律法规等。

（2）报关人员技能。

《报关员国家职业标准（试行）》把报关人员分为助理报关师、报关师、高级报关师，不同级别的报关人员的技能要求稍有不同。以助理报关师要求为例简单介绍从业技能要求，主要包括：

（1）报关单证准备：报关随附单证及相关单证获取、报关随附单证及相关单证审核、报关单填制、单证管理。

（2）报关作业实施与管理：现场作业实施与管理、报批、报核作业实施与管理。

（3）报关核算：应税货物完税价格核算和税费计算、滞报金、滞纳金、保证金和缓税利息计算。

（4）进出口商品归类与原产地确认：进出口商品归类信息收集、进出口商品编码确定、进出口货物原产地确定。

（5）报关实务管理：报关企业管理、报关实务异常处理等。

三、报关人员的职业风险

报关人员职业风险是指报关人员在职业活动中可能面对的对其工作目标产生影响和损失的可预测的所有不确定性。

报关人员面临的职业风险包括经营风险和法律风险，报关人员的主要风险来自法律风险。法律风险贯穿于报关企业经营活动和报关人员职业活动的各个领域和阶段，报关人员应建立风险意识，培养足够的谨慎态度，学会识别风险因素，把握应对风险的策略和防范风险的方法，有效防范风险的发生。

【项目小结】

了解海关对报关单位和报关员的管理规定，培养报关人员的职业素养和道德，有利于提高通关效率，降低违规风险。本项目的知识结构如下：

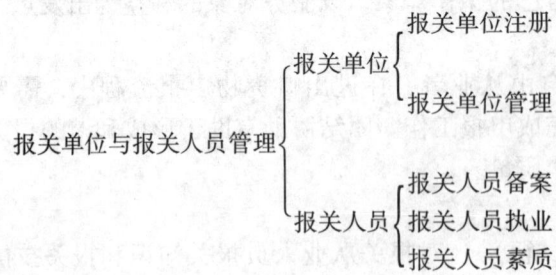

【拓展提高】

（1）万伟在广州开办了 A、B 两家电子企业，产品主要外销，为了节约企业运作费用，万伟有下列想法：

①只在海关办理 A 公司的报关注册登记，取得报关权，如 B 公司需要报关直接委托 A 公司办理。

②A、B 两家公司都在海关办理报关注册登记手续，取得报关权，聘用一名报关员办理两家的报关业务。

分析以下问题：

①分析万伟两种做法是否正确，并分别说明理由。

②分析万伟可以采取哪些途径为两家企业的货物报关。

③如果万伟准备将 A 公司申请为自理报关单位，则请模拟备案流程。

（2）广州通达报关公司接受广州绿叶化工企业的委托向广州新风海关办理报关业务，广州通达公司在接受委托时并没有察觉到该企业存在瞒报情况，结果在向广州新风海关办理报关时被发现，海关决定对通达公司进行处罚。通达报关公司以自己不知情为由要求海关处罚广州绿叶化工企业。

请问广州通达报关公司的要求是否合理？

项目三　对外贸易管制

【技能目标】
- 能够查找到进出口货物的海关监管条件
- 能够判断货物所需监管证件是否符合报关规范

【知识目标】
- 我国对外贸易管制框架
- 各类进出口货物外贸管制措施及报关规范

【任务预期成果】

根据项目一工作任务（详见附录一），完成任务预期成果：

（1）阐述查找货物监管条件的方法，并查找该货物的监管条件。

（2）阐述报关过程中所需监管证件的报关规范要求。

【知识链接】

一、对外贸易管制主要内容

《海关法》第四十条规定："国家对进出境货物、物品有禁止性或限制性规定的，海关依据法律、行政法规、国务院的规定或者国务院有关部门依据法律、行政法规授权做出的规定实施监管。"该条款不仅赋予了海关对进出口货物依法实施监督管理的权力,还明确了国家对外贸易管制政策所涉及的法律法规是海关对进出口货物监管工作的法律依据。

(一)对外贸易管制的特点及分类

对外贸易管制是指一国政府为了国家的宏观经济利益、国内外政策需要以及履行所缔结或加入国际条约的义务,确定实行各种管制制度、设立相应管制机构和规范对外贸易活动的总称。其特点和分类如表1-7所示。

表1-7 对外贸易管制的特点及分类

分类标准	类别	目的与特点
管制目的	进口贸易管制	①保护本国经济利益,发展本国经济——以进口管制为重点,是各国经济政策的重要体现 ②是推行外交政策的有效手段 ③是行使国家管理职能的一个重要保证,因时间、形势的变化而变化,也是一国对外政策的体现
	出口贸易管制	
管制手段	关税措施	
	非关税措施	
管制对象	货物进出口贸易管制	
	技术进出口贸易管制	
	国际服务贸易管制	

(二)对外贸易管制的主要内容

我国对外贸易管制制度是一种综合管理制度,主要由海关监管制度、关税制度、对外贸易经营者管理制度、进出口许可制度、出入境检验检疫制度、进出口货物收付汇管理制度以及贸易救济制度等构成。这些制度可以概括为"证""备""检""核""救"五个方面,具体情况如表1-8所示。

表1-8 对外贸易管制的主要内容

主要内容	含义
证	货物、技术进出口的相关许可证明和文件,主要是指进出口许可证件,即法律、法规规定的各种具有许可进出口性质的证明、文件
备	对外贸易经营资格的备案登记。对外贸易经营者在从事或者参与对外贸易经营活动前,必须向主管部门或者其他委托的机构办理备案登记,否则海关不予办理进出口货物的验放手续
检	商品品质的检验检疫、动植物检疫和国境卫生检疫,基本目的是保证进出口商品的质量,保障人民的生命安全与健康

续上表

主要内容	含 义
核	进出口收付汇核销。我国实行较为严格的收付汇核销制度,以防止偷逃、偷套外汇
救	贸易管制的救济措施,主要有反倾销、反补贴和保障措施

（三）对外贸易政策的实现

任何从事对外贸易活动人员必须无条件遵守对外贸易政策,国家对外贸易管制目标是以对外管制法律法规为依据,依靠有效的政府行政管理手段实现。

1. 国家各行政管理部门参与和合作

对外贸易政策的制定和修改是由立法机构进行的,需要国家各行政管理部门参与,各行政管理部门依据职责分工,围绕对外贸易政策的实施,制定、颁布各类法令、管理制度与措施,对进出口贸易秩序进行管理,协助进出口企业处理贸易纠纷,处置违反对外贸易政策、制度的行为,确保国家对外贸易政策的实现。

2. 海关监管是实现贸易管制的重要手段

除国家法律另有规定外,所有进出境的货物、物品、运输工具,在进出关境的时候必须向海关申报,接受海关的查验。海关这种特殊的管理职能决定了海关监管是实施对外贸易政策目标的有效行政管理手段。

3. 报关是海关确认进出口货物合法性的先决条件

海关通过申报、查验环节确认"单据""货物""证件"三者是否相符,从而确认进出口活动是否合法。国家限制进出口的货物没有进出口许可证,海关不予放行。

（四）对外贸易管制的基本框架与法律体系

对外贸易管制是一种国家管制,法律渊源只限于宪法、法律、行政法规、部门规章以及相关的国际条约,不包括地方性法规、规章及各民族自治区政府的地方条例和单行条例。具体如表1-9所示。

表1-9 对外贸易管制的法律体系

法律渊源	主要法律依据
法律	《中华人民共和国对外贸易法》《中华人民共和国海关法》《中华人民共和国进出口商品检验法》《中华人民共和国进出境动植物检疫法》《中华人民共和国固体废物污染环境防治法》《中华人民共和国国境卫生检疫法》《中华人民共和国野生动物保护法》《中华人民共和国药品管理法》《中华人民共和国文物保护法》《中华人民共和国食品卫生法》等

续上表

法律渊源	主要法律依据
行政法规	《中华人民共和国货物进出口管理条例》《中华人民共和国技术进出口管理条例》《中华人民共和国进出口关税条例》《中华人民共和国知识产权海关保护条例》《中华人民共和国核出口管制条例》《中华人民共和国野生植物保护条例》《中华人民共和国外汇管理条例》等
部门规章	《货物进口许可证管理办法》《货物出口许可证管理办法》《货物自动进口许可管理办法》《关于货物贸易外汇管理制度改革的公告》《进口药品管理办法》《中华人民共和国精神药品管理办法》《中华人民共和国放射性药品管理办法》《纺织品出口自动许可暂行办法》等
国际条约、协定	我国加入WTO所签订的有关双边或多边的各类贸易协定、《京都公约》（关于简化和协调海关制度的国际公约）、《濒危野生动植物种国际公约》《蒙特利尔议定书》（关于消耗臭氧层物质的国际公约）《精神药物国际公约》《伦敦准则》（关于化学品国际贸易资料交流的国际公约）《鹿特丹公约》（关于在国际贸易中对某些危险化学品和农药，采用事先知情同意程序的国际公约）《巴塞尔公约》（关于控制危险废物越境转移及其处置的国际公约）《国际纺织品贸易协定》《建立世界知识产权组织公约》等

二、货物进出口许可管理制度

进出口许可制度是我国对进出口的一种行政管理制度，包括准许进出口有关证件的审批和管理制度本身的程序，也包括国家各类许可制度为条件的其他行政管理手续。货物进出口许可管理制度是国家对外贸易管制中极其重要的管理制度。其管理范围包括禁止进出口货物、限制进出口货物、自由进出口中部分实行自动许可管理的货物。

（一）禁止进出口管理

为维护国家安全和社会公共利益，保护人民的生命健康，履行中华人民共和国所缔结或者参加的国际条约和协定，国务院对外贸易主管部门会同国务院有关部门，依照《对外贸易法》的有关规定，制定、调整并公布《禁止进口货物目录》《禁止出口货物目录》及禁止进出口技术目录。海关依据国家相关法律、法规，对进入禁止进出口目录商品和技术实施监督管理。

1. 禁止进口管理

对列入国家公布的禁止进口目录以及其他法律、法规明令禁止或停止进口的货物，任何对外贸易经营者不得进口。我国政府明令禁止进口的货物包括：列入由国务院对外贸易主管部门或由其会同国务院有关部门制定的《禁止进口货物目录》的商品，国家有关法律、法规明令禁止进口的商品以及其他各种原因停止进口的商品。主要包括的货物如表 1-10 所示。

表 1-10 禁止进口货物表

主要规定	禁止货物
列入《禁止进口货物目录》的商品（至2016年共六批）	①《禁止进口货物目录》（第一批），是从我国国情出发，为履行我国所缔结或者参加的与保护世界自然生态环境相关的一系列国际条约和协定而发布的，其目的是为了保护我国自然生态环境和生态资源。例如，国家禁止进口属破坏臭氧层物质的四氯化碳，禁止进口属世界濒危物种管理范畴的犀牛角、麝香和虎骨 ②《禁止进口货物目录》（第二批），均为旧机电产品类，是国家对涉及生产安全（压力容器类）、人身安全（电器、医疗设备类）和环境保护（汽车、工程及车船机械类）的旧机电产品所实施的禁止进口管理 ③《禁止进口固体废物目录》，由原第三、第四、第五批禁止进口目录补充合并而成，所涉及的是对环境有污染的固体废物类，包括废动物产品、废药物、废橡胶、废特种纸、玻璃废物、金属和合金属废物等 ④《禁止进口货物目录》（第六批），为了保护人的健康，维护环境安全，履行《关于在国际贸易中对某些危险化学品和农药采用事先知情同意程序的鹿特丹公约》和《关于持久性有机污染物的斯德哥尔摩公约》而颁布，如长纤维青石棉、二噁英等
国家有关法律法规明令禁止进口的商品	①来自动植物疫情流行的国家和地区的有关动植物及其产品和其他检疫物 ②动植物病原（包括菌种、毒种等）及其他有害生物、动物尸体、土壤 ③带有违反"一个中国"原则内容的货物及其包装 ④以氯氟烃物质为制冷剂、发泡剂的家用电器产品和以氯氟烃物质为制冷工质的家用电器用压缩机 ⑤滴滴涕、氯丹等 ⑥莱克多巴胺和盐酸莱克多巴
其他各种原因停止进口的商品	①以 CFC-12 为制冷工质的汽车，以 CFC-12 为制冷工质的汽车空调压缩机（含汽车空调器） ②旧服装 ③VIII 因子制剂量等血液制品 ④氯酸钾、硝酸铵 ⑤100 瓦及以上普通照明白炽灯

2. 禁止出口管理

对列入国家公布禁止出口目录的以及其他法律、法规明令禁止出口的货物,任何对外贸易经营者不得经营出口。我国政府明令禁止出口的货物,主要有列入《禁止出口货物目录》的商品,国家有关法律、法规明令禁止出口的商品,如表 1-11 所示。

表 1-11 禁止出口货物表

主要规定	禁止货物
列入《禁止出口货物目录》的商品(至 2016 年共 5 批)	①《禁止出口货物目录》(第一批),是从我国国情出发,为履行我国所缔结或者参加的与保护世界自然生态环境相关的一系列国际条约和协定而发布的,其目的是为了保护我国自然生态环境和生态资源。例如,国家禁止出口属破坏臭氧层物质的四氯化碳,禁止出口属世界濒危物种管理范畴的犀牛角、麝香和虎骨,禁止出口有防风固沙作用的发菜和麻黄草等植物 ②《禁止出口货物目录》(第二批),主要是为了保护我国匮乏的森林资源,防止乱砍滥伐。如禁止出口木炭 ③《禁止出口货物目录》(第三批),为了保护人的健康,维护环境安全,淘汰落后产品,履行《关于在国际贸易中对某些危险化学品和农药采用事先知情同意程序的鹿特丹公约》和《关于持久性有机污染物的斯德哥尔摩公约》而颁布,如长纤维青石棉、二噁英等 ④《禁止出口货物目录》(第四批),主要包括硅砂、石英砂 ⑤《禁止出口货物目录》(第五批),包括无论是否经化学处理过的森林凋落物以及泥炭(草炭)
国家有关法律法规明令禁止出口的商品	①未定名的或者新发现并有重要价值的野生植物 ②原料血浆 ③商业性出口的野生红豆杉及其部分产品 ④劳改产品 ⑤以氯氟烃物质为制冷剂、发泡剂的家用电器产品和以氯氟烃物质为制冷工质的家用电器用压缩机 ⑥滴滴涕、氯丹等 ⑦莱克多巴胺和盐酸莱克多巴胺

(二)限制进出口管理

为维护国家安全和社会公共利益,保护人民的生命健康,履行中华人民共和国所缔结或者参加的国际条约和协定,国务院对外贸易主管部门会同国务院有关部门,依照《对外贸易法》的有关规定,制定、调整并公布各类限制进出口货物目录。海关依据国家相关法律、法规,对限制进出口目录商品实施监督管理。

1. 限制进口管理

国家实行限制进口管理的货物，必须依照国家有关规定，取得国务院商务主管部门或者由其会同国务院有关部门许可，方可进口。目前我国限制进口货物管理，按照其限制方式，可划分为许可证件管理和关税配额管理。

（1）许可证件管理。

①许可证件管理的概念。

许可证件管理是指在一定时期内，根据国内政治、工业、农业、商业、军事、技术、卫生、环保、资源保护等领域需要，以及为履行我国所加入或缔结的有关国际条约协定，经国家各主管部门签发许可证件的方式来实现的各类限制进口措施。

②许可证件管理的特点。

许可证件管理是我国限制进口管理中范围最大、涉及管理部门及管理证件最多的管理。许可证件管理，这里是对于进口而言的管理，根据国家需要对某些商品品种的进口限制，没有数量上的限制要求。对符合条件的发放许可证件，凭许可证件办理海关手续；对不符合条件的不予发放许可证件，海关对没有许可证件的这类商品不允许进口。

③许可证件管理的内容。

许可证件管理不仅包括需要进口许可证的商品管理，还包括濒危物种进口、可利用废物进口、进口药品、进口音像制品、黄金及其制品进口等管理。它们都有各自的许可证件名称，都属于限制进口货物管理的范围。

（2）关税配额管理。

关税配额管理是指一定时期内（一般是1年），国家对部分商品的进口制定关税配额税率并规定该商品进口数量总额，在限额内经国家批准后，允许按照配额税率征税进口；如超出限额，则按照配额外税率征税进口的措施。一般情况，配额税率优惠幅度很大，例如进口非种用小麦，2017年配额内最惠国进口关税税率为1%，配额外关税税率为65%。国家通过这种行政管理手段，对一些重要商品以规定配额税率这种成本杠杆来实现限制进口的目的。由于超过限制数量只是征收较高关税，不是绝对不允许进口，因此关税配额管理是一种相对数量的限制而非绝对数量的限制。

2. 限制出口管理

目前，我国货物限制出口按照其限制方式，划分为出口配额限制和出口非配额（许可证）限制。

国家实行限制出口管理的货物，必须依照国家有关规定，取得国务院商务主管部门或者由其会同国务院有关部门许可，方可出口。对于限制出口货物管理，《货物进出口管理条例》规定：国家规定有数量限制的出口货物，实行配额管理；其他限制出口货物，实行许可证管理；实行配额管理的限制出口货物，由国务院商务主管部门和国务院有关经济管理部门按照国务院规定的职责划分进行管理。

（1）出口配额限制。

出口配额限制是指在一定时期内为建立公平竞争机制，增强我国商品在国际市场的竞争力，保障最大限度的收汇，保护我国产品的国际市场利益，国家对部分商品的出口数量直接加以限制的措施。我国出口配额限制有两种管理形式，即出口配额许可证管理和出口配额招标管理。

①出口配额许可证管理。

出口配额许可证管理是国家对部分商品的出口，在一定时期内（一般是1年）规定数量总额，经国家批准获得配额的允许出口，否则不准出口的配额管理措施。出口配额许可证管理是国家通过一些行政手段，对一些重要商品以规定绝对数量的方式来实现限制出口的目的。出口配额许可证管理是通过直接分配的方式，由出口配额管理部门在各自的职责范围内，根据申请者的需求并结合其进出口实绩、能力等条件，按照效益、公正、公开和公平竞争的原则进行分配。国家各配额主管部门对经申请有资格获得配额的申请者，发放各类配额证明。申请者获得配额证明后，到国务院商务主管部门及其授权发证机关，凭配额证明申领出口许可证。

②出口配额招标管理。

配额招标管理是国家对部分商品的出口，在一定时期内（一般是1年）规定数量总额，采取招标分配的原则，经招标获得配额的允许出口，否则不准出口的配额管理措施。出口配额招标管理是国家通过行政手段，对一些重要商品以规定绝对数量的方式来实现限制出口的目的。国家各配额主管部门对中标者发放各类配额证明，中标者取得配额证明后，到国务院商务主管部门及其授权发证机关，凭配额证明申领出口许可证。

（2）出口非配额限制。

出口非配额限制是指在一定时期内，根据国内政治、军事、技术、卫生、环保、资源保护等领域的需要，以及为履行我国所加入或缔结的有关国际条约协定，以经国家各主管部门签发许可证件的方式来实现的各类限制出口措施。目前，我国非配额限制管理主要包括：出口许可证、濒危物种出口、两用物项出口、黄金及其制品出口等许可管理。出口非配额管理实际上是根据国家的需要，对某些商品品种的出口限制，没有数量上的限制要求。对符合条件的发放许可证件，凭许可证件办理海关手续；对不符合条件的不予发放许可证件，海关对这类商品不允许出口。因此，它也属于许可证件管理范畴。

（三）自由进出口管理

除国家禁止、限制进出口货物外的其他货物，均属于自由进出口范围。属于自由进出口的货物，进出口不受限制。但基于监测进出口情况的需要，国家对部分属于自由进口的货物实行自动进口许可管理。自动进口许可管理是在任何情况下，对进口申请一律予以批准的进口许可制度。这种进口许可实际上是一种在进口前的自动登记性质的许可制度，通常用于国家对这类货物的统计和监督目的。它是我国进出口许可管理制度中的重要组成部分，也是目前各国普遍使用的一种进口管理制度。进口属自动进口许可管理的货物，经营者应在报关前向有关主管部门提交自动进口许可申请，主管部门在收到申请后，立即发放自动进口许可证，经营者凭此向海关办理报关手续。

（四）其他贸易管制制度

为了维护对外贸易秩序，促进对外经济贸易和科技文化交往，保障社会主义现代化建设，我国颁布了一系列对外贸易管制的法律、行政法规、部门规章，确立了对外贸易经营者登记管理、出入境检验检疫、外汇管理等制度，制定了有关进出口禁止、限制、自动许可、反倾销、反补贴、进出口收付汇核销等措施。

1. 对外贸易经营者管理制度

对外贸易经营者是指依法办理工商登记或者其他执业手续，依照《对外贸易法》和其他有关法律、行政法规、部门规章的规定，依法定程序在国务院商务主管部门备案登记，从事对外贸易经营活动的法人、其他组织或个人。目前，我国对对外贸易经营者的管理，实行备案登记制，法人、其他组织或者个人在从事对外贸易经营前，必须按照国家的有关规定，依法定程序在国务院商务主管部门或者其委托的机构备案登记，取得对外贸易经营资格后，方可在国家允许的范围内从事对外贸易经营活动。法律、行政法规和国务院商务主管部门规定不需要备案登记的除外。备案登记的具体实施办法，由国务院商务主管部门规定。对外贸易经营者未按照规定办理备案登记的，海关不予办理进出口货物的报关验放手续；对外贸易经营者可以接受他人的委托，在经营范围内代为办理对外贸易业务。

为对关系国计民生的重要进出口商品实行有效的宏观管理，国家可以对部分货物的进出口实行国营贸易管理。实行国营贸易管理货物的进出口业务，只能由经授权的企业经营；但是，国家允许部分数量的国营贸易管理货物的进出口业务由非授权企业经营的除外。实行国营贸易管理的货物和经授权经营企业的目录，由国务院商务主管部门会同国务院其他有关部门确定、调整并公布。对未经批准擅自进出口实行国营贸易管理货物的，海关不予放行。

目前，我国实行国营贸易管理的商品主要包括：玉米、大米、煤炭、原油、成品油、棉花、锑及锑制品、钨及钨制品、白银等。

2. 进出口检验检疫制度

出入境检验检疫制度是指由国家出入境检验检疫部门，依据我国有关法律和行政法规以及我国政府所缔结或者参加的国际条约、协定，对出入境的货物、物品及其包装物、交通运输工具、运输设备和出入境人员，实施检验检疫监督管理的法律依据和行政手段的总和。其国家主管部门是国家质量监督检验检疫总局。

出入境检验检疫制度是我国贸易管制制度重要的组成部分，其目的是为了维护国家声誉和对外贸易有关当事人的合法权益，保证国内的生产，促进对外贸易健康发展，保护我国的公共安全和人民生命财产安全等，是国家主权的具体体现。

（1）出入境检验检疫职责范围。

①我国出入境检验检疫制度实行目录管理，即国家质量监督检验检疫总局根据对外贸易需要，公布并调整《出入境检验检疫机构实施检验检疫的进出境商品目录》（简称《法检目录》）。该目录所列的商品称为法定检验商品，即国家规定实施强制性检验的进出境商品。

②对于法定检验以外的进出境商品是否需要检验，由对外贸易当事人决定。对外贸易合同约定或者进出口商品的收发货人申请检验检疫时，检验检疫机构可以接受委托实施检验检疫并制发证书。此外，检验检疫机构对法检以外的进出口商品，可以以抽查的方式予以监督管理。

③对关系国计民生、价值较高、技术复杂或涉及环境和卫生、疫情标准的重要进出口商品，收货人应当在对外贸易合同中约定，在出口国装运前进行预检验、监造或监装，以及保留货到后最终检验和索赔的条款。

（2）出入境检验检疫制度的组成。

我国出入境检验检疫制度的内容包括：进出口商品检验制度、进出境动植物检疫制度以及国境卫生监督制度。

①进出口商品检验制度。

进出口商品检验制度是根据《中华人民共和国进出口商品检验法》及其实施条例的规定，国家质量监督检验检疫总局及其口岸出入境检验检疫机构，对进出口商品所进行的品质、质量检验和监督管理的制度，具体内容请看表1-12。

表1-12 进出口商品检验制度

项目	具体内容
检验目的	保证进出口商品的质量，维护对外贸易有关各方的合法权益，促进对外经济贸易关系的顺利发展
检验内容	商品的质量、规格、数量、重量、包装以及是否符合安全、卫生的要求
检验种类	法定检验、合同检验、公正鉴定和委托检验
检验标准	对法律、行政法规、部门规章规定有强制性标准或者其他必须执行的检验标准的进出口商品，依照法律、行政法规、部门规章规定的检验标准检验；法律、行政法规未规定有强制性标准或其他必须执行的检验标准，依对外贸易合同约定的检验标准检验

②进出境动植物检疫制度。

进出境动植物检疫制度是根据《中华人民共和国进出境动植物检疫法》及其实施条例的规定，国家质量监督检验检疫总局及其口岸出入境检验检疫机构对进出境动植物、动植物产品的生产、加工、存放过程，实行动植物检疫的进出境监督管理制度。具体内容请看表1-13。

表1-13 进出境动植物检疫制度

项目	具体内容
检疫目的	防止动物传染病、寄生虫病和植物危险性病、虫、杂草以及其他有害生物传入、传出国境，保护农、林、牧、渔业生产和人体健康，促进对外经济贸易的发展
检疫方式	实行注册登记、疫情调查、检测和防疫指导等
检疫管理	进境检疫、出境检疫、过境检疫、进出境携带和邮寄物检疫以及出入境运输工具检疫等

③国境卫生监督制度。

国境卫生监督制度是指出入境检验检疫机构根据《中华人民共和国国境卫生检疫法》及其实施细则，以及国家其他的卫生法律、法规和卫生标准，在进出口岸对出入境的交通工具、货物、运输容器以及口岸辖区的公共场所、环境、生活设施、生产设备所进行的卫生检查、鉴定、评价和采样检验的制度。我国实行国境卫生监督制度是为了防止传染病由国外传入或者由国内传出，实施国境卫生检疫，保护人体健康。其监督职能主要包括：进出境检疫、国境传染病检测、进出境卫生监督等。

3. 货物贸易外汇管理制度

对外贸易经营者在对外贸易经营活动中，应当依照国家有关规定结汇、用汇。国家外汇管理局、中国人民银行及国务院其他有关部门，依据国务院《外汇管理条例》及其他有关规定，对包括经营项目外汇业务、资本项目外汇业务、金融机构外汇业务、人民币汇率的生成机制和外汇市场等领域实施的监督管理。

（1）我国货物贸易外汇管理制度。

为完善货物贸易外汇管理，大力推进贸易便利化，进一步改进货物贸易外汇服务和管理，我国自2012年8月1日起在全国实行货物贸易外汇管理制度改革，国家外汇管理局对企业的贸易外汇管理方式由现场逐笔核销改变为非现场总量核查。我国货物贸易外汇管理制度的运行主要靠3个方面来完成，即企业自律、金融机构专业审查及国家外汇管理局的监管。

（2）国家外汇管理局对货物外汇的主要监管方式。

主要监管方式包括：①企业名录登记管理；②非现场核查；③现场核查；④分类管理。

非现场核查是国家外汇管理局常规监管方式。分类管理是国家外汇管理局根据企业贸易外汇收支的合规性及其与货物进出口的一致性，将企业分为A、B、C三类。

A类企业进口付汇、出口收汇手续简化，对B、C类企业在贸易外汇收支单证审核、业务类型、结算方式等方面实施严格监管。国家外汇管理局根据企业在分类监管期内遵守外汇管理规定的情况，对企业类别进行动态调整。

4. 对外贸易救济措施

我国于2001年底正式成为世界贸易组织（WTO）成员国，世界贸易组织允许成员方在进口产品倾销、补贴和过激增长等给其国内产业造成损害的情况下，可以使用反倾销、反补贴和保障措施手段，以保护国内产业不受损害。

反补贴、反倾销和保障措施都属于贸易救济措施。反补贴和反倾销措施针对的是价格歧视这种不公平贸易行为，保障措施针对的则是进口产品激增的情况。

为充分利用WTO规则，维护国内市场的国内外商品的自由贸易和公平竞争秩序，我国依据WTO的《反倾销协议》《补贴与反补贴措施协议》《保障措施协议》以及我国《对外贸易法》的有关规定，制定颁布了《反补贴条例》《反倾销条例》以及《保障措施条例》。反倾销、反补贴和保障措施的具体内容如表1-14所示。

表1-14 反倾销、反补贴和保障措施

救济措施	类别	实施的条件	实施形式	实施期限
反倾销措施（价格歧视）	临时反倾销措施	进口方主管机构经过调查，初步认定被指控产品存在倾销，并对国内同类产业造成损害，据此可以依据WTO所规定的程序进行调查，在全部调查结束之前，采取临时反倾销措施	①征收临时反倾销税 ②提供保证金、保函或其他形式的担保	不超过4个月，特殊情况可延长至9个月
	最终反倾销措施	对终裁决定确定倾销成立并由此对国内产业造成损害的，采取最终反倾销措施	征收反倾销税，但应当符合公共利益	海关自商务部公告规定实施之日起执行
反补贴措施（价格歧视）	临时反补贴措施	初裁决定确定补贴成立并由此对国内产业造成损害的，可以采取临时反补贴措施	提供保证金或者保函作为担保	不超过4个月（不能延长）
	最终反补贴措施	在为完成磋商的努力没有取得效果的情况下，终裁决定确定补贴成立并由此对国内产业造成损害的，可以采取最终反补贴措施	征收反补贴税，但应当符合公共利益	海关自商务部公告规定实施之日起执行

续上表

救济措施	类别	实施的条件	实施形式	实施期限
保障措施（产品激增）	临时保障措施	在有明确证据表明进口产品数量增加，将对国内产业造成难以补救的损害的紧急情况下，进口国与成员国之间可以不经过磋商而做出初裁决定，采取临时保障措施	提高关税，但事后调查不能证实进口激增对国内有关产业已经造成损害的，已征收的临时关税予以退还	不超过200天
	最终保障措施	事后调查证实进口激增对国内有关产业造成损害的，可以采取最终保障措施	采用提高关税或数量限制等	一般不超过4年，最长可延至10年

三、货物对外贸易管制主要措施

对外贸易管制作为一项综合制度，所涉及的管理规定繁多。了解我国贸易管制各项措施所涉及的具体规定，是报关从业人员应当具备的专业知识。

（一）进口许可证、出口许可证及自动进口许可证管理

进出口许可证是我国进出口许可证制度中具有法律效力，用来证明对外贸易经营者经营列入国家进出口许可证管理目录商品合法进出口的证明文件，是海关验放该类货物的重要依据。另外，商务部根据监测货物进口情况的需要，对部分自由进口货物实行自动许可管理。

进出口许可证签发机构是商务部配额许可证事务局，商务部驻各地特派员办事处和各省、自治区、直辖市、计划单列市，以及商务部授权的其他省会城市商务厅（局）、外经贸委（厅、局）。而自动进口许可证的签发机构为商务部配额许可证事务局，商务部驻各地特派员办事处和各省、自治区、直辖市、计划单列市商务主管部门以及地方机电产品进出口机构。2017年的我国进出口许可证及自动进口许可证管理情况如表1-15所示。

表 1–15　进出口许可证及自动进口许可证管理措施

证件	管理范围	报关规范
进口许可证	列入《进口许可证管理货物目录》的货物。例如 2017 年实施进口许可证管理的货物有：①重点旧机电产品（旧化工设备类、旧船舶类等，由商务部配额许可证事务局发证）②消耗臭氧层物质（CFC-11、CFC-12 等 49 个商品），在京央企由配额许可证局发证，其他由各地外经贸委、商务厅发证	①进口许可证有效期 1 年，当年有效，特殊情况需跨年度使用最长至次年 3 月 31 日 ②出口许可证有效期 6 个月，有效期截止时间不超过当年的 12 月 31 日 ③进出口许可证均不得擅自更改，商务部各进出口许可证签发机构与海关总署及各口岸海关对进出口许可证的发放及适用实施计算机联网监管 ④均实行"一证一关""一批一证"；若要实行"非一批一证"，在备注栏打印"非一批一证"字样，但最多使用不超过 12 次 ⑤大宗、散装货物，溢装数量为 5%，原油、成品油溢装数量不超过 3%。 ⑥外商投资企业出口货物、加工贸易方式出口货物、补偿贸易项下出口货物（包括大米、玉米、汽车及其底盘等）实行"非一批一证"管理 ⑦企业以一般贸易、加工贸易、边境贸易和捐赠贸易方式出口汽车产品须申领出口许可证。企业以工程承包方式出口汽车产品应申领出口许可证，但不受出口资质管理限制 ⑧我国政府在对外援助项下提供的目录产品不纳入配额和许可证管理 ⑨国家对部分出口货物实行指定出口报关口岸管理。出口此类货物，均须到指定的口岸报关出口，包括锑及锑制品、镁砂、甘草、稀土、进口原木加工锯料复出口的锯料、天然砂等。如甘草指定天津海关、上海海关和大连海关为出口报关口岸 ⑩对消耗臭氧层物质实行进出口配额许可证管理，许可证实行"一批一证"制，在有效期内一次报关使用
出口许可证	列入《出口许可证管理货物目录》的货物。例如 2017 年实行出口许可证管理的商品有实行出口配额许可证（如玉米、大米、小麦等）、出口配额招标（如碳化硅、甘草及甘草制品等）、出口许可证管理（如冰鲜牛肉、冰鲜猪肉、石蜡等）	

续上表

证件	管理范围	报关规范
自动进口许可证	列入《自动进口许可证管理货物目录》的货物。例如2017年实施自动进口许可管理的商品包括非机电产品（如鸡肉、烟草、化肥等）、机电产品（包括旧机电产品）	①有效期为6个月，公历年内有效 ②实行"一批一证"管理，也可以"非一批一证"管理，但不超过6次 ③大宗、散装货物溢装5%以内免证，其中原油、成品油、化肥、钢材3%免证；非一批一证的，在最后一批货物出口时，按该许可证实际剩余数量溢装上线以内计算免证数额 ④自动进口许可证实行联网核查，自2016年2月1日起，对"一批一证"的进口货物实施自动进口许可证通关作业无纸化，每份进口货物报关单仅适用一份自动进口许可证

（二）两用物项和技术进出口许可证管理

两用物项和技术是指《中华人民共和国核出口管制条例》《中华人民共和国核两用品及相关技术出口管制条例》《中华人民共和国导弹及相关物项和技术出口管制条例》《中华人民共和国生物两用品及相关设备和技术出口管制条例》《中华人民共和国监控化学品管理条例》《中华人民共和国易制毒化学品管理条例》《中华人民共和国放射性同位素与射线装置安全和防护条例》及《有关化学品及相关设备和技术出口管制办法》中规定管制的物项和技术。为了维护国家安全和社会公共利益，履行国际条约，国家对两用物项和技术实行进出口许可证管理，商务部和海关总署联合发布了《两用物项和技术进口许可证管理目录》《两用物项和技术出口许可管理目录》。具体如表1–16所示。

表1–16　两用物项进出口许可证管理内容

发证部门	商务部主管，具体发证部门为：①商务部配额许可证局；②受商务部委托的省级商务主管部门
管理范围	2017年进口许可证管理包括监控化学品、易制毒化学品和放射性同位素3类 实施出口许可证管理的有核出口管制清单所列物项和技术、核两用品及相关技术出口管制清单所列物项和技术、生物两用品及相关设备和技术出口管制清单所列物项和技术、监控化学品管理条例名录所列物项、有关化学品及相关设备和技术出口管制清单所列物项和技术、导弹及相关物项和技术出口管制清单所列物项和技术、易制毒化学品、无人驾驶飞行器、飞行艇及设备部分两用物项和技术等共8类 出口经营者拟出口的物项和技术存在被用于大规模杀伤性武器及运载工具风险的，无论该物项和技术是否列入管理名录，都应该办理两用物项和技术出口许可证；出口经营者在出口过程中，发现拟出口的物项或技术存在被使用于大规模杀伤性武器及运输工具风险的，应及时向国务院相关行政主管报告，并积极配合采取措施终止合同执行

续上表

管理范围	办理程序： （1）在进出口相关货物之前申领主管部门批准文件 （2）凭批准文件到所在地发证机构申领两用物质和技术进出口许可证（在京央企向许可证局申领） （3）实行网上申领，发证机构确认批准文件和相关材料无误后，应当在3个工作日签发 其中： ①核、核两用品、生物两用品、有关化学品、导弹相关物项、易制毒化学品和计算机进出口的批准文件为商务部主管部门签发的两用物项和技术进口或者出口批复单。其中，核材料的出口凭国防科工局（原国防科工委）的批准文件办理相关手续。对于外商投资企业进出口易制毒化学品凭"商务部外商投资企业易制毒化学品进口批复单"或"商务部外商投资企业易制毒化学品出口批复单"申领进出口许可证 ②监控化学品进出口的批准文件为国家禁止化学武器公约领导小组办公室签发的监控化学品进口或者出口核准单。监控化学品进出口经营者向许可证局申领两用物项和技术进出口许可证
报关规范	（1）进口实行"非一批一证"和"一证一关" （2）出口实行"一批一证"和"一证一关" （3）有效期一般不超过一年，跨年度使用，在有效期内只能用到次年3月31日 （4）如需对内容进行更改，应在许可证有效期限内向相关行政主管部门重新申请进口许可，凭原许可证和新的批准文件向发证机构申请两用物项和技术进出口许可证 （5）进口许可证：进口商与经营单位一致，收货人与收货单位一致 （6）出口许可证：出口商与经营单位一致，发货人与发货单位一致

（三）密码产品和含有密码技术的设备进口许可证管理

密码技术属于国家秘密。为了加强商用密码管理，保护信息安全，保护公民和组织的合法权益，维护国家的安全和利益，国家对密码产品和含有密码技术的设备实行限制进口管理，其主管部门是国家密码管理局。密码进口许可证是我国进出口许可管理制度中具有法律效力，用来证明对外贸易经营者的相关商品合法进口的证明文件，是海关验放货物的重要依据。具体管理措施如表1-17所示。

表1-17 密码产品和含有密码技术的设备进口许可证管理内容

管理范围	报关规范
列入《密码产品和含有密码技术的设备进口管理目录》(第一批)以及虽暂未列入目录但含有密码技术的进口商品。列入管理目录的有：加密传真机、加密电话机、加密路由器、非光通讯加密以太网络交换机、密码机(包括电话密码机、传真密码机等)、密码卡等	(1) 进口前向国家密码管理局申领密码进口许可证 (2) 免于提交密码进口许可证的情形：①加工贸易项下为复出口而进口的；②由海关监管、暂时进口后复出口的；③从境外进入保税区、出口加工区及其他海关特殊监管区域和保税监管场所的，或在海关特殊监管区域、保税监管常苏之间进出的 (3) 从海关特殊监管区域、保税监管场所进入境内区外，需交验密码进口许可证 (4) 进口单位知道或应当知道其所进口商品含有密码技术，但暂未列入目录的，也应申领许可证 (5) 在进口环节发现应提交而未提交密码进口许可证的，海关按有关规定进行处理

（四）固体废物进口管理

固体废物包括工业固体废物、城市生活垃圾、危险废物以及液态废物和置于容器中的气态废物。目前，我国对进口废物实施分类目录管理，环境保护部对全国固体废物进口环境管理工作实施统一监督管理，商务部、国家发改委、海关总署和国家质量监督检验检疫总局在各自的职责范围内负责固体废物进口相关管理工作，定期公布调整相关管理目录。固体废物进口管理措施具体如表1-18所示。

表1-18 固体废物进口管理措施

管理范围及进口程序	报关规范
管理范围： (1) 列入《限制进口类可用作原料的废物目录》，实施限制进口管理 (2) 列入《自动进口许可管理类可用作原料的废物目录》，实施自动进口管理 (3) 虽然列入上述两个目录但入境检验检疫不合格的固体废物或列入《禁止进口固体废物目录》禁止进口 办理程序： (1) 国内收货人以及国外供货商实行注册登记 (2) 固体废物进口申请	(1) 应提交：废物进口许可证、入境货物通关单、其他单证 (2) 废物进口许可证当年有效，可延期1次不超过60天 (3) 固体废物进口相关许可证实行"一证一关"、"非一批一证"管理 (4) 对废金属、废塑料、废纸进口实施分类装运管理 (5) 海关怀疑进口货物的收货人申报的进口货物为固体废物的，可以要求收货人送口岸检验检疫部门进行固体废物属性检验 (6) 从海关特殊监管区域和场所进口到境内区外或

续上表

管理范围及进口程序	报关规范
（3）装运前检验 （4）入境报检 （5）海关报关	者在海关特殊监管区域和场所之间进出的，无须办理固体废物进口相关许可证 （7）海关特殊监管区域和场所内单位不得以转口货物为名存放进口固体废物 注：不能转关（废纸除外）

（五）进口关税配额管理

关税配额管理属限制进口，实行关税配额证管理。对外贸易经营者经国家批准取得关税配额证后允许按照关税配额税率征税进口，如超出限额则按照配额外税率征税进口。实施关税配额的主要是农产品和工业品两类，具体情况如表1-19所示。

表1-19 进口关税配额管理措施

管理类别	发证部门	管理范围	报关规范
农产品	食糖、羊毛、毛条由商务部受理申请；小麦、玉米、大米、棉花由发改委受理申请	小麦、稻谷、大米、玉米、棉花、食糖、羊毛及毛条	①凭"农产品进口关税配额证"办理报关手续；由境外进入保税仓库、保税区、出口加工区的免交证 ②"一证多批"制，有效期为1月1日至当年12月31日，最长不超过次年2月底 ③配额证的申请期为每年的10月15日至30日；食糖、羊毛、毛条由商务部受理申请；其余（小麦、玉米、大米、棉花）由发改委受理申请
工业品	商务部的化肥进口关税配额管理机构	尿素、磷酸氢二铵、复合肥等3种农用肥料	①凭"化肥进口关税配额证明"办理报关手续 ②商务部在每年的9月15日至10月14日公布下一年度的关税配额数量。申请单位应在10月15日至30日向商务部提出配额申请。每年的12月31日前将化肥关税配额分配到进口用户

（六）野生动植物种进出口管理

野生动植物种进出口管理是指我国濒危物种进出口管理办公室，会同其他部门制定公布《进出口野生动植物种商品目录》，并以签发"濒危野生动植物种国际贸易公约允许进出口证明书"（简称公约证明）、"中华人民共和国濒危物种进出口管理办公室野生动植物允许进出口证明书"（简称非公约证明），或"非《进出口野生动植物种商品目录》物种证明"(简称非物种证明)的形式,对该目录列明的依法受保护的珍贵、濒危野生动植物及其产品实施的进出口限制管理。

凡进出口列入《进出口野生动植物种商品目录》的野生动植物或其产品,必须严格按照有关法律、行政法规的程序进行申报和审批,并在进出口报关前取得国家濒危物种进出口管理办公室或其授权的办事处签发的公约证明、非公约证明或物种证明后,向海关办理进出口手续。具体如表1-20所示。

表1-20 野生动植物种进出口管理措施

证件	适用范围	报关规范
非公约证明	不论以何种方式进出口列入《进出口野生动植物种商品目录》中属于我国自主规定管理的野生动植物及其产品	①提交"非公约证明" ②实行"一批一证",有效期不超过180天
公约证明	不论以何种方式进出口列入《进出口野生动植物种商品目录》中属于《濒危野生动植物种国际贸易公约》的物种	①提交"公约证明" ②实行"一批一证",有效期不超过180天
物种证明	对于进出口列入《进出口野生动植物种商品目录》中除适用"非公约证明""公约证明"物种以外的其他野生动植物及相关货物或物品和含野生动植物成分的纺织品	①物种证明不得转让或倒卖,证明不得涂改、伪造 ②分"一次使用"和"多次使用"两种。一次性使用的物种证明,有效期自签发之日起不得超过180天;多次使用的物种证明只适用于同一物种、同一货物类型、在同一报关口岸多次进出口的野生动植物,有效期不得超过360天 ③按照规定的口岸、方式、时限、物种、数量和货物类进出口,超过该范围海关不予受理;海关对经营列入该《目录》的商品提出质疑的,应出具上述相应的许可证方能通关 ④对进出境货物或物品包装和说明中标注含有商品目录所列的野生动植物成分的,经营者应主动、如实申报,并按含有该野生动植物的商品进行监管

(七)进出口药品管理

进出口药品管理是指为加强对药品的监督管理,保证药品质量,保障人体用药安全,维护人的身体健康和用药的合法权益,国家食品药品监督管理局依照《中华人民共和国药品管理法》、有关国际公约以及国家其他法规，对进出口药品实施监督管理的行政行为。进出口药品从管理角度可以分为进出口麻醉药品、进出口精神药品、进出口兴奋剂以及进口一般药品。国家食品药品监督管理局会同国务院商务主管部门对上述药品依法制定并调整管理目录，以签发许可证件的形式对其进出口加以限制。

药品必须经由国务院批准的允许药品进口的口岸进口。目前，允许进口药品的口岸城市共有19个，即北京市、天津市、上海市、大连市、青岛市、成都市、武汉市、重庆市、厦门市、南京市、杭州市、宁波市、福州市、广州市、深圳市、珠海市、海口市、西安市、南宁市。具体管理措施如表1-21所示。

表1-21 进出口药品管理措施

证件	适用范围	报关规范
精神药品进出口准许证	①任何单位以任何贸易方式进出口列入《精神药品管制品种目录》的药品，包含精神药品标准品及对照品，如复发甘草片、咖啡因、去氧麻黄碱等 ②对于列入以上目录的药品可能存在的盐、酯、醚，虽未列入该目录但仍属于精神药品管制范围	①提交精神药品进出口准许证及其他单据 ②实行"一批一证"并在证中注明的口岸海关使用
麻醉药品进出口准许证	①任何单位任何贸易方式下进出口列入《麻醉药品管制品种目录》的麻醉药品，包括鸦片类、可卡因类、大麻类、合成麻醉药类及其他易成瘾癖的药品、药用原植物及其制剂 ②列入该目录的麻醉药品可能存在的盐、酯、醚，虽未列入该目录但仍属于麻醉药品管制范围	①提交麻醉药品进出口准许证 ②实行"一批一证"，并在证中注明的口岸海关使用
兴奋剂进口、出口准许证	列入《兴奋剂目录》的药品：蛋白同化制剂品种、肽类激素品种、麻醉药品品种、刺激剂（含精神药品）品种、药品类易制毒化学品品种、医疗用毒性药品品种、"其他品种"等共7类	①列入目录中的"其他品种"，海关暂不实行管理 ②对进出口蛋白同化制剂品种、肽类激素分别实行"进口准许证"和"出口准许证"管理，进出口前需先提交相关的证件

续上表

证件	适用范围	报关规范
兴奋剂进口、出口准许证		③"进口准许证"有效期1年，"出口准许证"有效期不超过3个月（且不跨年度），实行"一证一关""一批一证" ④个人因医疗需要携带蛋白同化制剂和肽类激素药品，凭医疗机构处方予以验放，无处方或超量的均不得进出境
进口药品通关单	①进口列入《进口药品目录》的药品、列入《生物制品目录》的药品，包括疫苗类、血液制品类及血源筛查用诊断试剂类，以及首次在中国境内销售的药品 ②对进口暂未列入该目录的原料药，要先报验后报关	①进口药品：提交进口药品通关单，实行"一批一证"，并在证中注明的口岸海关使用 ②出口药品目前暂无特殊的管理要求

（八）出入境检验检疫管理

对列入《法检目录》及其他法律法规规定需要检验检疫的货物进出口时，货物所有人或其合法代理人，在办理进出口通关手续前，必须向口岸检验检疫机构报检。海关凭口岸出入境检验检疫机构签发的"中华人民共和国检验检疫入境货物通关单"或"中华人民共和国检验检疫出境货物通关单"验放。

自2008年1月1日起，国家实行出入境货物通关单电子数据联网，出入境检验检疫机构对法检商品签发通关单，实时将通关单电子数据传输至海关，企业持通关单向海关办理法检商品验放手续，办结海关手续后将通关单使用情况反馈到检验检疫部门，实行联网核查。出入境货物通关单具体管理措施如表1-22所示。

表1-22 出入境货物通关单管理措施

证件	适用范围	报关规范
入境货物通关单	①列入《法检目录》的商品 ②外商投资财产价值鉴定（受国家委托，为防止外商瞒骗对华投资额而对其以实物投资形式进口投资设备价值进行的鉴定） ③进口可用作原料的废物 ④进口旧机电产品 ⑤进口货物发生短少、残损或其他质量问题需对外索赔时，其赔付的进境货物	实行"一批一证"

续上表

证件	适用范围	报关规范
入境货物通关单	⑥进口捐赠的医疗器械 ⑦未列入《法检目录》但法律、法规明确由出入境检验检疫机构检验检疫的货物	
出境货物通关单	①列入《法检目录》的货物 ②出口纺织品标识 ③对外经济技术援助物资及人道主义紧急救灾援助物资 ④未列入《法检目录》但法律、法规明确由出入境检验机构负责检验检疫的货物	实行"一批一证"

（九）其他货物进出口管理

其他货物包括黄金及其制品、音像制品、有毒化学品、农药、兽药等，在进出口这些货物的时候也需要获得相应的许可证件，具体情况如表1-23所示。

表1-23　其他货物进出口管理措施

证件	发证部门	适用范围	报关规范
黄金及其制品进出口准许证	中国人民银行或其授权的下属分支机构签发准许证	《黄金及其产品进出口管理目录》的黄金及其制品	进出口时提供有效的《黄金及其制品进出口准许证》
进口音像制品批准单	国家新闻出版广电总局	音像制品成品、母带（母盘）	指定单位经营，未经指定的任何单位或个人均不得从事音像制品成品进口业务，可以委托进口
艺术品进出口批准文件	文化部	艺术创造者原创作品（例如绘画、书法等）及有限的复制品	①提交批准文件及其他单证 ②同一批已经批准进口或出口的艺术品复出口或进口，可持原批准文件正版到原海关办理，文化部不再重复审批。复出口或进口的艺术品与原批准内容不同，需要重新审批
有毒化学品环境管理放行通知单	环境保护部	列入《中国禁止或严格限制的有毒化学品名录》的化学品	在进出口时提交，放行通知单联网监管

续上表

证件	发证部门	适用范围	报关规范
农药进出口登记放行通知单	农业部	列入《中华人民共和国农药登记证明管理名录》的农药	①实行"一批一证",联网核查 ②既可作农药又可作工业原料的商品,如果以工业原料进出口,则改凭农业部签发的"非农药登记管理证明"验放
进口兽药通关单	农业部	进口列入《进口兽药管理目录》的兽药	实行"一单一关"制,在30日有效期内只能一次性使用

【工作任务示范1】

根据模块二项目一工作示范案例1资料(详见附录二)完成任务预期成果。

任务预期成果:

(1) 阐述查找切纸机的海关监管条件的方法,并查找切纸机的监管条件。

(2) 阐述报关过程中所需监管证件的报关规范要求。

任务成果分析:

(1) 查找切纸机的商品编码,经查切纸机的商品编码为84411000。

(2) 通过《税则》或通过"通关网"网站 http://www.hscode.net/IntegrateQueries/QueryYS/,查找海关监管条件(图1-5)。

(3) 经查切纸机没有海关监管条件。

商品编码	8441100000				
商品名称	切纸机				
申报要素	1:品名;2:用途;3:品牌;4:型号;				
法定第一单位	台	法定第二单位	无		
最惠国进口税率	12%	普通进口税率	50%	暂定进口税率	-
消费税率	-	出口关税率	0%	出口退税率	17%
增值税率	17%	海关监管条件	无	检验检疫类别	无
商品描述	切纸机				

图1-5 切纸机通关参数

【工作任务示范2】

辽宁抚顺锅炉厂有限责任公司订购一批进口热拔合金钢无缝锅炉管,生产锅炉内销,载货运输工具于2016年4月10日申报进境,次日辽宁龙信国际货运公司持相关单证向大连大窑湾海关申报货物进口。

任务预期成果：

（1）查找该货物的监管条件。

（2）阐述报关过程中所需监管证件的报关规范要求。

任务成果分析：

（1）先查商品编码：热拔合金钢无缝锅炉管的编码是7304591001。

（2）通过《税则》或通过"通关网"网站http：//www.hscode.net/Integrate-Queries/QueryYS/查找海关监管条件，如图1-6所示，找到海关监管条件为：A，入境货物通过单，即热拔合金钢无缝锅炉管进口要先报检。

商品编码	7304591001				
商品名称	高温承压用合金钢无缝钢管[外径≥127毫米，化学成分（wt%）中，0.07≤碳（C）含量≤0.13,8.5≤铬（Cr）含量≤9.5,0.3≤钼（Mo）含量≤0.6,1.5≤钨（W）含量≤2.0,抗拉强度≥620兆帕、屈服强度≥440兆帕]				
申报要素	1:品名;2:规格（管的外径）;3:用途（锅炉用、石油或天然气钻探用等）;4:形状（管、空心异型材）;5:材质（铁、非合金钢、不锈钢、合金钢）;6:加工方法（冷拔、冷轧、热轧等）;7:种类（无缝管）;8:成分含量;9:原产地证据文件及编号（例 附原产地证书，编号 A2014123456,无原产地证据文件的填报"无原产地证据文件"）;10:原产于欧盟、日本、美国的，填报原厂商名称和发票编号（例 XX贸易有限公司，附原厂商发票，编号 12345678,无原厂商发票的，填报"无原厂商发票"）;				
法定第一单位	千克	法定第二单位		无	
最惠国进口税率	4%	普通进口税率	17%	暂定进口税率	-
消费税率	-	出口关税率	0%	出口退税率	9%
增值税率	17%	海关监管条件	A	检验检疫类别	M
商品描述	高温承压用合金钢无缝钢管（抗拉强度≥620MPa、屈服强度≥440MPa）外径在127mm以上（含127mm），化学成分（wt%）中碳（C）的含量≥0.07且≤0.13、铬（Cr）的含量≥8.5且≤9.5、钼（Mo）的含量≥0.3且≤0.6、钨（W）的含量≥1.5且≤2.0、抗拉强度≥620Mpa、屈服强度≥440Mpa）				

图1-6 热拔合金钢无缝锅炉管通关参数

入境货物通关单报关规范：货物入境报关时提交"中华人民共和国检验检疫入境货物通关单"，实行"一批一证"，海关凭口岸出入境检验检疫机构签发的"入境货物通关单"验放货物。

模块二　海关监管货物报关

【引导案例】

以下进出口货物使用目的和物流流向有什么区别吗？海关监管要求和报关流程有区别吗？

（1）广州天力有限公司是一家从事机械制造产品的企业，该公司向美国一家公司定购了一批冷轧不锈钢带生产产品内销。

（2）德国一家公司因参加广州举行的电子产品展览会，需要将一批电子产品运进中国境内供展览使用，展览结束后，产品返回德国。

（3）某公司从印度进口纯棉花布10 000米，加工为产品后再出口美国。

（4）某电子公司2013年2月接到美国一客户8 000台收音机订单，该公司在国内采购电子器件组装后于2013年4月发货给美国客户。

（5）广州某高校因教学需要，从美国购买一套药品分析仪（享受国家免税待遇）。

模块预期学习成果：

（1）根据进出口货物的基本资料判别货物监管类别并选择报关流程。

（2）能够按照报关流程要求完成报关作业。

模块学习主旨：

海关为了监管上的需要，根据进出口货物使用目的和流向不同，对进出口货物进行了分类，例如一般进口货物、一般出口货物、保税加工货物、保税物流货物、特定减免税货物、暂准进境货物、暂准进出境货物及其他类别海关监管货物等，海关对不同性质的进出口货物分别建立了相应的海关监管，进出境货物需要由收发货人或其代理人根据不同的货物类别，按照海关的监管业务制度办理相应的报关手续。

报关人员应该熟练掌握海关监管货物的报关流程及各环节的要求，以提高通关的效率。通过本模块的学习，掌握海关监管货物分类、进出口货物报关的基本程序及操作环节要求。

项目一　一般进出口货物报关

【工作任务】

广州天河区利达无线电厂是一家民营企业,该厂向日本订购了冷轧不锈钢带(规格 MM:0.5X300XCOIL)一批,委托广州天成外贸公司(440121××××)外贸代理进口,生产成品内销,天成外贸公司将报关业务委托给汉德报关行,向广州海关办理进口报关手续。运输工具将于 2016 年 8 月 25 日到港。

(详细资料见附录一)

工作任务 1　货物海关监管类别判断

【技能目标】
- 能够判断一般进出口货物并选择适合的报关流程

【知识目标】
- 海关监管货物分类
- 一般进出口货物含义、特征及一般进出口货物报关流程

【任务预期成果】

根据模块二项目一工作任务(详见附录一),完成工作预期成果:
(1) 判断该货物海关监管货物类别,阐述判别依据。
(2) 选择适用的报关流程并写出报关流程。

【知识链接】

一、海关监管货物

海关监管货物指自进境起到办结海关手续止的进口货物,自向海关申报起到出境止的出口货物,以及自进境起到出境止的过境、转运和通运货物等应当接受海关监管的货物,海关监管货物包括一般进出口货物、保税货物、特定减免税货物、暂时进出境货物,以及过境、转运、通运和其他尚未办结海关手续的货物。海关对不同性质的进出境货物分别建立了相应的海关监管业务制度,把申报制度以法律的形式固定下来。

进出境货物是否申报包括是否如实申报,是区别走私与非走私的重要界限之一,海关监管货物报关程序比较如表 2-1 所示。

表 2-1　监管货物报关程序比较表

报关程序 货物种类	前期阶段	进出境阶段	后续阶段
一般进出口货物	（无）	申报（海关审查） ↓ 配合查验（查验） ↓ 缴纳税费（征税） ↓ 提取或装运（放行）	（无）
保税进出口货物	加工贸易手册设立		加工贸易手册核销
特定减免税货物	特定减免税备案，申领免税证明		办理解除海关监管手续
暂时进出境货物	展览品备案		办理销案手续
其他进出境货物	例出料加工货物的备案		办理销案手续

报关程序是指进出口收发货人、运输工具负责人、物品所有人或其代理人按照海关的规定，办理货物、物品、运输工具进出境及相关海关实务的手续和步骤。熟悉和掌握报关程序是报关工作的基本要求。本模块所指报关程序主要限于进出境货物报关程序。

从海关对进出境货物进行监管的全过程来看，报关程序按时间先后可以分为三个阶段：前期阶段、进出口阶段和后续阶段。其中进出口阶段工作主要办理进出口申报、配合查验、缴纳税费和提取或装运货物等环节。

一般进出口货物的报关程序只有进出境阶段；而保税货物、特定减免税货物和其他进出境货物在货物实际进出境前，通常还需要经过前期阶段办理相关的备案申请手续，在货物实际进出境后，需经过后续阶段办理相应的核销、销案及解除海关监管手续才能完成全部报关活动。

所有进出境货物的报关程序都有进出境阶段，一般进出口货物报关程序四个环节的监管要求除缴纳税费环节外，也适用所有进出境货物的进出境阶段监管要求。

二、一般进出口货物

（一）一般进出口货物含义

一般进出口货物是指货物在进出口环节缴纳了应征的进出口税费，并办结了所有必要的海关手续，海关放行后不再进行监管，可以直接进入生产和消费领域流通的进出口货物。一般进出口货物根据流向分为一般进口货物和一般出口货物，报关程序上略有差别。

（二）一般进出口货物海关监管特征

1. 进出境时缴纳进出口税费

一般进出口货物收发货人或其代理人在进出境申报时，应当按照《海关法》和其他有关法律、行政法规的规定,向海关缴纳应当缴纳的税费,如关税和进口海关代征的增值税、消费税、出口关税、进口附加税及其他费用等。

2. 进出境交验相关的许可证件

如果一般进出口货物属于国家贸易管制货物,则应在货物进出口申报前申领许可证件,在进出境报关时交验许可证。

3. 海关放行即办理结关手续

向海关申报时,海关对进出口货物的申报单证进行审核,待审核通过后,对货物进行实际查验(或做出不予查验的决定),海关对完税的进出口货物放行,进出口货物收发货人或其代理人才能办理提取或者装运出口货物的手续。海关放行之后,不再对货物进行监管。

小资料:一般进出口货物与一般贸易货物的区别

两者的划分标准不一样,"一般进出口"是指海关监管的一种制度,而"一般贸易"是指国际贸易中的一种交易方式。一般贸易货物在进出口时经批准按"一般进出口"的监管制度办理海关手续,这时它就是一般进出口货物;经批准享受减免税优惠政策,按"特定减免税"监管制度办理海关手续,这时它是特定减免税货物;经批准保税,按"保税"监管制度办理海关手续,这时为保税货物。

三、一般进出口货物的范围

一般进出口货物海关监管制度适用于货物在海关申报环节不享受特定减免税优惠政策,海关放行后永久地留在境内或境外的实际进出口货物。一般进出口货物包括:

（1）一般贸易方式进口货物。

（2）一般贸易方式出口货物。

（3）转为实际进口的原保税货物、实际进口或者出口的原暂时进出境货物。

（4）易货贸易、补偿贸易的进出口货物。

（5）不准予保税的寄售代销贸易货物。

（6）承包工程项目实际进出口货物。

（7）外国驻华机构进出口陈列用的样品。

（8）外国旅游者小批量订货出口的商品。

（9）随展览品进境的小卖品。

（10）免费提供的进口货物,如,外商在经贸活动中赠送的进口货物;外商在经贸活动中免费提供的试车材料等;我国在境外的企业、机构向国内单位赠送的进口货物。

四、一般进出口货物的报关程序

一般进出口货物报关的基本程序包括四个环节，如图 2-1 所示。每个环节的具体工作如图 2-2 所示。

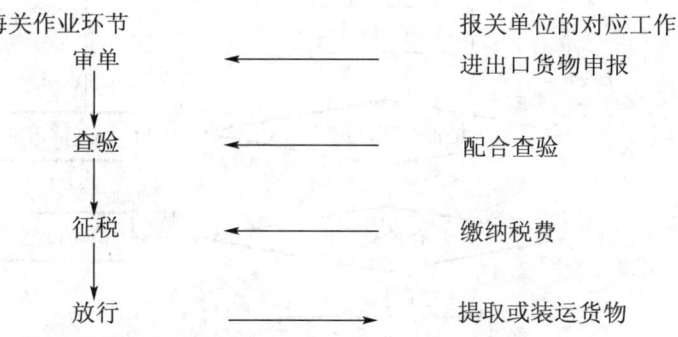

图 2-1　一般进出口货物报关基本程序

【工作任务示范】

上海顺达贸易发展公司（经营单位代码：220121××××）进口 VlDD 牌切纸机一批内销，型号 VI-400，运输该批货物的运输工具于 2009 年 10 月 31 日到达上海浦东。该公司自理向上海浦东海关（关区代码 2201）报关，保险费为 3%，集装箱自重：4 000 千克。

（详见附录二，模块二项目一工作示范案例 1 资料）

任务预期成果：

（1）判断该货物海关监管货物类别。

（2）选择该货物适用的报关程序，并写出该货物报关流程。

任务成果分析：

（1）该批货物属于一般进口货物。

理由：上海顺达贸易发展公司进口 VlDD 牌切纸机一批，进口的目的是内销，属于一般贸易进口货物，根据一般进出口货物的含义判断属于一般进口货物。

（2）该批货物采用一般进口货物报关流程。报关基本流程如下：

货物申报→查验货物→缴纳税费→提取货物

提取货物后海关不再监管该货物。

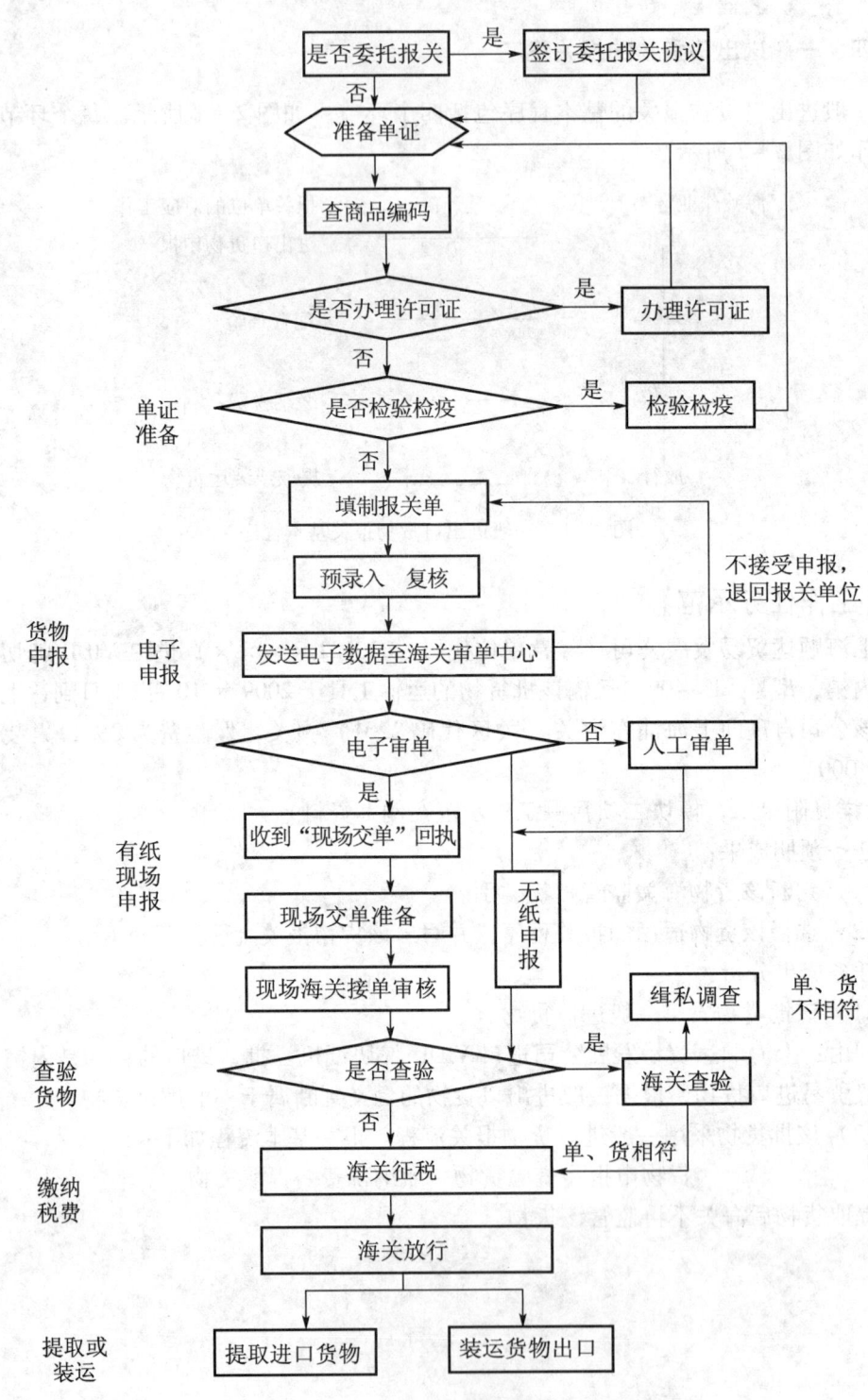

图 2-2 一般进出口货物报关流程

工作任务2　报关前准备工作

【技能目标】
- 能够根据海关的要求做好报关前准备工作
- 能够根据进出口货物情况准备报关单证
- 能够签订报关委托书

【知识目标】
- 海关监管货物报关单证的类别
- 单证准备的工作步骤和内容

【任务预期成果】

根据模块二项目一工作任务（详见附录一），完成任务预期成果分析：
（1）完成该货物报关前准备工作。
（2）准备该货物报关单证。

【知识链接】

一、申报前准备

报关员要顺利进行进出境货物申报，需要做好申报前的准备工作，主要包括：
（1）进口须接到进口货物通知，出口须备齐出口货物。
（2）委托报关须办理报关委托。
（3）准备申报单证。
（4）申请前查看货样（选择项）。
（5）填制报关单。

二、委托报关

进出口收发货人可以采用自理报关和委托报关企业报关两种方式。如果是自理报关，则此步骤可以省略。

进出口收发货人委托报关企业报关，在货物进出口前，通过《委托报关协议电子系统》签订委托协议，与报关企业建立委托代理关系，以明确双方的责任。代理报关委托书是报关时需要提供的单证。

报关企业接受进出口货物收发货人的委托，应对委托人所提供情况的真实性、完整性和合理性进行审查，主要审查提供的单证是否齐全、真实，是否符合规范等。

小资料：委托报关协议电子系统

2012年初，为推动海关通关作业在代理报关环节的无纸化改革工作，提高该环节信息化水平和工作效率，决定立项建设电子代理报关委托书委托协议系统。通过将传统纸质单据流转的《代理报关委托书/委托报关协议》改为电子信息化运作，从而提高通关效率，降低企业通关成本，促进贸易便利化。

外贸经营单位和代理报关单位用户，通过本系统在网上实现电子信息化的委托报关业务签订。报关协会作为报关委托的第三方从中进行协调并实现信息化管理。改变了传统纸质单据报关委托行为中，企业双方权益体现不均、职责划分不清、委托内容不明所引发的报关单伪报、瞒报、漏报等违法风险的情形。

三、申报单证准备

海关监管货物向海关申报进出境时，海关需要审查货物的相关单证，确定货物是否符合海关监管条件。因此准备申报的单证是报关员开始进行申报工作的关键一步，可影响到整个报关工作能否顺利进行。

1. 报关单证类别

单证可以分为报关单和随附单证两大类，其中随附单证包括进出口商业单证（必须单证、预报单证）、进出境贸易管理单证、海关单证、其他单证（表2-2）。不同类别的海关监管货物申报时提交给海关的报关单证略有区别，需根据海关监管货物类别、货物性质判断所需准备的随附单证。

表2-2 报关单证类别

主要单证		报关单或带有进出口报关单性质的单证：暂时进出境货物使用的ATA单证，特殊监管区域进出境备案清单，过境货物报关单，快件报关单等
随附单证	进出口商业单证	必备单证	进口：合同、商业发票、包装单据（装箱单、包装明细、包装提要、重量证书、尺码单、花色搭配单等），运输单据（海运提单、海运单、提货单、装货单、空运总运单、空运分运单、铁路运单等）
		预备单证	特殊情况下应向海关提交的其他与申报货物相关的进出口商业单证：信用证、付款证明、保险单、保费发票、运费发票等，原厂商发票、贸易商发票等
	进出口贸易单证	进出口许可证
		检验检疫单证
		其他贸易管理单证：原产地证，关税配额证明等
	海关单证	保税加工货物备案凭证；减免税货物免税凭证；暂时进出境货物核准凭证；其他报关作业所需凭证（进口货物直接退运表；责令直接退运通知书；加工贸易货物内销征税联系单；原进出口货物报关单；海关出具的预归类决定书等）

模块二 海关监管货物报关

续上表

随附单证	其他单证	委托报关：报关委托书/委托报关协议 特殊货物：例如无代价抵偿货物，大宗散装货物溢短装等，提交第三方认证证明，包括具有资质的商品检验检疫机构出具的商检证明书、溢短装证明等

进出口货物收发货人或其代理人应向报关人员提供进出口货物所需要的随附单证，报关人员审核这些单证后据此填制报关单。

2. 准备申报单证的原则

报关单及随附单证必须"齐全、有效、一致"。"齐全"是指按照进出口货物的申报目的和要求，根据不同进出口货物的状态和海关监管规定，审核报关单随附单证是否齐全，特别注意贸易管理单证是否齐全。"有效"是指报关随附单证获取途径合法，单证在有效时间范围内，相关内容信息体现该货物进出口的合法性、商业交易等情况。审核各随附单证抬头、商品名称、规格、数量等相关内容是否"一致"。

填制报关单必须真实、准确、完整；报关单与随附单证数据必须一致。

四、申报前查看货样

进口货物的收货人，可以在向海关申报前提出申请查看货样；在能确定货物情况下，可以不做这步工作。

当对货物情况不明确时，为了确定货物的品名、规格、型号等，可以向海关提出查看货物或者提取货样的书面申请。海关审核同意的，派员到场监管。

涉及动植物及其产品以及其他须依法提供检疫证明的货物，如需提取货样，应当按照国家的有关法律规定，事先取得主管部门签发的书面批准证明。提取货样后，到场监管的海关工作人员与进口货物的收货人在海关开具的取样记录和取样清单上签字确认。

【工作任务示范1】

根据模块二项目一工作示范案例1资料（详见附录二）完成任务预期成果。

任务预期成果：

（1）准备该批货物进口时提交的单证。

（2）完成该货物报关前的准备工作。

任务成果分析：

1. 因为该批货物属于一般进口货物，货物进口时应该提交的单证包括：

（1）进口货物报关单。

（2）随附单证：

①基础单证：发票、装箱单、海运提单。

②特殊单证：先查切纸机的商品编码，结果为84411000，通过海关网站、《企业

报关实用手册》或《税则》，该批货物没有海关监管条件，即不需要申请许可证单证。

2. 报关人员的准备工作

（1）收集整理报关所需要的随附单证，需要特殊监管证件的货物要申请相关监管证件。该批货物收集的随附单证包括合同、发票、装箱单、海运提单等。

（2）可以申请报关前查看货样，也可以不做这一步。一般情况不易出错的货物或长期客户货物情况比较稳定的不申请查看货样。

工作任务3　货物申报

【技能目标】
- 能够计划货物申报的时间，确定申报的海关
- 能够按照海关的要求办理进出口货物申报手续
- 能够计算滞报时间及滞报金

【知识目标】
- 进出口货物报关申报步骤
- 报关时限、地点要求及滞报时间计算及滞报金计算方法

【任务预期成果】

根据项目一工作任务（详见附录一），完成任务预期成果：

（1）按照海关规定，分析该批货物的报关期限。

（2）选择货物申报海关。

（3）如果在报关过程中，报关人员于8月29日向海关传送报关单电子数据，海关当天发回修改报关单信息，报关人员于9月12日想修改报关单时，发现海关已于9月8日撤销电子数据报关单，遂于9月15日重新向海关申报，海关当天受理申报并发出通知。请分析下面问题：

（1）判断该批货物申报日期。

（2）如以上日期均不涉及法定节假日，计算滞报天数。

（3）计算滞报金。

【知识链接】

一、申报流程

申报是指进出口货物收发货人、受委托的报关企业，依据《海关法》及法律、行政法规和规章的要求，在规定的时限、地点，采用电子数据和纸质报关单形式，向海关报告实际进出口货物的情况，并接受海关审核的行为。《海关法》规定，进出口

货物收发货人应当如实申报，交验进出口许可证等有关单证，国家限制进出口的货物，没有进出口许可证，海关不予放行。在申报过程中，如果申报资料需要修改涉及修改申报内容，则撤销申报。

（一）通关作业方式

海关自2012年开展通关作业无纸化改革以来，一直致力于简化报关手续。根据海关总署2014年第25号《关于深入推进通关作业无纸化改革工作有关事项的公告》，企业可以自行选择有纸作业方式或"通关作业无纸化"作业方式。"通关作业无纸化"报关需要满足企业条件和货物条件要求。

1. 有纸报关

有纸报关属于传统报关作业方式，在中国电子口岸QP系统进行报关数据申报后，凭海关要求的报关文件再去海关柜面交单，需在海关现场在系统内人工办理通关手续后予以放行，凭海关加盖验讫章的报关文件才可提取或装运货物。

2. 通关作业无纸化

通关作业无纸化是指海关以企业分类管理和风险分析为基础，按照风险等级对进出口货物实施分类，运用信息化技术改变海关验核进出口企业递交纸质报关单及随附单证办理通关手续的做法，直接对企业通过中国电子口岸录入申报的报关单及随附单证的电子数据进行无纸审核、验放处理的通关作业方式。选择"通关作业无纸化"的企业在货物申报时，应在QP系统录入端选择"通关无纸化"方式。

（1）适用企业范围。

通关作业无纸化企业范围扩大到所有信用等级企业，企业经与直属海关、第三方认证机构（中国电子口岸数据中心）签订电子数据应用协议后，可在全国海关适用"通关作业无纸化"通关方式。

（2）适用货物范围。

目前除涉及许可证件但未实现许可证件电子数据联网核查的进出口货物暂不适用"通关作业无纸化"作业方式外，其他货物及自动进口许可证监管的货物适用通关无纸化方式。

（3）无纸化报关转有纸报关。

根据《海关总署关于深入推进通关作业无纸化改革工作有关事项的公告》（公告〔2014〕25号），对于以通关作业无纸化申报的货物，海关审核企业申报的电子数据及上传的相关随附单证，对于部分进出口货物可以免交相关材料，海关审核时如需要再提交，海关审核电子数据后需进一步审核的则转为有纸报关，企业应递交有纸单证。

通关无纸化作业基本流程图如图2-3所示。

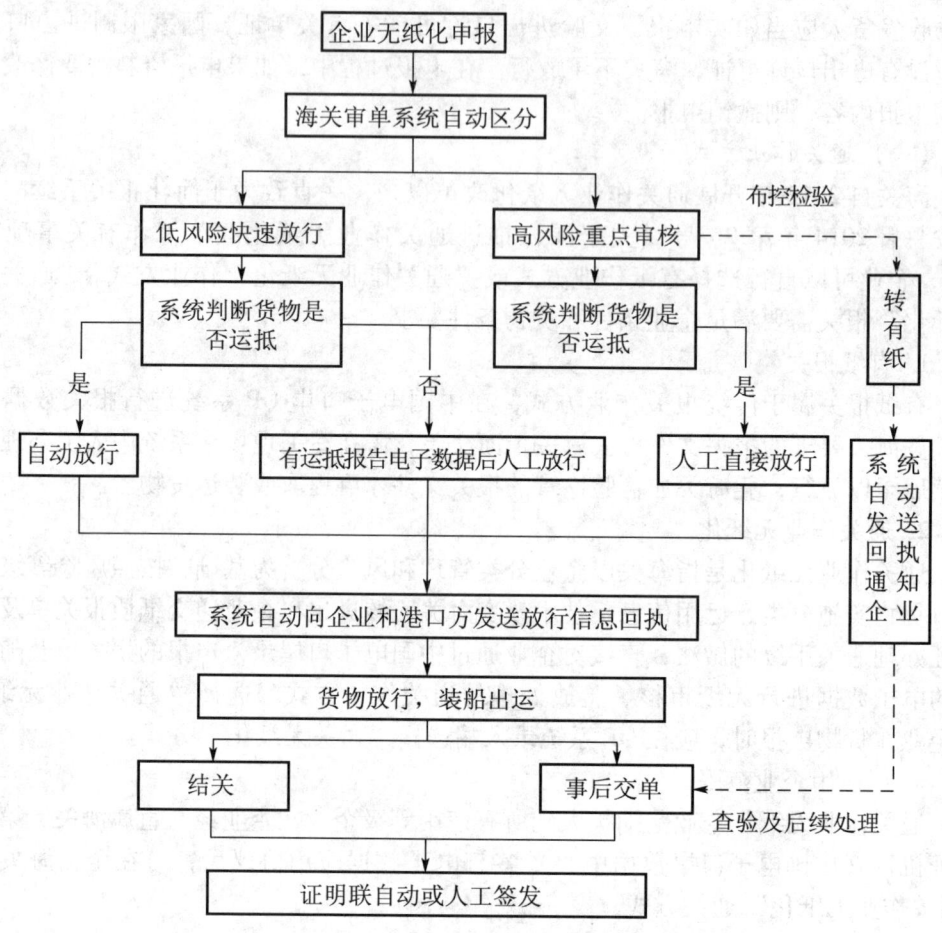

图 2-3 通关无纸化作业基本流程

(二) 申报

1. 报关单电子数据录入

报关人员依据《报关单填制规范》填制并复核完毕报关单草单后，将报关单草单数据通过 QP 系统录入，形成电子数据报关单，并审核报关单内容，确认无误后，向海关传送电子数据。

小资料：QP 系统

QP（QuickPass）意思是快速报关/通关系统，QP 系统是中国电子口岸报关数据交换平台，可基于互联网实现向海关录入和申报报关数据。2016 年 3 月 17 日海关总署发布《关于开放海关预录入系统客户端软件及业务数据交换接口的公告》(2016 年第 16 号公告)，自 2016 年 3 月 18 日起，对具有相应技术能力、有安装意愿和使用需求的进出口货物收发货人和报关企业，全面放开"中国电子口岸预录入系统（QP 系统)"，进出口货物收发货人和报关企业安装 QP 系统后，可以足不出户，自行完成报关单、无纸化手册、电子账册、减免税、企业注册等业务的数据录入和申报工作，在降低通关成本、提高通关效率等方面为企业带来实惠和便利。QP 系统界面如图 2-4 所示。

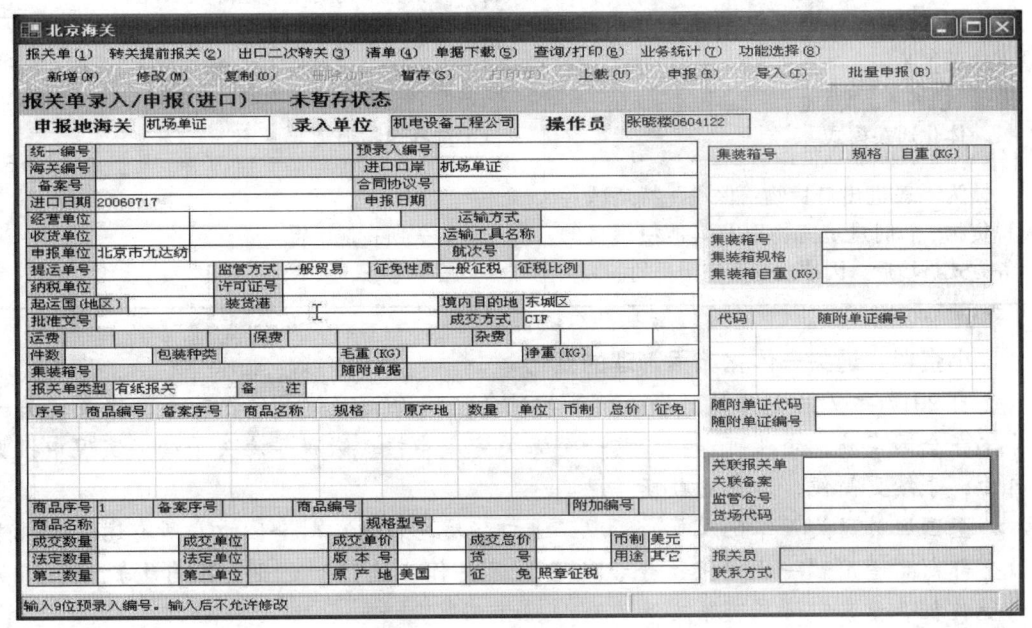

图 2-4 QP 系统界面

2. 报关单电子数据发送

报关单电子数据发送前，在 QP 系统的"报关单类型"模块，选择通关作业方式"有纸报关"或"无纸化通关"。

报关单电子数据发送后，除接到海关不接受申报信息外，申报单位原则上不能在对已发送的电子数据做出修改。

3. 报关单电子数据申报结果查询

在海关审单过程中，报关人员及时了解审单环节处理过程和结果，海关计算机系统对接收的报关电子数据进行审核，一旦接收到海关发生的"接收申报"报文，或"现场交单"或"放行交单"即表示电子申报成功。接到信息为"请修改报关数据"则是通知报关人员申报有错，需按规定办理报关单数据修改、删除。

4. 申报地点

按现行海关法规定，进口货物应当由收货人或代理人，出口货物应当由发货人或代理人根据实际情况选择报关地点，报关地点的要求如表 2-3 所示。

表2-3 进出口货物申报地点

情 景	申报地点
进出境口岸报关	进口货物：货物的进境地海关申报
	出口货物：货物的出境地海关申报
转关报关	指运地海关申报
	起运地海关申报
一体化通关模式	自主选择申报海关
转为一般进出口货物：保税、特定减免税货物、暂时进境货物以及其他使用目的等方式进境后，因故改变其使用目的的	主管海关所在地申报

小资料：通关一体化流程管理的变化

自2017年7月1日起，海关总署推进的全国海关通关一体化改革，海关通关一体化在全国实施，企业可以在任意一个海关完成申报、缴税等海关手续，实现申报更自由，手续更简便，通关更顺畅。

全国海关通关一体化改革，实现了进口领域全覆盖，对全国口岸所有运输方式进口全部商品适用"一次申报、分步处置"通关作业流程和企业自报自缴税款、海关对税收征管要素审核后置等改革举措。

全国海关设立风险防控中心和税收征管中心，实现全国海关风险防控、税收征管等关键业务集中、统一、智能处置。也就是说，对所有外贸企业而言，无论在哪里通关，全国海关都是同一执法口径和监管标准，并提供统一的通关便利待遇。到今年年底前，海关所有业务现场可以像银行网点一样实现"一窗通办"。

通关一体化对企业的好处

（1）可以选择任意地点进行报关，消除了申报的关区限制。

（2）海关执法更统一，在两个中心的处置下，全国通关的政策和规定在执行标准上更加一致。

（3）效率大大提高，简化了口岸通关环节的手续，压缩了口岸通关的时间。

主要适用范围

（1）2017年7月1日起，建成启用全国海关风险防控中心和税收征管中心，在全国口岸所有运输方式进口的《中华人民共和国进出口税则》全部章节商品，适用"一次申报、分步处置"通关作业流程和企业自报自缴税款、税收征管要素海关审核后置等改革措施。同步推进全国隶属海关功能化改造。

涉及公式定价、特案（包括实施反倾销反补贴措施和保障措施）以及尚未实现电子联网的优惠贸易协定项下原产地证书或者原产地声明的进口报关单，由现场验估岗处置；其中被 H0、H1 或 H2 参数捕中的，按相关流程处置。

（2）7月1日起，海关总署风险防控中心（上海）、海关总署风险防控中心（青岛）、海关总署风险防控中心（黄埔）分别开展空运货物、水运货物（来往港澳小型船舶除外）、陆运货物安全准入风险防控。

（3）取消专业审单，各区域通关一体化审单中心不再办理相关业务。

全国海关通关一体化改革后，通关流程的变化

（1）海关现行通关流程是接受申报、审单、查验、征税、放行的"串联式"作业流程。全国海关通关一体化改革后，采用"一次申报、分步处置"的新型通关管理模式，在企业完成报关和税款自报自缴手续后，安全准入风险主要在口岸通关现场处置，税收征管要素风险主要在货物放行后处置。

（2）海关在"分步处置"模式下，第一步，风险防控中心分析货物是否存在禁限管制、侵权、品名规格数量伪瞒报等安全准入风险并下达布控指令，由现场查验人员实施查验。对于存在重大税收风险且放行后难以有效稽（核）查或追补税的，由税管中心实施货物放行前的税收征管要素风险排查处置；需要在放行前验核有关单证、留存相关单证、图像等资料的，由现场验估岗进行放行前处置；需要实施实货验估的，由现场查验人员根据实货验估指令要求实施放行前实货验估处置。货物经风险处置后符合放行条件的可予放行。第二步，税收征管中心在货物放行后对报关单税收征管要素实施批量审核，筛选风险目标，统筹实施放行后验估、稽（核）查等作业。

税管中心作业流程

全国建立了3个税管中心，分别是海关总署（上海）税管中心、海关总署（广州）税管中心、海关总署（京津）税管中心。

根据"一次申报、分步处置"流程，税收征管作业主要在货物放行后实施。税管中心前置税收风险分析，按照商品分工，加工（研发），设置参数、指令和模型；对少量存在重大税收风险且放行后难以有效稽（核）查或追补税的，实施必要的放行前排查处置；对存在一定税收风险，但通过放行后批量审核、验估或稽（核）查等手段，能够进行风险排查处置及追补税的，实施放行后风险排查处置。

5. 申报期限

（1）申报时限。

为了促使进口货物收货人或其代理人及时报关，加快口岸货物的快速运转，海关规定了进出口货物的申报期限，如表2-4所示。

表 2-4 进出口货物申报期限

情景	报关期限	滞报处理
进口	一般情况：进口申报期限为自装载货物的运输工具申报进境之日起14天内，超期收滞报金	征收滞报金=进口货物完税价格×0.5‰×滞报天数 滞报起算日期：从运输工具申报进境之日的第二天开始算 滞报截止日期：海关接受申报的日期
	转关报关： ①运输工具进境之日起14天内 ②货物运抵指运地之日起14天内	处理同上，两个条件达到一个，即征滞报金；两个条件同时达到，征收两次
	提前申报进口货物应于装载货物的进境运输工具启运后、运抵海关监管场所前向海关申报	未按时到货的，按要求修改或撤销报关单。备注：进出口货物的收发货人、受委托的报关企业提前申报的，应当先取得提（运）单或载货清单（舱单）数据
	经电缆、管道或特殊方式运输的货物：定期申报	处理同一般情况进口货物申报
	运输工具进境申报超过3个月后仍未申报的货物	货物海关依法变卖，不宜长期保存的货物海关可以根据实际情况提前处理
出口	出口货物的申报期限为货物运抵海关监管区后、装货的24小时以前	海关可以拒绝接受通关申报，会产生不能及时装运的情况
	提前申报出口货物应于货物运抵海关监管场所前3日内向海关申报	撤销报关单
	经电缆、管道或特殊方式运输的货物：定期申报	

（2）申报日期。

申报日期是指申报数据被海关接受的日期，其申报数据产生法律效力，即进出口货物收发货人或其代理人应当承担"如实申报""如期申报"的法律责任。

采用先电子数据报关单申报，后提交纸质报关单的，或者仅以电子数据报关单方式申报的，以海关发送"接受申报"的回执之日为申报日，若为"不接受申报"的报文，则应修改后重新申报，申报日为海关接受重新申报的日期。海关已接受申报的电子报关单，人工审核确认需要退回修改的，应当在10日内完成修改并且重新发送，申报日期仍为海关接受原报关单电子数据的日期；超过10日的，原报关单无效，另行向海关申报，申报日期为海关再次接受申报的日期。

（三）报关单的修改和撤销

海关接受进出口货物申报后，报关单一般不得修改或者撤销。

进出口货物收发货人或者其代理人符合海关总署令第 220 号《中华人民共和国海关进出口货物报关单修改和撤销管理办法》规定情形的，通过中国电子口岸 QP 预录入系统"修撤单办理/确认"功能，向海关办理进出口货物报关单修改或者撤销手续。

海关已经决定布控、查验的进出口货物，以及涉案的进出口货物的报关单在办结前，进出口货物收发货人或其代理人不得修改或者撤销。

小资料：海关允许修改或撤销报关单的情况

可以申请修改或撤销报关单的理由：

（1）出口货物放行后，由于装运、配载等原因造成原申报货物部分或者全部退关、变更运输工具的；

（2）进出口货物在装载、运输、存储过程中发生溢短装，或者由于不可抗力造成灭失、短损等，导致原申报数据与实际货物不符的；

（3）由于办理退补税、海关事务担保等其他海关手续而需要修改或者撤销报关单数据的；

（4）根据贸易惯例先行采用暂时价格成交、实际结算时按商检品质认定或者国际市场实际价格付款方式需要修改申报内容的；

（5）已申报进口货物办理直接退运手续，需要修改或者撤销原进口货物报关单的；

（6）由于报关人员操作或书写失误造成所申报的报关单内容有误，并且未发现有走私违规或者其他违法嫌疑的。

二、提交单证

有纸报关或无纸化申报转有纸报关需要按海关的要求提交纸质单证。无纸化通关作业方式不需要到海关现场提交纸质单证，随附单证按海关的要求采用电子数据传递给海关。

1. 现场交单

有纸报关作业方式下海关审结电子数据报关单后，报关员在收到"现场交单""放行交单"等回执后，应在 10 日内，持打印的纸质报关单，备齐规定的随附单证，按海关要求顺序叠放，签名盖章到海关现场递交单证并办理相关海关手续。"10 日"指 10 个自然日，非 10 个工作日。报关人员超过 10 日未到报关现场递交报关单证，电子数据报关单将被海关删除，原申报单据无效。如果货物想继续通关，则报关人员需重新申报。

现场接单审核的海关人员接受报关人递交的纸质单证后，按各项业务审核要求进行表 2-5 方面的审核。

表 2-5 海关审单内容

审查项目	审查内容
单证	报关单及其随附单证是否齐全、有效、真实
单单相符	随附单证内容和报关单填制内容是否相符
单机相符复核	复核报关单电子数据与纸质报关单填制内容是否相符
税费复核	按商品归类、价格及原产地等计税要素核定税额是否正确
纠正错误	属于单证不齐或者有错误的,要求其补充或修改

海关人员审单和处理通关业务过程中,纸质报关单应通过内部渠道在海关各作业环节流转,确有必要由报关人代为传递时,应制作关封以确保单证安全。海关人员办理业务后,对报关单等相关文件进行批注、签章后,按规定退还报关人员或由海关存档。

2. 通关作业无纸化单证提交

根据海关总署 2014 年第 25 号《关于深入推进通关作业无纸化改革工作有关事项的公告》,对于经海关批准且选择"通关作业无纸化"方式申报的经营单位管理类别为 AA 类企业或 A 类生产型企业的,申报时可不向海关发送随附单证电子数据,通关过程中根据海关要求及时提供,海关放行之日起 10 日内由企业向海关提交,经海关批准符合企业存单(单证暂存)条件的可由企业保管。

对于经海关批准且选择"通关作业无纸化"方式申报的其他管理类别的经营单位,应在货物申报时向海关同时发送报关单和随附单证电子数据。

【工作任务示范 1】

根据模块二项目一工作示范案例 1 资料(详见附录二)完成任务预期成果。

任务预期成果:

(1)按照海关规定,分析该批货物的报关期限。

(2)选择申报货物的海关。

(3)假设该公司的报关员于 2016 年 11 月 17 日向海关发送电子报关单,并收到海关现场交单信息,判断是否构成滞报,计算滞报天数。

任务成果分析:

(1)该批货物申报时限为 2016 年 11 月 1 日至 2016 年 11 月 14 日,否则就为滞报。

(2)一般情况应该向进境地海关上海海关办理报关手续。理由:属于一般情况的进口报关,不属于转关报关,一般情况进口货物在进境地海关申报。选择一体化通关，可自由选择申报海关。

(3) 2016年11月17日提交电子报关单构成滞报，起始日为11月15日，截止日为11月17日，不涉及节假日，滞报天数为3天。

工作任务4　货物查验

【技能目标】
● 能够配合海关完成货物查验

【知识目标】
● 进出口货物查验地点、时间要求、货物查验方法
● 配合海关查验报关员的工作要求及海关赔偿范围

【任务预期成果】
根据项目一工作任务（详见附录一），完成任务预期成果：
(1) 分析该货物查验的时间、地点要求。
(2) 报关员在查验现场配合海关工作的内容。

【知识链接】

一、进出口货物查验

进出口货物在通过申报环节后，即进入查验环节。海关查验是指海关接受报关员的申报后，对进口或出口的货物进行实际的核对和检查，以确定货物的自然属性，货物的数量、规格、价格、金额、标记唛码、包装式样以及原产地是否与报关单所列一致，对货物进行实际检查的行政执法行为。海关通过查验，核实有无伪报、瞒报和申报不实等走私违法情况，为今后的征税、统计和后续管理提供可靠的监管依据。

海关对查验环节进行改革，采用"双随机"方式，即是指海关随机抽取被检查对象、随机选派检查人员的一项监管制度。与传统监管模式下执法人员与对象相对固定相比，"双随机"可以限制执法者自由裁量权、有效减少寻租行为，有利于营造公平的市场环境。

为了便利企业，在关检"三个一"模式下进出口货物，可以请海关及检验检疫人员同时进行查验。

(一) 海关查验的范围、地点、时间和方法

在有纸报关方式下，海关接单员对由通关管理处审单中心下达查验指令的报关单，打印《查验通知单》；同时可根据情况确定是否对未下达查验指令的货物进行查验，对确定查验的单证，下达查验布控指令，打印《查验通知单》并交申报人。

海关实施通关无纸化改革后，由企业在电子口岸客户端收到海关查验通知后，自

行打印《通关无纸化查验通知书》，作好查验准备。并到海关办理查验手续。

1. 查验范围

进出口货物，除海关总署特准免验的以外都属于海关查验范围。但在实际海关业务中，不是所有的进出口货物都必须查验。为了提高通关效率同时保证进出口货物按海关监管要求报关，海关对进出口货物的查验是建立在风险分析基础上有选择地进行的。在对进出口货物进行风险分析或商品归类货物完税价格的审定之后，决定对货物是否进行查验。

小资料：海关"双随机"查验

海关"双随机"作业中，关于"查谁"，即海关在对进出口报关单风险分析的基础上，按照明确的业务参数标准和规范的操作程序，将有关管理要求，加工转化为计算机编码，由计算机自动随机选定需查验的报关单；关于"谁查"，即海关针对需要查验的报关单证，由计算机系统随机选派查验人员实施查验的作业模式。"查谁"与企业在海关的信用等级、通关历史记录、企业和商品的风险水平等息息相关，充分体现了"守法便利，失信联合惩戒"原则，也激励了进出口企业珍惜信用；"双随机"抽查结果也将纳入进出口企业诚信数据库，与有关执法部门共享共用，并作为以后随机布控的重要参数；守法企业则可享受货物快速放行，降低通关成本，而查验有问题的企业将成为随机选择布控的高风险目标，接受更严格的监管。对"双随机"查验实施以来的功效，海关减少对布控查验的人工干预，除了全程留痕、责任可追溯，进一步体现执法公开、公正之外，还有效提高了监管效能和通关效率，降低了企业进出口通关成本。

2. 查验地点

海关查验一般在海关监管区内实施，即进出口口岸码头、车站、机场或海关的其他监管场所。对于某些特殊货物，例如散装货物、大宗货物、危险品和鲜活易腐产品，为加快验放可以申请在船边等现场查验；或者因其他特殊原因，需要在海关监管区外查验的，经进出口货物收发货人或其代理人书面申请，海关可以派员到海关监管区外实施查验。

3. 查验时间

当海关决定查验时，即将查验的决定通知进出口货物收发货人或其代理人，约定查验的时间。查验时间一般约定在海关正常工作时间内。

在一些进出口业务繁忙的口岸，海关也可接受进出口货物收发货人或其代理人的请求，在海关正常工作时间以外实施查验。

对于危险品或者鲜活、易腐、易烂、易失效、易变质等不宜长期保存的货物，以及因其他特殊情况需要紧急验放的货物，经进出口货物收发货人或其代理人申请，海关可以优先实施查验。

4. 查验方法

根据海关规定，海关实施查验按照查验比例可分为两种方式：

（1）彻底查验：对货物逐件开箱（包）查验，对货物品种、规格、数量、重量、原产地、货物状况等逐一与货物报关单详细核对。

（2）抽查：按一定比例对货物有选择地开箱（包）查验。对集装箱货物抽查，必须卸货。卸货程序和开箱（包）比例视情况而定。

按照查验操作方式可分为两种：

（1）人工查验：包括外形查验和开箱查验。

即对货物的包装、唛头、数量、原产地等进行验核。开箱查验是指将货物从集装箱、货柜车箱等取出后对货物实际状况进行查验。

（2）设备查验：用技术检查设备对货物实际状况进行验核。

5. 海关在查验中的要求

（1）进出口货物收发货人或其代理人接到海关查验通知后，进出口收发货人或代理人应按海关规定查验货物的时间到场配合海关查验工作。

（2）复验。

海关认为必要时，可以对已查验货物进行复验即第二次查验。有下列情形之一的，海关可以复验：经初次查验未能查明货物的真实属性，需要对已查验货物的某些性状作进一步确认的；货物涉嫌走私违规，需要重新查验的；进出口货物收发货人对海关查验结论有异议，提出复验要求并经海关同意的；其他海关认为必要的情形。

复验时进出口收发货人或代理人应陪同查验，已经参加过查验的海关查验人员不得参加对同一票货物的复验。

（3）径行开验。

径行开验是指海关在进出口货物收发货人或其代理人不在场的情况下，对进出口货物进行开拆包装查验。以下情况海关可以径行开验：进出口货物有违法嫌疑的；经海关通知查验，进出口货物收发货人或其代理人届时未到场的。

海关径行开验时，存放货物的海关监管场所经营人、运输工具负责人应当到场协助，并在查验记录上签名确认。

（二）查验结果

海关查验进出口货物后，均要填写一份《海关进出口货物查验记录》。该记录是海关查验进出口货物的一种作业单证，它是对进出口货物现场查验的真实反映，是海关和收发货人共同认可的对现场查验进出口货物的正式记录和凭证。它能为海关征税、统计和后续管理提供依据，是查处走私、处理纳税争议的证据。《海关进出口货物查验记录》一般记载查验时间、地点、进出口货物的收发货人或其代理人的名称、申报的货物情况等，并且对查验具体情况做出记录。开箱的具体情况；货物残损情况及造成残损的原因；提取货源的情况；查验结论。

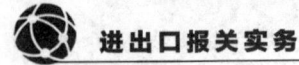

《海关进出口货物查验记录》由执行查验任务的海关关员填写，查验人员和陪同查验报关人员应在货物查验记录上签具全名。

（三）配合海关查验

进出口货物收发货人或其代理人接到海关查验通知后，进出口收发货人或代理人应按海关规定查验货物的时间到场配合海关查验工作。

（1）负责按照海关要求搬移货物，开拆包装，以及重新封装货物。

（2）预先了解和熟悉所申报货物的情况，如实回答查验人员的询问以及提供必要的资料。

（3）协助海关提取需要作进一步检验、化验或鉴定的货样，收取海关出具的取样清单。

（4）查验结束后，认真阅读查验人员填写的"海关进出境货物查验记录单"，并在审核无误后签名确认。

二、货物损坏赔偿

在海关查验过程中，或者证实海关在径行开验过程中，因为海关查验人员的责任造成被查验货物损坏的，进出口货物的收发货人或其代理人可以要求海关赔偿。海关查验时对货物是否受损坏，未提出异议，事后发现损坏的，海关不负责赔偿。

1. 海关赔偿的范围

海关赔偿的范围仅限于在实施查验过程中，由于查验人员的责任造成被查验货物损坏的直接经济损失。直接经济损失的金额根据被损坏货物及其部件的受损程度确定，或者根据修理费确定。

2. 不予赔偿的范围

①搬运货物、开箱、封箱不慎造成损坏的。

②易腐、易失效货物在海关正常工作时间内变质失效的。

③正常磨损的。

④海关查验之前已损坏或海关查验之后发生的损坏。

⑤不可抗力造成的货物损失等。

3. 赔偿方法

海关关员在查验货物、物品时，损坏被查验货物、物品应如实填写《中华人民共和国海关查验货物、物品损坏报告书》一式两份，由查验关员和当事人双方签字，一份交当事人，一份留海关存查。

海关依法径行开验，复验或者提取货样时，应会同有关货物、物品保管人员共同进行。如造成货物、物品损坏，查验关员应请在场的保管人员作为见证人在《中华人民共和国海关查验货物、物品损坏报告书》上签字，并及时通知当事人。

4. 赔偿时间

赔偿金额确定后，由海关填发《中华人民共和国海关损坏货物、物品赔偿通知单》。当事人自收到通知单之日起 3 个月内凭单向海关领取赔款，或将银行账号通知海关划拨。逾期海关不再赔偿。

赔款一律用人民币支付。货物、物品受损程度确定后，以海关审定的完税价格为基数，确定赔偿金额。

【工作任务示范 1】

根据模块二项目一工作示范案例 1 资料（详见附录二），完成任务预期成果。

任务预期成果：

（1）分析该公司的报关员配合海关关员的查验的工作内容。

（2）如果报关员没有按时到场，分析海关关员能否径行查验。

任务成果分析：

（1）按海关查验货物通知书上要求的时间和地点，按时到达查验海关监管场所，配合海关关员的查验。查验货物时间一般在海关正常工作时间内。

报关员配合海关的工作包括：负责按照海关要求搬移货物，开拆包装，以及重新封装货物；预先了解和熟悉所申报货物的情况，如实回答查验人员的询问以及提供必要的资料；协助海关提取需要作进一步检验、化验或鉴定的货样，收取海关出具的取样清单；查验结束后，认真阅读查验人员填写的"海关进出境货物查验记录单"，并在审核无误后签名确认。

（2）报关员没按时到场，海关关员可以径行查验货物，但必须有仓库管理员在场。

【工作任务示范 2】

广州明华陶瓷贸易有限责任公司从日本进口一批花瓶，货物从广州白云机场申报进境，进口公司已缴清规定的税费，海关通知公司派报关员于第二天赴海关监管场所配合检查货物。海关查验货物时造成一个花瓶损坏（花瓶的合同价格为 800 美元，市场价格为 1 000 美元），查验完毕后海关在提货单据上加盖放行章，交企业提取货物。

请你根据上述业务背景，以广州明华陶瓷贸易有限责任公司报关员的身份完成任务预期成果。

（1）阐述该公司报关员在查验现场配合海关工作内容。

（2）分析该公司报关员向海关提出赔偿的依据。

（3）阐述该公司报关员向海关提出赔偿，说明赔偿金额。

任务成果分析：

1. 配合海关查验工作

(1) 负责按照海关要求搬移货物，开拆包装，以及重新封装货物。

(2) 预先了解和熟悉所申报货物的情况，如实回答查验人员的询问以及提供必要的资料。

(3) 协助海关提取需要作进一步检验、化验或鉴定的货样，收取海关出具的取样清单。

(4) 查验结束后，认真阅读查验人员填写的"海关进出境货物查验记录单"，并在审核无误后签名确认。

2. 报关员有权向海关提出赔偿

在查验过程中因为海关查验人员的责任造成被查验货物损坏的，进出口货物的收发货人或其代理人可以要求海关赔偿。

不属于海关赔偿范围：

(1) 进出口货物的收发货人或其代理人搬移、开拆、封装货物或保管不善造成的损失。

(2) 易腐、易失效货物在海关正常工作程序所需时间内（含扣留或代管期间）所发生的变质或失效。

(3) 海关正常查验时产生的不可避免的磨损。

(4) 在海关查验之前已发生的损坏和海关查验之后发生的损坏。

(5) 由于不可抗拒的原因造成货物的损坏、损失。

进出口货物的收发货人或其代理人在海关查验时对货物是否受损坏未提出异议，事后发现货物有损坏的，海关不负赔偿的责任。

3. 报关员向海关提出赔偿程序

(1) 报关员可要求海关出具"中华人民共和国海关查验货物、物品损坏报告书"，一式两份，由查验关员和当事人双方签字，一份交当事人，一份留海关存查。

(2) 报关员持报告书、申请书及其他符合受理条件的相应材料，向海关提出赔偿的请求，海关应当自损坏被查验的货物之日起确定赔偿金额，并填制海关损坏货物、物品赔偿通知书送达当事人。

(3) 报关员应当自收到通知书之日起3个月内凭通知书向海关领取赔偿金额。

(4) 当事人对赔偿有异议的，可在规定的期限内向上一级海关提起行政复议，若对复议决定不服，可在规定的期限内向人民法院提起诉讼。

4. 海关赔偿

根据《中华人民共和国海关行政赔偿办法》的规定，海关查验赔偿的范围仅限于在实施查验过程中，由于查验人员的责任造成被查验货物损坏的直接经济赔偿。

工作任务5 税费缴纳

【技能目标】
- 能够安排税费缴款时间，能够办理进出口货物税费缴纳环节工作
- 会计算滞纳天数和滞纳金

【知识目标】
- 税费缴纳流程
- 滞纳金的含义和计算方法

【任务预期成果】

根据项目一工作任务（详见附录一），完成任务预期成果。

假设海关填发税款缴款书之日为9月15日，缴纳税款之日为10月10日。关税为：7 613.16元；增值税为：14 194.86元。

（1）分析是否发生滞纳。请计算滞纳天数。

（2）请计算滞纳金。

【知识链接】

一、缴纳税费

《海关法》第二十九条规定："除海关特准的外，进出口货物收发货人缴清税款或提供担保后，由海关签印放行。"

（一）缴纳税费的规定

根据《海关法》第六十条规定：进出口货物的纳税义务人，应当自海关填发税款缴款书之日起十五日内缴纳税款；逾期缴纳的，由海关征收滞纳金。纳税义务人、担保人超过三个月仍未缴纳的，经直属海关关长或者其授权的隶属海关关长批准，海关可以采取下列强制措施：

（1）书面通知其开户银行或者其他金融机构从其存款中扣缴税款。

（2）将应税货物依法变卖，以变卖所得抵缴税款。

（3）扣留并依法变卖其价值相当于应纳税款的货物或者其他财产，以变卖所得抵缴税款。海关采取强制措施时，对前款所列纳税义务人、担保人未缴纳的滞纳金同时强制执行。

（二）缴纳税费方式

1. 缴款途径

（1）银行柜台缴纳税费。

纳税义务人或其代理报关人员持海关填发的税款缴款书、滞报金等收费专用票

据，在规定的时间内到指定银行办理税费交付手续。

（2）电子支付系统缴纳税款。

企业与海关、银行、中国电子口岸数据中心签订《网上支付税费服务协议》。企业在电子申报后，通过中国电子口岸查询税费通知，随后在网上发布支付指令。银行接收指令后，直接从企业的预储账户中预扣税费（即冻结税款，并未正式划账）。预扣成功后，企业即可办理相关通关验放手续。待海关验放货物后，系统自动发送实扣通知。银行进行实扣（即正式划账），并在核对无误后划转国库或海关收费账户，海关凭银行的实扣成功回执自动进行税（费）单核注。税费计算，详细内容见模块三项目二进出口税费。

2. 税费征管方式

进出口货物按是否一票一征缴纳税款分为逐票征税和汇总征税。

（1）逐票缴纳。

进出口收发货人或代理人在海关对一票货物做出征税决定后，按照海关要求及时缴纳税费。

（2）汇总征税。

根据海关总署2015年第33号《关于在全国范围推广汇总征税》公告，海关对符合条件的进出口纳税义务人在一定时期内多次进出口货物应纳税款实施汇总计征。

符合汇总征税条件的企业应向注册地直属海关关税职能部门申请开展汇总征税，提交汇总征税企业专项评估表，并列明拟开展汇总征税的一个或多个直属海关。属地关税职能部门受理申请后，应在15个工作日内对企业资信进行专项评估，确认担保适用范围，完成企业信息备案。通过资信评估的企业应向属地关税职能部门提交总担保，企业应于每月第5个工作日结束前完成上月应纳税款的汇总支付。

3. 按税费信息是否来自海关分为海关核发税费信息和自报自缴

（1）海关核发税费信息。

进出口收发货人或其代理人签收海关填发税费缴款书或通过电子口岸或支付平台查询海关业务系统发送的税费信息。

（2）自主申报、自行缴税（自报自缴）。

根据海关总署2016年第62号《关于开展税收征管方式改革试点工作的公告》对部分货物例如第80、81、82章商品，第84、85、90章商品有条件地开展自主申报、自行缴税税收征管方式改革。进出口企业、单位在办理海关预录入时，应当如实、规范填报报关单各项目，利用预录入系统的海关计税（费）服务工具计算应缴纳的相关税费，并对系统显示的税费计算结果进行确认，连同报关单预录入内容一并提交海关。

进出口企业、单位在收到海关通关系统发送的回执后，自行办理相关税费缴纳手续；需要纸质税款缴款书的，可到申报地海关现场打印，该纸质税款缴款书上注明

"自报自缴"字样，属于缴税凭证，不具有海关行政决定属性。

小资料：自报自缴货物范围

海关总署2016年第62号《关于开展税收征管方式改革试点工作的公告》自报自缴范围如下：

（1）在全国口岸海运、陆运、空运进口的《中华人民共和国进出口税则》（以下简称《税则》）第80、81、82章商品。

（2）在上海口岸海运进口、向上海海关申报的《税则》第84、85、90章商品。

（3）在上海口岸空运进口、向上海海关申报的《税则》第84、85、90章商品（限上海海关注册进出口企业、单位，不含快件）。

（4）在北京、宁波口岸进口的《税则》第84、85、90章商品，分批纳入试点范围。

涉及公式定价、特案以及尚未实现电子联网的优惠贸易协定项下原产地证书或者原产地声明的，不纳入试点范围。

二、滞纳金计算

根据《海关法》的规定，进出口货物的纳税义务人，应当自海关填发税款缴款书之日起15日内缴纳税款；逾期缴纳的，由海关征收滞纳金。

（一）滞纳时间

纳税期限从海关填发税款缴款书之日的第二天起计算，当天不计入。缴纳期限的最后一日是星期六、星期天或法定节假日的，则关税缴纳期限顺延至周末或法定节假日过后的第一个工作日。税款缴纳期限内含有的星期六、星期天或法定节假日不予扣除。

自滞纳税款之日起至进出口货物的纳税人缴纳税费之日止，其中的法定节假日不予扣除。

（二）滞纳金计算

关税滞纳金金额 = 滞纳关税税额 × 0.5‰ × 滞纳天数

增值税滞纳金金额 = 增值税税额 × 0.5‰ × 滞纳天数

消费税滞纳金金额 = 消费税税额 × 0.5‰ × 滞纳天数

滞纳金按每票货物的关税、进口环节增值税和消费税单独计算，起征点为人民币50元，不足50元免予征收。

【工作任务示范】

境内某公司从日本进口电焊机一批，已知该批货物应征关税税额为人民币150 000元，进口环节增值税税额为人民币300 000元，海关于2016年1月4日（星期三）填发海关专用缴款书。

任务预期成果:
（1）分析该批货物缴纳税款时限。
（2）如果该公司于 2016 年 1 月 27 日缴纳税款，分析是否发生滞纳情况。
（3）请计算滞纳时间和应缴的滞纳金。

任务成果分析:
（1）海关规定，税费交纳时限是接到缴款通知 15 天内交纳税费，该公司应该在 2016 年 1 月 5 日至 2016 年 1 月 19 日内缴纳税款。
（2）该公司在 1 月 27 日缴纳税款，发生了滞纳情况。滞纳时间从 1 月 20 日至 1 月 27 日共 8 天。
（3）分别计算关税、进口环节增值税的滞纳金

$$关税滞纳金金额 = 滞纳关税税额 \times 0.5‰ \times 滞纳天数$$
$$= 150\,000 \times 0.5‰ \times 8 = 600 \text{ 元}$$
$$增值税滞纳金金额 = 增值税税额 \times 0.5‰ \times 滞纳天数$$
$$= 300\,000 \times 0.5‰ \times 8 = 1200 \text{ 元}$$

征收的滞纳金合计 1 800 元。

工作任务6　货物提取或装运

【能力目标】
- 能够办理货物的提取或装运工作
- 能够申请签发报关单证明联和进口货物证明

【知识目标】
- 提取货物或装运货物的凭证及流程
- 报关单证明联类别

【任务预期成果】
根据项目一工作任务（详见附录一），完成任务预期成果：
（1）分析提取货物凭证、提取货物后，广州利达公司能否对货物自行处置。
（2）分析货物放行之后可要求海关签发的证明联类别。

【知识链接】

一、海关放行

《海关法》第二十九条规定："除海关特准的外，进出口货物收发货人缴清税款或提供担保后，由海关签印放行。"

1. 获取货物放行信息

(1) 海关放行货物凭证。

进出口货物通过海关审核单证、查验货物、缴纳税费（或提供担保）等监管环节后，海关在进口货物提货凭证或出口货物装货凭证上加盖海关放行章，或者通过电子口岸或报关现场信息系统获取电子放行信息。海关放行货物凭证是允许进出口货物离开海关监管现场的凭证。

(2) 场站放行信息。

海关向监管场站发送货物电子放行信息。目前，全国主要港口海关与监管场站对进出口货物放行操作已经改为凭电子放行指令作业形式。

2. 提取或装运货物

(1) 提取货物。

进口货物收货人或其代理人确认船舶到港信息后，缴纳相关码头费用，凭盖海关放行章的提货凭证或电子放行信息，换场站签发的出卡口证明，凭出卡口证明，将货物运离海关监管场所。

(2) 装运货物。

出口单位向监管场站确认货物运抵报告已发海关，出口货物发货人或其代理人凭海关签发的放行单（或电子放行指令）到场站，由场站安排出口货物装运离境的手续。

二、货物结关

货物结关是进出口货物办结海关手续的简称。进出口货物由收、发货人或其代理人向海关办理完所有的海关手续，履行了法律规定的与进出口有关的一切义务，就办结了海关手续，海关不再对货物进行监管，海关放行有两种情况如表2-6所示。

表2-6 海关结关情景

	海关监管货物类别	后续管理
货物已经结关	一般进出口货物	无后续管理，放行时进出口货物收发货人或其代理人已经办理了所有海关手续，海关放行即等于结关
货物尚未结关	保税货物、特定减免税货物、暂时进出境货物等	放行时未全部办完所有的海关手续，海关在一定期限内还需进行后续管理

三、申请签发报关单证明联

进出口货物收发货人或其代理人，完成办理提取进口货物或装运出口货物的手续以后，如需要海关签发有关货物的进、出口报关单证明联或办理其他证明手续的，可向海关提出申请办理相关证明。常见的证明如表2-7所示。

表 2-7 常见报关单证明联

证明类别	适用货物	申办手续
进口货物报关单（付汇证明联）	外汇管理 B、C 类企业需在银行或国家外汇管理部门办理进口付汇核销的进口货物	向海关申请，海关审核，在进口货物报关单加盖"海关验讫章"后发给报关员，并通过电子口岸执法系统向银行和国家外汇管理部门发送证明联电子数据
出口货物报关单（收汇证明联）	外汇管理 B、C 类企业需在银行或国家外汇管理部门办理出口收汇核销的出口货物	向海关申请，海关审核，在出口货物报关单加盖"海关验讫章"后发给报关员，并通过电子口岸执法系统向银行和国家外汇管理部门发送证明联电子数据
进口货物证明书	进口汽车和摩托车整车，凭此向国家交通管理部门申请办理牌照	向海关申请，海关签发，并将进口货物证明书上的内容通过计算机发送给海关总署，再传输给国家交通管理部门

小资料：取消打印出口货物报关单证明联、报关单收付汇证明联

根据海关总署公告 2015 年第 14 号《关于取消打印出口货物报关单证明联〔出口退税专用〕的公告》2015 年 5 月 1 日（含）以后出口的货物，海关不再签发纸质出口货物报关单证明联（出口退税专用），并同时停止向国家税务总局传输出口货物报关单证明联（出口退税专用）相关电子数据，改由海关总署向国家税务总局传输出口报关单结关信息电子数据。

根据海关总署、国家外汇管理局联合公告 2013 年第 52 号《关于取消打印报关单收、付汇证明联的公告》自 2013 年 9 月 16 日起，海关不再为国家外汇管理局分支局（以下简称外汇局）核定的货物贸易外汇管理 A 类企业（以下简称 A 类企业）提供纸质报关单收、付汇证明联。A 类企业办理货物贸易外汇收付业务，按规定须提交纸质报关单的，通过中国电子口岸自行以普通 A4 纸打印报关单证明联（出口收汇或进口付汇用）并加盖企业公章。对于外汇局核定的货物贸易外汇管理 B 类和 C 类的企业，海关仍按现行做法为其提供纸质报关单收、付汇证明联。

【工作任务示范 1】

根据模块二项目一工作示范案例 1 资料（详见附录二），完成任务预期成果。

任务预期成果：

（1）分析提取货物凭证。分析上海顺达贸易公司能否对该货物自行处置。

（2）货物放行之后可要求海关签发证明的类别。

任务成果分析：

（1）须凭加盖海关放行章的提货单或打印的电子放行凭条提取货物。提取货物后，上海顺达贸易公司可自行处置该批货物，因为属于一般进口货物，放行即结束海关监管。

（2）货物放行之后不需要海关签发证明联。

【项目小结】

一般进出口货物与保税货物以及特定减免货物、暂时进境货物等其他货物报关程序存在差异，相对其他货物一般进出口货物报关程序也比较简单，本项目主要对其报关程序中的注意事项进行讲解，一般进出口货物报关程序如下：

申报准备 → 货物申报 → 货物查验 → 税费缴纳 → 货物放行

【拓展提高】

一、工作项目

大连万凯化工贸易公司（210291××××）代理大连万凯化工有限公司（210225××××）对外签约出口三氯硝基甲烷，于2016年5月31日向海关申报，次日货物出口。

请你完成该货物的报关。

资料1

INVOICE

Invoice No. 82N3430213　　　　　　　　　　　Dalian, 23MAY 2016
To：PAN – CHEM COMPOUNDS SINGAPORE LTD.　　Contract No. XM2004NA266
Shipped per　　　form DALIAN　to　SINGAPORE　on or about

Shipping Mark		Amount
SINGAPORE FOR TRANSSHIPMENT TO CHTTAGONG, BANGLADESH GROSS WEIGHT：294 kg TARE WEIGHT：24kg SHIPMENT No.：2	CHLOROPICRIN 99.5% MIN. AT USD 459/DRUM FOB DALIAN QUANTITY：680 DRUMS TERM：D/A 60 DAYS FROM B/L DATE BCL REF No..：02/3314 ACIDITY：70PPM MAX. WATER：150PPM MAX. DENSITY：1.654–1.663 TOXOCITY：HIGH POISONOUS	USD312120.00
	LESS PREPAYMENT 10%	USD31212.00
	LESS DISCOUNT 5%	USD15606.00
	TOTALTO BE INVOICED： DALAN PAN – CHEM TRADING CORPORATION	USD265 302.00
	E. & O.E.	

资料2

大连万凯化工贸易公司
DALIAN PAN – CHEM TRADING CORPORATION

PACKING LIST

Invoice No. 82N3430213   Dalian, 23 MAY 2016

COMMODITY   CHLOROPICRIN 99.5% MIN

NAME OF STEAMER CSCL YANTIAN0024S No. & DATE OF B/L ZIMUDA927057/31.05.2016

Shipping Mark	
SINGAPORE	183.6 MT CHLOROPICRIN 99.5% MIN.
FOR TRANSSHIPMENT TO	PACKING: 270kg NET IN GALVANIZED IRON DRUMS
CHITTAGONG, BANGLADESH	QUANTITY: 680 DRUMS IN 170 PALLETS
GROSS WEIGHT: 294 kg	GROSS WEIGHT:
TARE WEIGHT: 24 kg	MEASUREMENT:
SHIPMENT No.: 2	BCL P.O. No.: 02/3341
	DELIVERY UNDER 2 CONSECUTIVE SHIPMENT

CONTAINER No. SEAL No.	TYPE	TARE kg
CLHU3122339	20'DRY	2275
CLHU3122597	20'DRY	2275
CLHU3122811	20'DRY	2275
CLHU3122827	20'DRY	2275
CLHU3122869	20'DRY	2275
CLHU3122940	20'DRY	2275
CLHU3122961	20'DRY	2275
CLHU3122977	20'DRY	2275
CLHU3122979	20'DRY	2275
CLHU0762612	40'DRY	4080

DALIAN PAN – CHEM TRADING CORPORATION
E. & O. E.

(1) 判别该货物属于哪种海关监管货物。
(2) 查看该货物是否需要特殊单证，并准备报关单证（提示：商品编码查询）。
(3) 请做报关计划（包括：申报时间、地点要求）。
(4) 电子申报（其中报关单填制，学完专题训练项目报关单填制后完成）。
(5) 查验货物。

(6) 税费缴纳（税费计算，学完专题训练项目进出口税费之后完成）。

(7) 申请放行。

注：报关单填制时，相关单证采用：代码：××××××××××。如入境货物关单A：××××××××××。

二、综合技能训练

深圳某公司进口一批药品用于国内销售，承载货物的运输工具，于2015年3月31日星期二申报进境，该公司于4月2日向海关申报并通过计算机系统审核，在审单中心人工审核环节，因货物名称不规范被退回修改，该公司于4月10日重新向海关发送电子数据，是日电子数据通过审单中心人工审查并进入现场交单环节，因货物首次进入中国，海关对该票货物实施了查验，结论为正常，但查验中发生了货损。

根据上述案例解答下列各题（不定向选择）：

1. （　　）海关可以接受该货物申报。

   A. 广州　　　　　　B. 北京　　　　　　C. 天津　　　　　　D. 深圳

2. 该公司必须提交的报关单证有（　　）。

   A. 装货单　　　　　　　　　　　　　B. 进口药品通关单

   C. 商业发票　　　　　　　　　　　　D. 商品预归类决定书

3. 该货物申报日期应为（　　）。

   A. 2015年3月31日　　　　　　　　　B. 2015年4月2日

   C. 2015年4月10日　　　　　　　　　D. 2015年4月11日

4. 对于因（　　）属于海关赔偿的范围。

   A. 报关人员搬转不当原因造成的货物损失

   B. 海关人员原因造成的货物间接损失

   C. 海关人员原因造成的货物直接损失

   D. 报关人员开拆药品销售包装造成的货物损失

5. 海关要求进口单位补充资料可能是出于了解货物的（　　）。

   A. 成交价格　　　　　　　　　　　　B. 商品归类

   C. 原产地　　　　　　　　　　　　　D. 海关备案情况

项目二 保税货物报关

【工作任务】

深圳旭飞科技有限公司（海关注册代码440314××××），主要生产电脑周边产品。

2016年6月2日，深圳旭飞科技有限公司接到香港华美贸易公司一批订单，订单内容为：订购数码相机镜头/电脑用2000PCS，单价为FOB深圳USD4，交货日期最晚不得超过2016年12月10日。

2016年6月7日，深圳旭飞科技有限公司开始着手订单的生产，因生产需要，部分料件在香港采购，货物由香港华美贸易公司提供，由于数量较少，采用自带方式从罗湖海关（代码5302）入关。

公司备好国内采买的其他料件开始生产，生产完成后，2016年9月3日，深圳旭飞科技有限公司请深达货运公司负责将货运至香港，负责运输的汽车车牌号为粤ZH037港，2吨散货车。

深圳旭飞科技有限公司委托福汉兴报关行代为办理。李明作为该公司报关员，应如何完成报关业务？请一定一起完成工作任务。

（详细资料见附录三）

工作任务1 保税货物判断

【技能目标】
- 能够判别保税加工货物、保税物流货物
- 能够设计保税加工货物和保税物流货物的报关流程

【知识目标】
- 保税加工货物含义、特征，保税物流货物含义、特征
- 保税货物的报关流程

【任务预期成果】

根据模块二项目二工作任务（详见附录三），完成任务预期成果：
（1）工作任务中的货物属于哪种海关监管货物，说明原因。
（2）选择该货物报关流程。

【知识链接】

一、保税制度

保税制度是国家为鼓励发展加工生产产品出口或在境内进行特定储存而设立的一项特殊的海关业务制度。我国海关的保税制度是实行对外开放政策以后，随着各种新型贸易方式的发展逐步建立和完善起来的。随着我国加工贸易的迅猛发展，加工贸易产业已经成为进出口贸易的"半壁江山"，是推动我国产业结构升级和促进经济增长的重要力量，也是海关监管的主要贸易方式之一。保税货物是那些在境内从事特定方式加工或储存的进口货物，在其尚未确定最终流向的前提下，进口申报时，经海关批准给予其在海关监管之下暂免纳税的待遇，因此海关对这类货物的监管比一般进出口货物严格。

二、保税货物

我国《海关法》规定："保税货物是指经海关批准未办理纳税手续进境，在境内储存、加工、装配后复运出境的货物。"由定义可以看出，保税货物与一般进出口货物有明显区别，提离海关监管场所后依然属于海关监管货物，直至复运出境或办理转为一般进口货物的手续为止。

（一）保税货物特征

1. 货物保税必须经海关批准

保税货物的报关应当符合海关对保税货物监管的基本特征和满足海关的监管要求、批准保税的原则。任何货物，不经过海关批准，不能成为保税货物。海关批准保税的范围包括以下几个方面：

（1）批准成立保税仓库、保税工厂和保税集团。

（2）海关接受加工贸易备案，核发电子账册或电子化手册，实际上就是在行使批准保税的权力。

（3）保税区和出口加工区是由国务院审批的，但是具体批准这些区域的某些进口货物的保税，仍是海关的权力，也属于海关批准保税的范围。

2. 纳税暂缓

保税货物在进境地海关不办理纳税手续就可以提取，这不是说不要办理纳税手续，而是保税货物的纳税时间推迟到了加工成品出口之后，只有到货物最终复运出境或者内销时才能确定是否应补办纳税手续和纳税金额。如果料件全部用于制造出口成品，就不用缴税。因此不是不用纳税，而是暂缓纳税。

3. 监管延伸

因为保税货物是在没有办理纳税手续的情况下进境，所以，保税货物从进境之日起就必须置于海关的监管之下，它在境内的运输、储存、加工、装配，都必须接受海关监管。由于保税货物纳税的特殊性，使海关对保税货物的监管无论是地点还是时间，都必须延伸。在监管期间必须按海关要求使用和处置。

海关对保税货物的监管在以下两种情况下结束：①其原物或用其加工的产品复运出境。②其原物或用其加工的产品内销，补办正式进口手续。

4. 核销结关

核销是保税货物办结海关手续中的最后一道手续，只有办完核销手续，才算结关。

加工装配类保税货物核销不仅包括用于和未用于加工出口成品的进口料件的确切用量，还包括边角料、残次品、正常损耗等所消耗的进口料件用量，所以它的核销是一件非常复杂的工作。

储存类保税货物的核销，相对来说比较简单，因为这类保税货物复运出境或者内销的都必须是原物，所以只要核对一下进出的数量是否平衡即可。

无论是加工装配类保税货物，还是储存类保税货物，在报核的实践中，进出数量往往是不平衡的。正确处理各种报核中发生的进出数量不平衡问题，是企业报核必须解决的问题。

（二）保税货物分类

保税货物可以分为保税加工货物和保税物流货物两大类。

1. 保税加工货物

"在境内加工、装配后复运出境"的是保税加工货物，通常也被称为加工贸易保税货物，是指经海关批准未办理纳税手续进境，在境内加工、装配后复运出境的货物。加工贸易俗称"两头在外"的贸易，即原材料从境外进口，在境内加工装配后，成品运往境外的贸易。通常包括以下两种形式：

一是来料加工。指由境外企业提供料件，经营企业不需要付汇进口，按照境外企业的要求进行加工或装配，只收取加工费，制成品由境外企业销售的经营活动。

二是进料加工。指经营企业用外汇购买料件进口，制成成品后外销出口的经营活动。

保税加工货物的范围主要包括：

（1）专为加工、装配出口产品而从国外进口且海关准予保税的原材料、零部件、元器件、包装物料、辅助材料（简称料件）。

（2）用进口保税料件生产的成品、半成品。

（3）在保税加工生产过程中产生的副产品、残次品、边角料和剩余料件等。

2. 保税物流货物

"在境内储存后复运出境"的是保税物流货物，也称作保税仓储货物，是指经海关批准未办理纳税手续进境,在境内储存后复运出境的货物,或已办结海关出口手续尚未离境,经海关批准存放在海关保税监管场所或特殊监管区域的货物,带有保税物流货物的性质。

保税物流货物包括以下货物:

(1)进境经海关批准进入海关保税监管场所或特殊监管区域,保税储存后转口境外的货物。

(2)已经办理出口报关手续尚未离境,经海关批准进入海关保税监管场所或特殊监管区域储存的货物。

(3)经海关批准进入海关保税监管场所或特殊监管区域保税储存的加工贸易货物,供应国际航行船舶和航空器的油料、物料和维修用零部件,供维修外国产品所进口寄售的零配件,外商进境暂存货物。

(4)经海关批准进入海关保税监管场所或特殊监管区域保税的其他未办结海关手续的进境货物。

三、保税货物监管模式

(一)监管模式分类

海关对保税货物的监管模式分两大类,一类是非物理围网监管模式,包括电子化手册和电子账册;另一类是物理围网监管模式,采用联网监管。图2-5所示是保税货物分类及监管模式。

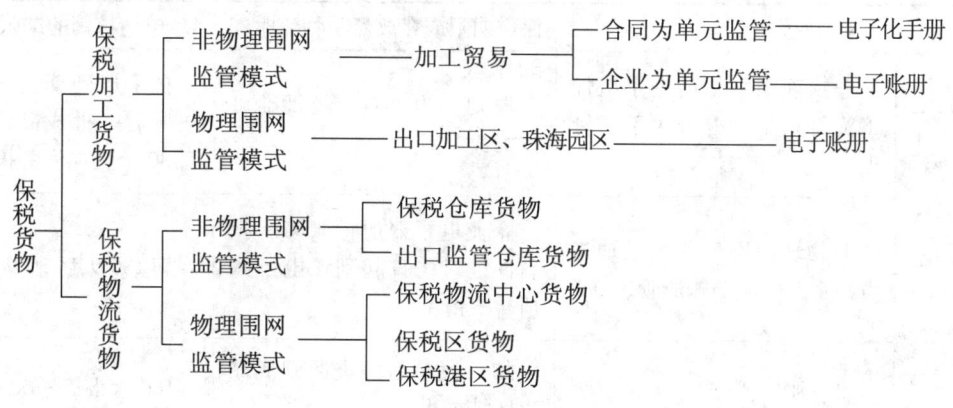

图2-5 保税货物分类及监管模式

1. 物理围网监管模式

物理围网监管是指在关境内或关境线上划出一块地方,采用物理围网,让企业在围网内专门从事保税加工业务,由海关进行封闭式的监管。在境内的保税加工封闭式监管模式为出口加工区,在关境线上的保税加工封闭式监管模式为跨境工业区(珠海园区）。保税区和保税港区内的企业也可以从事保税加工业务，但是因为保税区和保税港区的主要功能是保税物流，所以被归入保税物流监管模式。

2. 非物理围网监管模式

非物理围网监管是指经商务部及海关批准，让企业从事保税加工或仓储业务，由海关进行非封闭式的监管。

监管方式分为两种，一种是针对大型企业的，以建立电子账册为主要标志，以企业为单元进行管理；另一种是针对中小企业的，以建立电子化手册为主要标志，以合同为单元进行管理。

（二）保税货物监管地点和期限

由于保税货物纳税的特殊性，使海关对保税货物的监管无论是地点还是时间，都必须延伸。

从地点上说，保税货物提离进境地口岸海关监管场所后，凡是该货物储存、加工、装配的地方，都是海关监管该保税货物的场所。

从时间上说，保税货物在进境地被提取，海关后续监管就开始了，一直监管到该货物经储存、加工、装配后复运出境或者办结完最后的海关手续（即核销）为止。

1. 准予保税的期限

准予保税的期限是指经海关批准保税后在境内储存、加工、装配的时间限制。

保税货物监管地点和准予保税期限如表 2-8 所示。

表 2-8 保税货物监管地点和准予保税期限

	监管地点	保税期限或存放保税物流时间	申请核销的期限
保税加工货物	非物理围网型的中小型加工贸易企业（电子化手册管理）	原则上为 1 年，经批准可以延长 1 年	在手册到期之日起或最后一批成品出运后 30 天内向海关报核
	非物理围网型的大型加工贸易企业（电子账册管理）	企业电子账册记录第一批料件进口之日起到该电子账册被核销止	满 180 天后 30 天内
	出口加工区	加工贸易料件进区到成品出区结关止	180 天报核一次
	珠海园区	加工贸易料件进区到成品出区结关止	每年报核一次

续上表

监管地点		保税期限或存放保税物流时间	申请核销的期限
保税物流货物	保税仓库	1年，最长可申请延长1年	每月的5日前报核
	出口监管仓库	6个月，可申请延长，最长可延长6个月	
	保税物流中心	2年，可申请延长，最长可延长1年	每年一次
	保税物流园区	没有限制	
	保税区	没有限制	
	保税港区	没有限制	

2. 申请核销的期限

企业向海关报核是法定义务，报核的期限是一种法定期限，如果企业不按时报核，则海关有权依法处理。

保税货物进境海关放行并没有结关，而是海关监管开始，直至货物办理核销结案。

【工作任务示范1】

深圳市宝安区××××厂是一间与港资合作的加工厂，主要生产吸塑产品，根据客户需求，该公司之外商投资方提供一批LCP塑胶粒，然后存入福田保税区仓库。其后从保税区仓库申报进口加工产品后出口香港（详细资料见附录四）。

任务预期成果：

（1）分析该货物海关监管货物类别，并说明理由。

（2）写出该货物的报关流程。

任务成果分析：

（1）该货物存入福田保税区仓库，属于保税物流货物。该货物从保税区仓库申报进口属于加工贸易货物，原因：外商提供LCP塑胶粒，生产产品后出口香港。

（2）保税加工货物的报关流程为：（前期）电子化手册设立→原材料进境报关→生产阶段（海关监管）→成品返销境外报关→核销结案（后续阶段）。

本案例中，该公司在货物进口前先办理电子化手册设立手续，下一步是原材料进境报关环节的工作。

工作任务2 保税加工货物报关程序

【技能目标】
- 能够办理不同海关监管模式下保税加工贸易手册的设立
- 能够办理保税加工货物的进境、出境报关
- 能够计算保税加工货物单耗
- 能够办理保税加工货物的核销

【知识目标】
- 保税加工贸易账册设立内容及流程
- 保税加工货物单耗
- 保税加工货物核销

【任务预期成果】

根据模块二项目二工作任务（详见附录三），完成任务预期成果：

（1）填写进口料件申请备案清单和出口成品申请备案清单（空白备案清单见附录三）。

（2）办理电子化手册设立。

（3）办理料件进口手续，写出进口报关流程。

（4）办理成品出口手续，写出出口报关流程。

（5）办理合同核销手续。

【知识链接】

一、保税加工货物的管理

目前，海关对加工贸易货物非物理围网模式有电子化手册和电子账册监管模式，海关对保税加工货物的管理流程为加工贸易手册设立、进出境报关、核销结关。

保税货物的报关程序除了和一般进出口货物报关程序一样有进出境报关阶段（4个步骤）外，增加了进出境报关之加工贸易手册设立和进出境报关之后的报核申请结案阶段。

二、电子化手册报关程序

电子化手册管理模式的主要特征是以合同为单元进行监管，每一个加工贸易合同设立一个电子化手册。报关基本程序是电子化手册设立、进出口报关、报核申请，如

图 2-6 所示。

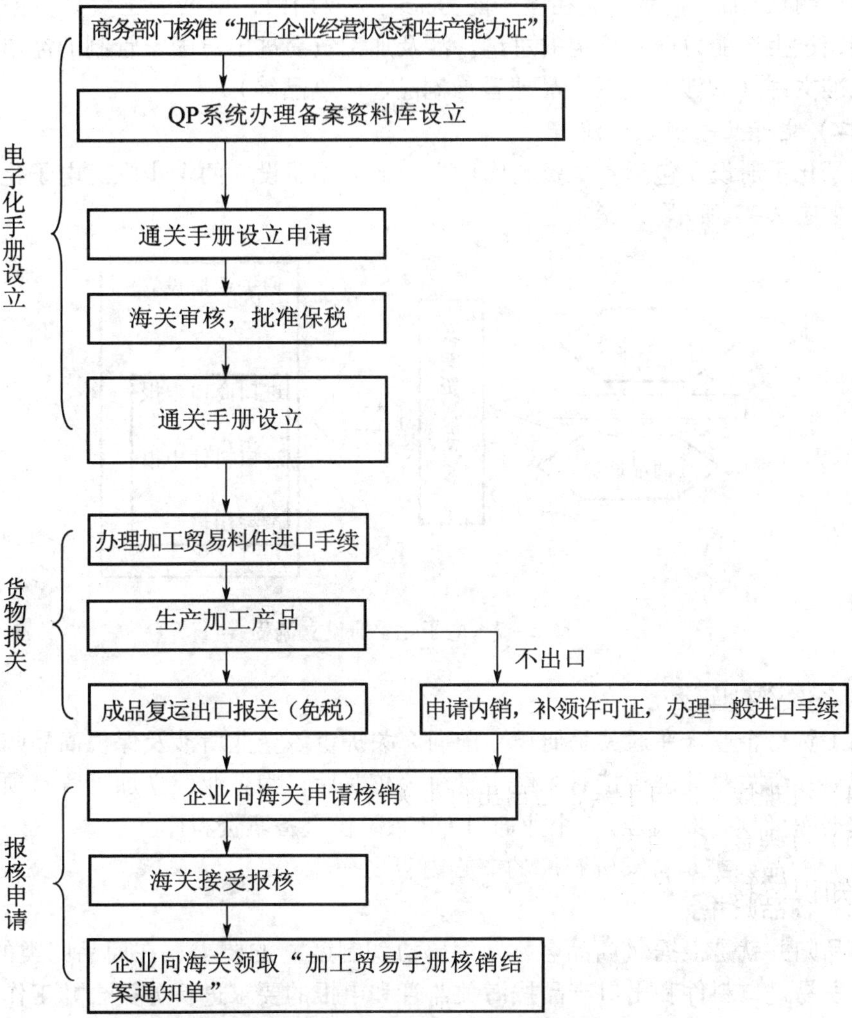

```
电子化手册设立
  ├─ 商务部门核准"加工企业经营状态和生产能力证"
  ├─ QP 系统办理备案资料库设立
  ├─ 通关手册设立申请
  ├─ 海关审核，批准保税
  └─ 通关手册设立

货物报关
  ├─ 办理加工贸易料件进口手续
  ├─ 生产加工产品 ──不出口──> 申请内销，补领许可证，办理一般进口手续
  └─ 成品复运出口报关（免税）

报核申请
  ├─ 企业向海关申请核销
  ├─ 海关接受报核
  └─ 企业向海关领取"加工贸易手册核销结案通知单"
```

图 2-6 电子化手册监管的保税加工货物报关流程

从 2017 年 8 月 1 日起，海关在全国范围取消保税加工货物的加工贸易银行保证金台账制度，具体见海关总署商务部公告 2017 年第 33 号《关于取消加工贸易银行保证金台账制度有关事宜的公告》。

三、海关对加工贸易货物手册的设立

（一）电子化手册设立规定

据海关总署令 219 号《中华人民共和国海关加工贸易货物监管办法》，海关设立

加工贸易货物手册,企业需提交商务主管部门出具的《加工贸易企业经营情况及生产能力证明》,加工贸易企业在生产能力证明有效期内,申请加工贸易业务总量,一般不能超过生产能力证明核定的总量。涉及加工贸易进出口国家管制的需申领许可证件或批准文件(如涉及地图产品或音像制品、印刷品等)。

(二)电子化手册设立流程

电子化手册设立包括备案资料库设立、通关手册设立两个步骤。电子化手册设立流程,如图2-7所示。

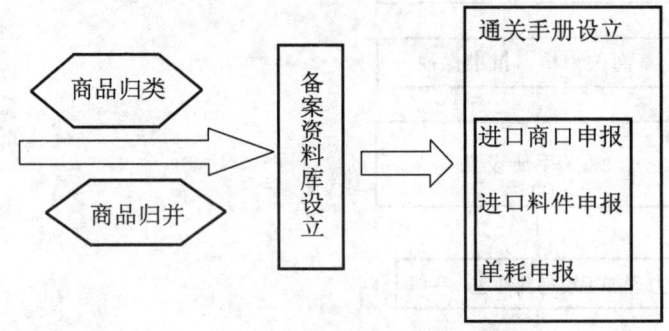

图2-7 电子化手册设立流程

1. 备案资料库设立

加工贸易企业,在通关手册设立前向海关提供该企业所涉及保税商品归类、商品归并资料,海关对其进行核对,经主管海关核对后,为企业建立加工贸易项号级备案资料数据库(称备案底账)。企业通过QP系统设立备案资料库。

(1)商品归类是备案资料库的核心内容之一。

(2)商品归并。

商品归并就是根据《商品名称及编码协调制度》的要求,在商品归类的基础上,对加工贸易进口料件和出口产品按海关监管和申报的要求进行分类合并工作,将多种或一种相同归类、相同属性料件或者成品合并为一项,即备案资料库中项目相同。

海关在进出口管理中需要对不同货物进行区别管理,以提高通关、管理效率,及对特殊的、敏感的、需要重点监控的货物详细管理,而对一般货物无须对其逐项区分和计算。所以,企业应该按照海关认可的归并原则,对商品进行归并,将接近的非敏感的货物合并为一项向海关申报。

商品归并原则,按照同商品编码、同申报计量单位、同中文商品名称、同规范申报要素、价格相近的方法进行归并,但海关规定不允许归并的除外。料件归并情况示例见表2-9。

表2-9 料件归并情况示例表

归并前料件				归并后料件			
物料编码	料件名称	商品编码	计量单位	项号	中文名	商品编码	计量单位
L01	1mm钢螺钉	73181590	个	1	螺钉	73181590	个
L02	7mm钢螺钉	73181590	个				
L03	8mm钢螺钉	73181590	个				
L04	1mm铝钉	76161000	个	2	铝钉	76161000	个
L05	7mm铝钉	76161000	个				

（3）备案资料库内容。

备案资料库的内容包括：成品和料件的SH编码（8～10位）；成品和料件的名称；成品和料件的计量单位；申报最近一年的加工贸易业绩，以进口总值计。

2. 通关手册设立

（1）通关手册设立内容。

①进口料件的SH编码、名称、规格、计量单位、单价、数量。

②出口成品的SH编码、名称、规格、计量单位、单价、数量。

③出口产品的单损耗情况。

（2）通关手册设立流程。

①QP系统备案资料录入。

加工贸易企业通过QP系统，进行通关手册设立，内容包括通关备案表头、表体的录入。企业根据提示填写料件、成品的部分数据及单耗数据。当企业新设立一本通关手册时，若所涉及的料件、产品不在备案资料库范围内，则应增加原备案资料库的内容。

②出口产品和进口料件及单耗申报。

通关手册资料填写后，提交海关，海关审核设立通过后，向企业返回通过信息，若不通过的则返回退单信息。

为确保通关手册的出口产品申报数量更加接近实际生产需求数量，建议加工企业结合销售订单、销售预测情况，由企业、生产计划销售等相关组织共同讨论，确定出口产品申报信息，同时结合单号数据确定进口料件申报信息。

3. 备案商品

为了加强对保税加工货物管理，海关把货物分为禁止类、限制类、允许类三类，加工贸易禁止类商品不允许备案，限制类加工贸易进口商品备案时需要提供许可证或其他批准文件，除上述以外的为允许保税加工的商品，如表2-10所示。

表 2-10 加工贸易备案商品的规定

禁止类（不准予开展加工贸易类商品）	限制类加工贸易进口商品（需提供许可证或其他许可证件的）	允许类
①国家明令禁止进出口的商品 ②为种植、养殖而进口的商品 ③高能耗、高污染的商品 ④低附加值、低技术含量的商品 ⑤其他列名的加工贸易禁止类商品	需要许可证的商品： 消耗臭氧层物质；易制毒化学品；监控化学品 需要其他许可证件的： 进出口音像制品、印刷品、地图产品及附有地图的产品，进口工业再生废料等	除禁止类和限制类以外的 以加工贸易深加工结转方式转出、转入的商品属于限制类的按允许类商品管理

4. 保税额度

加工贸易合同项下海关准予备案的料件，包括为履行产品出口合同进口直接用于加工出口产品而在生产过程中消耗掉的数量合理的触媒剂、催化剂、磨料、燃料，全额保税。

加工贸易合同项下海关不予备案的料件，以及试车材料、未列名消耗性物料等，不予保税，进口时按照一般进口货物照章征税。

5. 单耗申报

单耗是海关对保税加工货物监管的一个重要参数，海关对加工贸易单耗管理原则是如实申报、据实核销，加工贸易企业必须如实申报本企业生产成品的实际单耗，海关则根据企业申报或海关核定的单耗进行核销。

单耗指加工贸易企业在正常加工条件下加工单位成品所耗用的料件量，它包括净耗和工艺损耗。

净耗，指在加工后，料件通过物理变化或者化学反应存在或转化到单位成品中的量。

工艺损耗，指因加工工艺原因，料件在正常加工过程中除净耗外所必需耗用但不能转化在成品中的料件量。

单耗 = 净耗 + 工艺损耗 = 净耗 + 单耗 × 工艺损耗率 = 净耗 / （1 - 工艺损耗率）

企业向海关申报单耗的常规环节是在保税加工的成品出口前、深加工结转前或者内销前。但一些生产工艺流程简单、产品单耗费较稳定、产品单耗关系不太复杂的企业，可以在通关手册设立环节，一并向海关申报单耗。

近年，海关对加工贸易单耗申报流程进行了优化。

（1）"报核前申报单耗"管理模式。

认证企业、海关特殊监管区域内的企业及符合一定条件的信用企业，可以在成品出口后，核算单耗，申报单耗。

（2）"单耗自核"试点。

符合海关单耗费自核条件的企业，企业只需提供自核单耗情况说明、加工工艺说明等电子材料，就能完成周期核销，实现无纸化报核。

6. 银行保证金台账

从2017年8月1日起，海关在全国范围取消保税加工货物的加工贸易银行保证金台账制度，具体见海关总署商务部公告2017年第33号《关于取消加工贸易银行保证金台账制度有关事宜的公告》。为保证政策平稳过渡，对实施保证金台账"实转"管理的情形设置过渡期，过渡期从2017年8月1日起至2018年2月1日结束。

加工贸易银行保证金台账制度曾在我国加工贸易监管中起到重要作用，是海关专门针对加工贸易进口料件而制定的，其设立的目的是通过商务主管部门、海关、银行等部门的合作，更好地发挥监督作用，打击保税加工过程中的走私违法活动，保证国家税收，维护合法经营正常秩序和企业正当权益，促进加工贸易的健康发展。

银行保证金台账是基于征收加工贸易风险担保金而在指定银行开设的保证金托管账户。该制度的核心内容是对不同地区的加工贸易企业和加工贸易涉及的进出口商品实行分类管理，对一部分加工贸易企业进口的部分料件，海关要求企业在银行开设台账，并按要求存入保证金。

小资料

海关总署 商务部公告2017年第33号
《关于取消加工贸易银行保证金台账制度有关事宜的公告》

为落实《国务院关于促进加工贸易创新发展的若干意见》（国发〔2016〕4号）要求，进一步简化手续，降低制度性交易成本，促进加工贸易创新发展，经国务院同意，在全国范围内取消加工贸易银行保证金台账（以下简称"保证金台账"）制度。现就相关事项公告如下：

一、对商务部、海关总署公告2015年第63号（以下简称63号公告）规定实施保证金台账"空转"管理的情形，企业办理加工贸易手（账）册设立时无须开设保证金台账，无须提供涉及限制类商品加工贸易的担保。此前已设立的保证金台账"空转"加工贸易手册仍按照保证金台账制度执行完毕。

二、对63号公告规定实施保证金台账"实转"管理的情形，为保证政策平稳过渡，设置过渡期，过渡期从2017年8月1日起至2018年2月1日结束。过渡期内，企业继续按照海关总署公告2010年第5号和2014年第61号有关规定办理保证金台账"实转"手续；过渡期结束后的业务办理程序，我署将另行公告。

三、本公告内容自2017年8月1日起执行。

7. 加工贸易货物手册设立内容变更

加工贸易货物手册设立后，如货物品名、规格、金额、数量、加工期限、单损耗、商品编码等内容发生变更的，经营企业应当在加工贸易手册有效期内须向主管海关办理变更手续。

（三）异地加工贸易手册设立

跨关区异地加工贸易是指一直属海关关区内加工贸易经营企业，将进口料件委托另一直属海关关区内加工生产企业加工成品回收后，再组织出口的加工贸易。开展异地加工贸易应当按照海关对异地加工贸易的管理规定办理手册设立手续，即由加工贸易经营企业向加工企业所在地主管海关办理手册设立手续。

海关对开展异地加工贸易的经营企业和加工企业实行分类管理，如果两者的管理类别不相同，则按其中较低类别管理。

四、保税加工货物报关

保税加工货物报关包括进出境报关、保税货物深加工结转报关、其他保税加工货物报关。

（一）保税加工货物进出境报关

保税加工货物进出境报关包括有料件进口报关、料件加工生产阶段和成品出口报关，如图2-8所示。

所有经海关批准保税的货物，在进境、出境申报时都和其他货物一样有申报、查验、放行3个步骤，只是保税货物在纳税环节是暂缓纳税，只缴纳手续费。

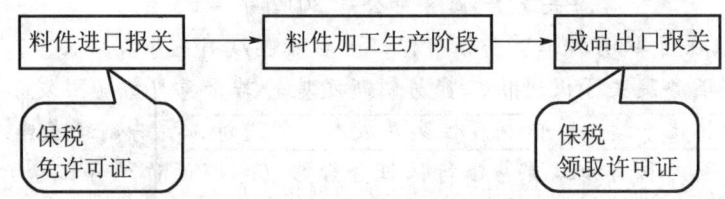

图2-8 保税加工货物进出境报关

加工贸易企业在主管海关备案的情况在计算机系统中已生成电子底账，有关电子数据通过网络传输到相应的口岸海关。因此，企业在口岸海关报关时提供的有关单证内容必须与电子底账数据相一致，只要在某一方面不一致，报关就不能通过。

1. 申报提交的单证要求

（1）通过QP系统的加工贸易模块，填写报关单申报。

（2）进出口许可证件管理的规定。

进口料件在报关进口时免予交验进口许可证件。除易制毒化学品、监控化学品、消耗臭氧层物质等个别规定商品以外。

出口成品，属于国家规定应交验出口许可证件的，在出口报关时必须交验出口许可证件。

2. 进出口税收的规定

（1）准予保税的加工贸易料件进口，暂缓纳税。

（2）加工贸易项下出口应税商品，如系全部使用进口料件加工的产（成）品，不征收出口关税。加工贸易项下出口应税商品，如系部分使用进口料件加工的产（成）品，则按海关核定的比例征收出口关税。具体计算公式是：

$$出口关税 = 出口成品完税价格 \times 出口关税税率 \times \frac{出口成品中使用的国产料件占全部料件的价值比例}{}$$

出口货物完税价格由海关根据《中华人民共和国海关审定进出口货物完税价格办法》的规定审核确定。

（二）加工贸易保税货物深加工结转报关

加工贸易保税货物深加工结转报关是指加工贸易企业将保税进口料件加工的产品转至另一海关关区内的加工贸易企业进一步加工后复出口的经营活动。其程序分为结转申报、收发货登记计划备案、结转报关3个环节。如图2-9所示。

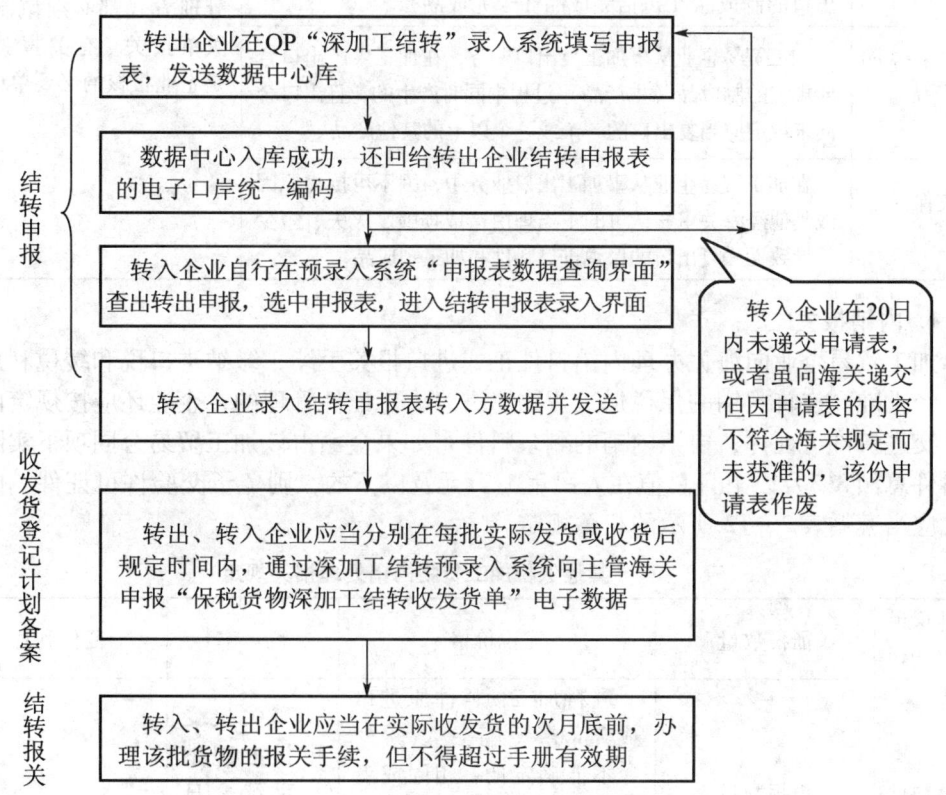

图2-9 加工贸易保税货物深加工结转报关程序

（注：①结转进口、出口报关的申报价格为结转货物的实际成交价格。②一份结转进口报关单对应一份结转出口报关单，两份报关单之间对应的申报序号、商品编号、数量、价格和手册号应当一致。）

(三) 其他保税加工货物报关

其他保税加工货物是指履行加工贸易合同过程中产生的剩余料件、边角料、残次品、副产品和受灾保税货物,其他保税加工货物报关见表2-11。

表2-11 其他保税加工货物报关

其他保税加工货物	含义	可采用的报关方式
剩余料件	加工贸易企业从事加工复出口业务过程中,剩余的可以继续用于加工制成品的加工贸易进口料件	内销、结转、退运、销毁等 除销毁处理外,其他处理方式都必须填制报关单报关。有关报关单是企业报核的必要单证
边角料	加工贸易企业从事加工复出口业务,在海关核定的单耗标准内、加工过程中产生的、无法再用于加工该合同项下出口制成品的数量合理的废、碎料及下脚料	
残次品	加工贸易企业从事加工复出口业务,在生产过程中产生的有严重缺陷或者达不到出口合同标准,无法复出口的制成品(包括完成品和未完成品)	
副产品	加工贸易企业从事加工复出口业务,在加工生产出口合同规定的制成品(主产品)过程中同时产生的,且出口合同未规定应当复出口的一个或一个以上的其他产品	
受灾保税货物	在加工贸易企业从事加工出口业务中,因不可抗力原因或其他经海关审核认可的正当理由造成损毁、灭失、短少等导致无法复出口的保税进口料件和加工制成品	

1. 内销报关

加工贸易企业向海关办理内销料件正式进口报关手续,缴纳进口税和缓税利息。

经批准允许转内销的保税加工货物属进口许可证件管理的,企业还应按规定向海关补交进口许可证件;申请内销的剩余料件,如果金额占该加工贸易合同项下实际进口料件总额3%及以下且总值在人民币1万元及以下的,则免予交验许可证件。内销征税应当遵循表2-12所示的相关规定。

表2-12 其他保税加工货物内销处理相关规定

其他保税加工货物	征税数量	完税价格	税率	征税利息
剩余料件	申报数量	进料加工:料件原进口成交价格 不能确定的:相同或者类似进口成交价格 来料加工:相同或者类似的货物的进口成交价格	海关接受申报办理纳税手续之日实施的税率	

续上表

其他保税加工货物	征税数量	完税价格	税 率	征税利息
边角料	申报数量	内销价格	如内销商品属关税配额管理而在办理纳税手续时又没有配额证的，应当按该商品配额外适用的税率缴纳进口税	边角料不加征缓税利息
残次品	单耗关系折算耗用掉的保税进口料件数量	进料加工：料件原进口成交价格 不能确定的：相同或者类似进口成交价格 来料加工：相同或者类似的货物的进口成交价格		缓税利息计息期限的起始日期为内销料件或制成品所对应的加工贸易合同项下首批料件进口之日，终止日期为海关填发税款缴款书之日
副产品	申报时实际状态	内销价格		

2. 结转报关

加工贸易企业可以向海关申请将剩余料件结转至另一个加工贸易合同项下生产出口，保税加工货物结转报关如图2-10所示。

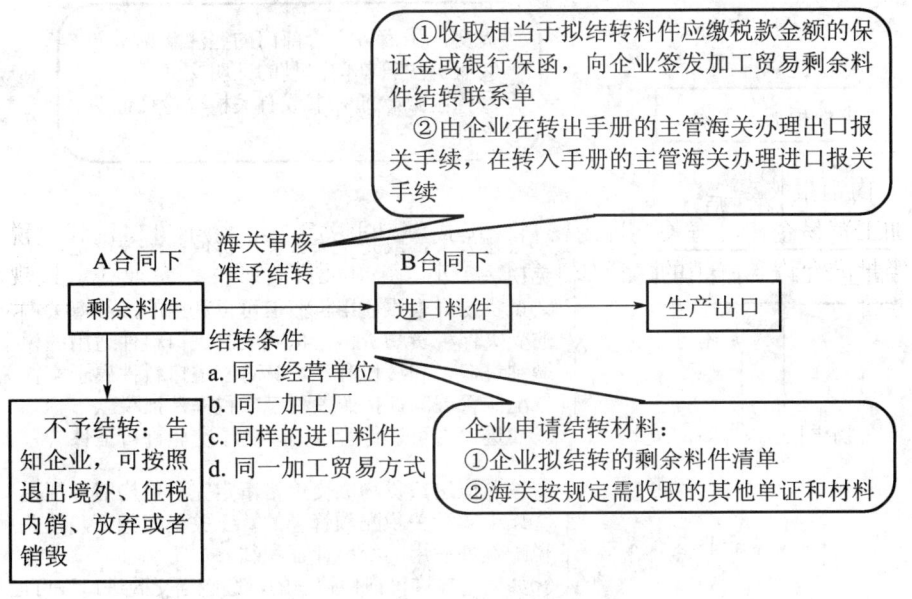

图2-10 保税加工货物结转报关

3. 退运、销毁

其他保税加工货物退运、销毁处理见表2-13。

表 2-13 其他保税加工货物退运、放弃、销毁处理

保税货物类别	报 关	报 核	备 注
退运	持手册等有关单证向口岸海关报关，办理出口手续	留存有关报关单证，以备报核	
销毁	不需要填制报关单 企业向海关提出销毁申请，海关经核实同意销毁的，由企业按规定销毁，必要时海关可以派员监督销毁	货物销毁后，企业应当收取有关部门出具的销毁证明材料，以备报核	销毁货物类别：被海关做出不予结转决定或不予放弃决定的加工贸易货物或涉及知识产权等原因企业要求销毁的加工贸易货物

4. 受灾保税加工货物的处理

受灾保税加工货物的处理见图 2-11。

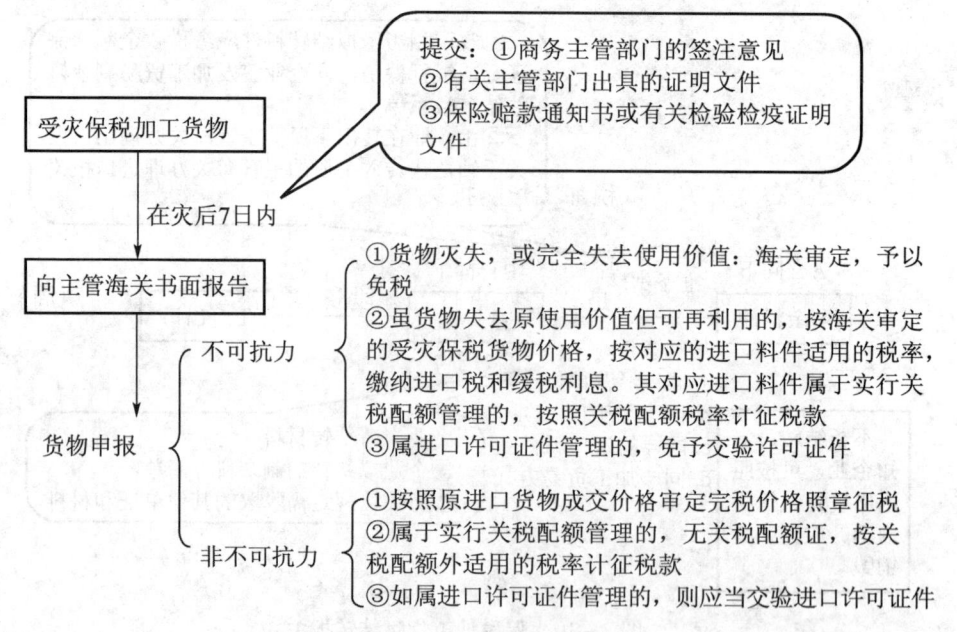

图 2-11 保税受灾货物报关

五、加工贸易货物核销

加工贸易货物核销，是指加工贸易经营企业加工复出口或者办理内销等海关手续后，凭规定单证向海关报核，海关按照规定进行核查以后办理解除监管手续的行为。

加工贸易货物核销阶段的具体环节是：企业报核、海关受理、海关结关销案。

1. 报核的时间

经营企业应当在规定的期限内将进口料件加工复出口，并自电子化手册项下最后一批成品出口之日起或者电子化手册到期之日起 30 日内向海关报核。经营企业对外签订合同因故提前终止的，应当自合同终止之日 30 日内向海关报核。

2. 企业报核流程

（1）企业报核。

通过电子化手册企业端系统的数据报核准模块，向海关申报电子化手册报核数据，内容包括报核表头/报关单、报核料件、报核准成品、报核单耗等。

（2）海关受理。

海关对企业的报核依法进行审核，对不符合规定的，告知企业不予受理的理由，并要求企业重新报核；符合规定的，予以受理。

海关自受理企业报核之日起 20 个工作日内核销完毕，特殊情况下，可以由直属海关的关长批准或者由直属海关关长授权的隶属海关关长批准延长 30 个工作日。

（3）海关核销结案。

经核销情况正常海关立即签发"核销结案通知书"。

六、电子账册模式下的保税加工货物报关程序

1. 电子账册模式下联网监管的基本管理原则

电子账册的基本管理原则是"一次审批、分段备案、滚动核销、控制周转、联网核查"。

（1）一次审批是指对企业经营资格、经营范围和加工生产能力一次审批，不再对合同逐票审批。

（2）采取分段备案，先备案进口料件，在成品出口前再备案成品及申报实际单耗情况，不再对进口料件、成品及单耗关系同时备案。

（3）实行滚动核销，以 180 天为报核周期，不再实行合同到期或最后一批成品复运境外后集中核销。

（4）对进出口保税货物的总数量或总价值，按生产能力进行周转量控制，取消对其备案数量的控制。

（5）实行联网核查，全额保税，凭电子身份认证卡实现在全国口岸的通关。

电子账册分经营范围电子账册（标记为 IT）和便捷通关电子账册（标记为 E）两种。

2. 企业设立电子账册的条件

海关特殊监管区域、保税监管场所以外的加工贸易企业符合以下条件：①具有加工贸易经营资格；②在海关注册；③属于生产型企业。

3. 电子账册设立

电子账册的建立要经过以下三个步骤：

（1）联网监管的申请和审批。

加工贸易企业向所在地直属海关提出书面申请，主管海关对企业进行审核，对符合联网监管条件加工贸易企业，主管海关制发《海关实施联网管理通知书》。

（2）《加工贸易经营企业经营状况及生产能力证明》核准。

商务主管部门总体审定联网企业的加工贸易资格、业务范围和加工生产能力，商务部核准后签发《加工贸易经营企业经营状况及生产能力证明》。

（3）电子账册设立。

企业商务主管部门签发的《加工贸易经营企业经营状况及生产能力证明》《海关实施联网管理通知书》向所在地主管海关申请建立电子账册。

企业通过联网监管平台客户端录入电子账册设立的表头、表体（具体内容为料件、成品、单耗等）电子数据和办理所需的电子版资料（PDF格式）发送海关。海关审核，审核通过海关发回执。

4. 进出口货物报关

电子账册模式报关与电子化手册模式一样，有进出境货物报关、深加工结转货物报关和其他保税加工货物报关三种情形。

电子账册模式下进出境货物报关主要有报关清单的生成、报关单的生成及报关单的修改、撤销，见表2-14。

表2-14 电子账册模式下进出境货物的报关

序号	报关流程	报关内容
1	报关清单的生成	使用"便捷通关电子账册"办理报关手续，企业应先根据实际进出口情况，从企业系统导出料号级数据生成归并前的报关清单，通过网络发送到电子口岸
2	报关单的生成	电子口岸将企业报送的报关清单根据归并原则进行归并，并分拆成报关单后发送回企业，由企业填报完整的报关单内容后，通过网络向海关正式申报
3	报关单的修改、撤销	不涉及报关清单的报关单内容可直接进行修改，涉及报关清单的报关单内容修改必须先修改报关清单，再重新进行归并。报关单经海关审核通过后，一律不得修改，必须撤销重报。待报关清单的报关单撤销后，报关清单一并撤销，不得重复使用

5. 电子账册监管下的合同核销

海关对电子账册模式的核销实行滚动核销的方式。企业报核期限，一般规定180天为一个报核周期。首次报核期限，从电子账册建立之日起180天后的30天内；以后报核期限，从上次报核之日起180天后的30天内。企业报核和海关核销程序如下：

（1）预报核。联网企业在向海关正式申请核销前，将本核销期内申报的所有电子账册进出口报关数据按海关要求的内容以电子报文形式向海关申请报核。海关通过计算机将企业的预报核报关单内容与电子账册数据进行比对，若结果完全相同，计算机反馈"同意报核"。

（2）正式报核。正式报核是指企业预报核通过海关审核后，以预报核海关核准的报关数据为基础，准确、详细地填报本期保税进口料件的应当留存数量、实际留存数量等内容，以电子数据向海关正式申请报核。

（3）海关核销。海关核销的基本目的是掌握企业在某个时段所进口的各项保税加工料件的使用、流转、损耗的情况，确认是否符合以下的平衡关系：

进口保税料件（含深加工结转进口）
=出口成品折料（含深加工结转出口）+内销料件+内销成品折料+剩余料件+损耗-退运成品折料

经核对，企业报核数据与海关底账数据及盘点数据相符的，海关通过正式报核审核，系统自动将本期结余数转为下期期初数。

电子化手册与电子账册的比较如表2-15所示。

表2-15 电子化手册和电子账册比较

情况序号	比较项目	电子手册模式	电子账册模式
1	管理单元	以加工贸易合同为管理单元	以企业为管理单元
2	电子底账	为联网企业建立电子底账，一个加工贸易合同建立一个电子化手册	为联网企业建立电子底账，联网企业只设立一个电子账册
3	基本管理原则	总量控制、一次核销、联网检查	一次审批、分段备案、滚动核销、控制周转、联网核查
4	征税	加工贸易货物进口时全额保税	加工贸易货物进口时全额保税

【工作任务示范1】

根据模块二项目二工作任务示范1案例资料（详见附录四）。

任务预期成果：
完成该批货物从保税区仓库的进口报关。
任务成果分析：
1. 报关前准备
查找 LCP 塑胶粒，查找海关监管条件。经查 LCP 塑胶粒的商品编码为 39204300，属于保税加工许可类货物，进口时暂免交验许可证。
报关前需要准备的单证包括发票、装箱单、汽车载货清单。
2. 进口报关
按照保税加工货物报关流程报关。
（1）无纸化申报：使用 QP 系统的电子化手册申报，提交"进口货物报关单"（保税加工贸易），同时，提交电子化单证，包括发票、装箱单、提货单、汽车载货清单。
（2）接到海关回执"接受申报"，进入下一个环节。
（3）配合查验货物（海关根据需要或海关监管系统随时布控需要查验货物，要配合查验）。
（4）缴纳税费：该货物属于加工贸易手册下的料件，保税进口，暂时不需缴纳税费。
（5）海关放行：拿着加盖海关放行章的提货单，或打印海关电子放行凭单到保税区仓库提取货物。
（6）货物投入生产，并接受海关的继续监管。

工作任务 3　保税物流货物的报关程序

【工作任务】
东莞飞扬珠宝有限公司是一家外资生产企业，2016 年 6 月进口一批加工出口产品的原材料，由黄埔港入境，货物暂存在某保税仓库。该批原材料后来在 8 月转让给广州一家珠宝公司，并在 9 月 16 日办理出仓手续。

【技能目标】
- 能鉴别保税物流货物
- 能够利用保税仓库或出口监仓及其他保税物流监管区域为企业服务
- 能够办理进出保税仓库等海关监管场所的货物报关

【知识目标】
- 保税物流货物
- 了解保税物流货物监管场所：保税仓库、出口监仓、保税物流中心、保税物

流园区

● 保税仓报关程序

【任务预期成果】

办理该批原材料出仓报关手续。

【知识链接】

一、保税物流货物的管理

对各类监管形式的保税物流货物的管理要点如图2－12所示。

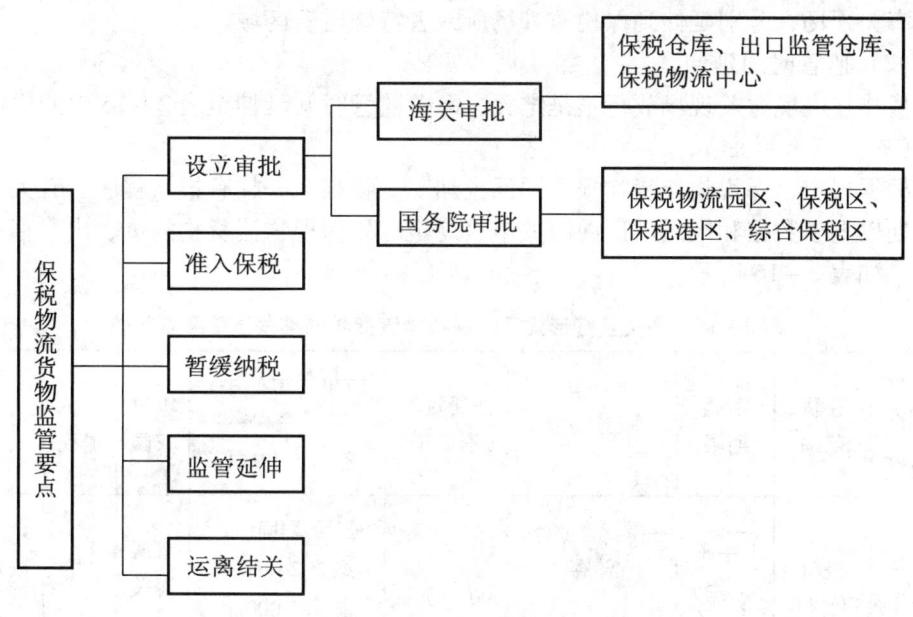

图2－12 各类监管形式的保税物流货物的管理

（一）设立审批

保税物流货物必须存放在经过法定程序审批设立的保税监管场所或特殊区域。设立要经过海关或国务院审批，并经海关等部门验收合格才能进行保税物流货物的运作。

（二）准入保税

准入保税指按批准存放范围准予货物进入监管场所或者区域，不符合规定存放范围的货物不准存入，准予进入成为海关保税物流货物监管目标之一。除自用物资外，被准予进入专用监管场所或特殊监管区的进出货物均保税。

（三）暂缓纳税

凡是进境进入保税物流监管场所或特殊监管区域的保税物流货物在进境时都可以暂不办理进口纳税手续，等到运离海关保税监管场所或特殊监管区域时才办理纳税手续，或者征税，或者免税。但是保税物流货物在运离海关保税监管场或特殊监管区域征税时不需同时征收缓税利息，而保税加工货物（特殊监管区域内的加工贸易货物和边角料除外）内销征税时要征收缓税利息。

（四）监管延伸

（1）监管地点延伸。

进境货物从进境地海关监管现场，已办结海关出口手续尚未离境的货物从出口申报地海关现场，分别延伸到保税监管场所或者特殊监管区域。

（2）监管时间延伸。

货物在进境海关现场放行不是结关，海关监管时间延伸至表2-16中的规定。

（五）运离结关

根据规定，保税物流货物报关同保税加工货物报关一样有报核程序，有关单位应当定期以电子数据和纸质单证向海关申报规定时段保税物流货物的进、出、存、销等情况。如表2-16所示。

表2-16 各类监管形式下的保税物流货物的某些监管要点比较

监管场所、区域名称	存货范围	存储期限	服务功能	注册资本（不低于）	面积（不低于） 东部	面积（不低于） 中西部	审批权限	入区退税	备注
保税仓库	进口	1年+1年	储存	300万元人民币	公用2 000 m² 维修2 000 m² 液体5 000 m²		直属海关	否	按月报核
出口监管仓库	出口①	半年+半年	储存/出口配送/国内结转		配送5 000 m² 结转1 000 m²		直属海关	否②	退换货物先入后出
保税物流中心（A型）	进出口	1年+1年	储存/全球采购配送/国内结转	3000万元人民币	公用20 000m² 自用4 000m²	公用5 000m² 自用2 000m²	海关总署	是	
保税物流中心（B型）	进出口	2年+1年	储存/全球采购配送/转口/中转③	5 000万元人民币	—品 100 000m²	5 000m²	有关部门	是	

续上表

监管场所、区域名称	存货范围	存储期限	服务功能	注册资本（不低于）	面积（不低于）		审批权限	入区退税	备注
					东部	中西部			
保税物流园区	进出口	无期限	储存/贸易/全球采购配送/中转/展示		较大（一般 $1km^2$ 左右）		国务院	是	按年报核
保税区	进出口	无期限	物流区功能+维修/加工		较大（一般 $2km^2$ 左右）		国务院	否	离境退税
保税港区	进出口	无期限	保税区功能+港口功能		很大（一般 $10km^2$ 左右）		国务院	是	

注：①出口配送型仓库可以存放为拼装出口货物而进口的货物。②经批准享受入仓即退税政策的出口监管仓库除外。③保税物流中心 B 型的经营者不得开展物流业务。

二、保税仓库货物的报关

（一）保税仓库

保税仓库是指经海关批准设立的专门存放保税货物及其他未办结海关手续货物的仓库。目前我国大体上有以下 2 种保税仓库类别，如图 2-13 所示。

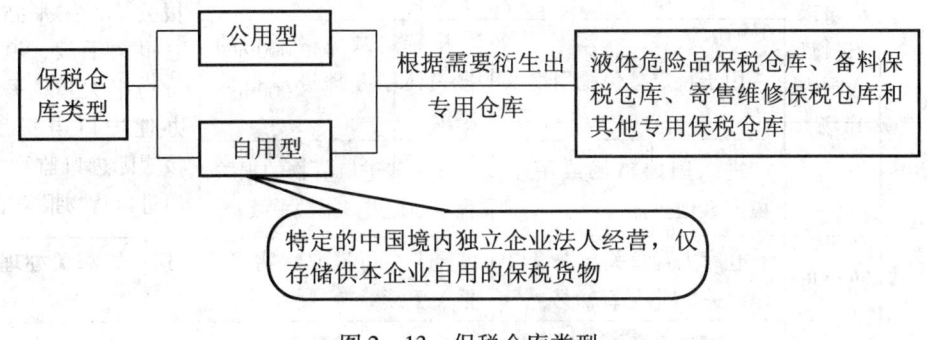

图 2-13 保税仓库类型

保税仓库功能单一，只能存放进境的货物，能存入的和禁止存入的货物如表 2-17 所示。

表2-17 保税仓库货物范围

可存入保税仓库的进境货物范围	禁止存入保税仓库的货物范围
①加工贸易进口货物 ②转口货物 ③供应国际航行船舶和航空器的油料、物料和维修用零部件 ④供维修外国产品所进口寄售的零配件 ⑤外商进境暂存货物 ⑥未办结海关手续的一般贸易进口货物 ⑦经海关批准的其他未办结海关手续的进境货物	①国家禁止进境的货物 ②未经批准的影响公共安全、公共卫生或健康、公共道德或秩序的国家限制进境的货物 ③其他不得存入保税仓库的货物

（二）办理保税仓库货物的报关手续

保税仓库货物报关包括进仓报关、出仓报关、流转报关。如表2-18所示。

表2-18 保税仓库货物报关

进仓报关	进口报关	仓库主管海关报关	除易制毒化学品、监控化学品、消耗臭氧层物质外，免领进口许可证件	
		仓库主管海关与进境口岸海关不同一直属海关	按照"直接转关"的方式或"提前报关转关"的方式报关	
出仓报关	进口报关（进入国内市场）	出仓用于加工贸易	按保税加工货物的报关程序办理进口报关手续	转为正式进口的同一批货物，填制两张报关单，一张办结出仓报关手续，填出口货物报关单；另一张办理进口申报手续，按实际进口监管方式，填进口货物报关单
		用于特定减免税用途	按特定减免税货物的报关程序办理进口报关手续	
		进入国内市场或用于境内其他方面	按一般进口货物的报关程序办理进口报关手续	
	出口报关（复运出口）	仓库主管海关与进境口岸海关是同一直属海关	企业自行提取货物出仓，到口岸海关办理出口报关手续	
		仓库主管海关与进境口岸海关不是同一直属海关	按照转关运输方式办理出仓手续	
	集中报关	保税货物出仓批量少、批次频繁的，经海关批准可以办理定期集中报关手续 集中报关出仓的，保税仓库经营企业应当向主管海关提出书面申请，写明集中报关的商品名称、发货流向、发货频率、合理理由		

续上表

流转报关	保税仓库与海关特殊监管区域或其他海关保税监管场所往来流转的货物，按转关运输的有关规定办理相关手续 保税仓库和特殊监管区域或其他海关保税监管场所在同一直属关区内的，经直属海关批准，可不按转关运输方式办理 保税仓库货物转往其他保税仓库的，应当各自在仓库主管海关报关，报关时应先办理进口报关，再办理出口报关

保税仓库报关流向如图 2–14 所示。

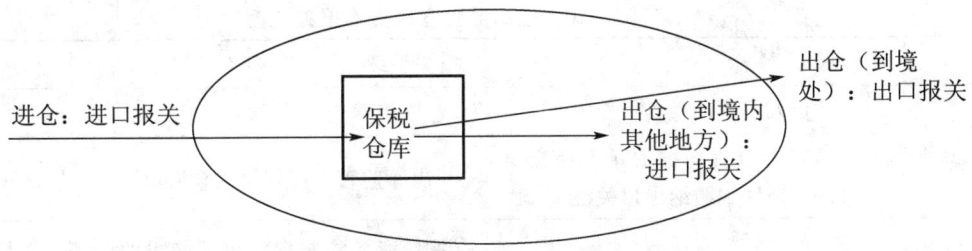

图 2–14　保税仓库报关流向示意图

三、出口监管仓库货物的报关

（一）出口监管仓库

出口监管仓库是指经海关批准设立，对已办结海关出口手续的货物进行存储、保税货物配送，提供流通性增值服务的海关专用监管仓库。出口监管仓库类别如图 2–15 所示。

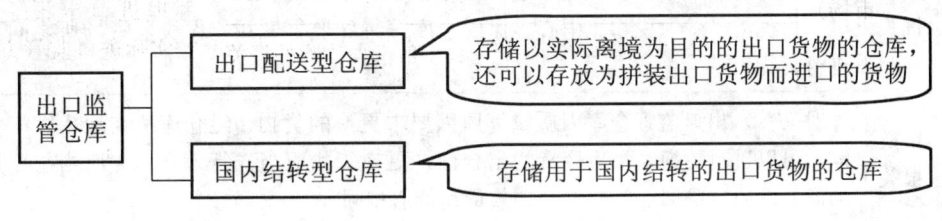

图 2–15　出口监管仓库类别

（二）功能

出口监管仓库的功能也只有仓储，主要用于存放出口货物；出口配送型仓库还可以存放为拼装出口货物而进口的货物。出口监管仓库货物存放范围如表 2–19 所示。

表2-19 出口监管仓库货物存放范围

可存入出口监管仓库货物范围	禁止存入出口监管仓库货物范围
①一般贸易出口货物 ②加工贸易出口货物 ③从其他海关特殊监管区域、场所转入的出口货物 ④其他已办结海关出口手续的货物	①国家禁止进出境的货物 ②国家限制进出境的货物 ③海关规定不得存放的货物

（三）出口监管仓库货物的报关

出口监管仓库货物报关，大体可以分为进仓报关、出仓报关。出口监管仓库货物报关如表2-20所示。

表2-20 出口监管仓库货物报关

		报关手续	
		发货人或代理人	仓库经营企业
进仓报关		填制出口货物报关单，提交出口许可证件和缴纳出口关税	"出库监管仓库货物入仓清单"
出仓报关	出口报关		按照海关规定提交报关必需的单证，并提交"出口监管仓库货物出仓清单"
	进口报关	①用于加工贸易，由加工贸易企业或其代理人按保税加工货物的报关程序办理进口报关手续 ②用于可以享受特定减免税的特定地区、特定企业和特定用途的，由享受特定减免税的企业或其代理人按特定减免税货物的报关程序办理进口报关手续 ③进入国内市场或用于境内其他方面，按一般进口货物办理进口报关手续	
	结转报关	经转入、转出方所在地主管海关批准，并按照转关运输的规定办理相关手续后，出口监管仓库之间、出口监管仓库与保税区、出口加工区、珠海园区、保税物流园区、保税港区、保税物流中心、保税仓库等特殊监管区域、保税监管场所之间可以进行货物流转	
	更换报关	对已存入出口监管仓库因质量等原因要求更换的货物，经仓库所在地主管海关批准，可以进行更换。被更换货物出仓前，更换货物应当先行入仓，并应当与原货物的商品编码、品名、规格型号、数量和价值相同	

注：入仓即退税的出口监管仓库，办结出口报关手续后可办理出口退税手续；不享受入仓即退税政策的出口监管仓库，在货物实际离境后可办理出口退税手续。

四、保税物流中心货物的报关

（一）保税物流中心

保税物流中心分保税物流中心A、保税物流中心B。保税物流中心B是经海关总署批准,由中国境内一家企业法人经营、多家企业进入并从事保税仓储物流业务的海关集中监管场所。

保税物流中心的功能是保税仓库和出口监管仓库功能的叠加,既可以存放进口货物,也可以存放出口货物,还可以开展多项增值服务。

(二)保税物流中心存放货物和业务范围

保税物流中心存放货物和业务范围如表2-21所示。

表2-21 保税物流中心存放货物和业务范围

存放货物的范围	开展业务的范围
①国内出口货物 ②转口货物和国际中转货物 ③外商暂存货物 ④加工贸易进出口货物 ⑤供应国际航行船舶和航空器的物料、维修用零部件 ⑥供维修外国产品所进口寄售的零配件 ⑦未办结海关手续的一般贸易进口货物 ⑧经海关批准的其他未办结海关手续的货物	①保税存储进出口货物及其他未办结海关手续的货物 ②对所存货物开展流通性简单加工和增值服务 ③全球采购和国际分拨、配送 ④转口贸易和国际中转业务 ⑤经海关批准的其他国际物流业务

(三)保税物流中心货物的报关

1. 保税物流中心与境外之间的进出货物报关

物流中心与境外之间进出的货物,应当在物流中心主管海关办理相关手续。物流中心与口岸不在同一主管海关的,经主管海关批准,可以在口岸海关办理相关手续。

物流中心与境外之间进出的货物,不实行进出口配额、许可证件管理。

从境外进入物流中心内的货物,凡属于规定存放范围内的货物予以保税;属于物流中心企业进口自用的办公用品、交通运输工具、生活消费品等,以及物流中心开展综合物流服务所需进口的机器、装卸设备、管理设备等,按照进口货物的有关规定和税收政策办理相关手续。

2. 保税物流中心与境内之间的进出货物报关

物流中心与境内之间的进出货物报关按下列规定办理:

(1)物流中心的货物从中心进入关境内的其他地区,视同进口,按照货物进入境内的实际流向和实际状态填制进口货物报关单,办理进口报关手续;属于许可证件管理的商品,企业还应当向海关出具有效的许可证件。

(2)货物从境内进入物流中心,视同出口,办理出口报关手续。如需缴纳出口关税的,应当按照规定纳税;属于许可证件管理的商品,还应当向海关出具有效的出口许可证件。

(3) 从境内运入物流中心已办结报关手续的货物或者从境内运入保税物流中心供中心内企业自用的国产机器设备、装卸设备、管理设备、检测检验设备等以及转关出口货物（起运地海关在已收到物流中心主管海关确认转关货物进入物流中心的转关回执后），可按规定办理出口退税。

五、保税物流园区货物的报关

（一）保税物流园区

保税物流园区是经国务院批准，在保税区规划面积内或者毗邻保税区的特定港区内设立的、专门发展现代国际物流的海关特殊监管区域。

保税物流园区的主要功能是保税物流，可以开展保税物流业务，主要包括，存储进出口货物及其他未办结海关手续的货物；对所存货物开展流通性简单加工和增值服务；进出口贸易，包括转口贸易；国际采购、分配和配送；国际中转；商品展示等。

海关对园区企业实行电子账册监管制度和计算机联网管理制度。

园区货物不设存储期限。但园区企业自开展业务之日起，应当每年向园区主管海关办理报核手续。园区主管海关应当自受理报核申请之日起 30 天内予以核库。企业有关账册、原始数据应当自核库结束之日起至少保留 3 年。

（二）办理保税物流园区货物的报关

1. 保税物流园区与境外之间进、出货物

海关对园区与境外之间进出货物，实行备案制管理，适用进出境备案清单。

园区与境外之间进出货物应当向园区主管海关申报。园区货物的进出境口岸不在园区主管海关管辖区域的，经主管海关批准，可以在口岸海关办理申报手续。

（1）境外运入园区。

境外货物到港后，园区企业及其代理人可以先提交舱单将货物直接运到园区，再提交进境货物备案清单向园区主管海关办理申报手续。除法律、行政法规另有规定外，境外运入园区的货物不实行许可证件管理。

（2）园区运往境外。

从园区运往境外的货物，除法律、行政法规另有规定外，免征出口关税，不实行许可证件管理。进境货物未经流通性简单加工，需原状退运出境的，园区企业可以向园区主管海关申请办理退运手续。

2. 保税物流园区与境内区外之间进出货物

园区与区外之间进出的货物，由区内企业或者区外的收发货人或其代理人在园区主管海关办理申报手续。

（1）园区货物运往区外。

园区货物运往区外，视同进口。园区企业或者区外收货人或其代理人按照进口货物的有关规定向园区主管海关申报，海关按照货物出园区时的实际监管方式办理相关手续：

①进入国内市场的，按一般进口货物报关，提供相关的许可证件，照章缴纳进口关税、进口环节的增值税、消费税，不交缓税利息。

②用于加工贸易的，按保税加工货物报关，提供加工贸易手册，继续保税。

③用于可以享受特定减免税的特定企业、特定地区或有特定用途的，按特定减免税货物报关，提供"进出口货物征免税证明"和相应的许可证件，免缴进口关税、进口环节的增值税。

（2）区外货物运入园区。

区外货物运入园区，视同出口，由区内企业或者区外的发货人或其代理人向园区主管海关办理出口申报手续。属于应当缴纳出口关税的商品，应当照章缴纳；属于许可证件管理的商品，应当同时向海关出具有效的许可证件。

3. 保税物流园区与其他特殊监管区域、保税监管场所之间往来货物

海关对于园区与海关其他特殊监管区域或者保税监管场所之间往来的货物，继续实行保税监管。

六、保税区货物的报关

（一）保税区

保税区是指经国务院批准在中华人民共和国境内设立的由海关进行监管的特定区域。保税区具有出口加工、转口贸易、商品展示、仓储运输等功能，也就是说既有保税加工的功能，又有保税物流的功能。

（二）保税区海关监管管理

1. 物流管理

海关对进出保税区的货物、物品、运输工具、人员及区内有关场所，有权依照《海关法》的规定进行检查、查验。

从非保税区进入保税区的货物，按照出口货物办理手续。企业在办结海关手续后，可办理结汇、外汇核销、加工贸易核销等手续。出口退税必须在货物实际报关离境后才能办理。

保税区内的转口货物可以在区内仓库或者区内其他场所进行分级、挑选、印刷运输标志、改换包装等简单加工。

2. 加工贸易管理

保税区企业开展加工贸易，除进口易制毒化学品、监控化学品、消耗臭氧层物质要提供进口许可证件，生产激光光盘要主管部门批准外，其他加工贸易料件进口免予交验许可证件。

（三）办理保税区货物的报关

保税区货物报关分进出境报关和进出区报关。

1. 进出境报关

保税区与境外之间进出境货物,属自用的,采取报关制,填写进出口货物报关单;属非自用的,包括加工出口、转口、仓储和展示,采取备案制,填写进出境货物备案清单。

保税区与境外之间进出的货物,除易制毒化学品、监控化学品、消耗臭氧层物质等国家规定的特殊货物外,不实行进出口许可证件管理,免予交验许可证件。为保税加工、保税仓储、转口贸易、展示而从境外进入保税区的货物可以保税。

从境外进入保税区的以下货物可以免税:

(1) 区内生产性的基础设施建设项目所需的机器、设备和其他基建物资。

(2) 区内企业自用的生产、管理设备和自用合理数量的办公用品及其所需的维修零配件,生产用燃料,建设生产厂房、仓储设施所需的物资、设备、交通车辆和生活用品除外。

(3) 保税区行政管理机构自用合理数量的管理设备和办公用品及其所需的维修零配件。免税进入保税区的进口货物,海关按照特定减免税货物进行监管。

2. 进出区报关

(1) 保税加工货物进出区。

进区报出口,需使用电子账册、电子化手册报关,填写出口货物报关单,提供有关的许可证件。出口应当征收出口关税商品的,须缴纳出口关税。

(2) 进出区外发加工。

保税区企业货物外发到区外加工,或区外企业货物外发到保税区加工,需经主管海关核准。

进区提交外发加工合同向保税区海关备案,加工出区后核销,不填写进出口货物报关单,不缴纳税费。

出区外发加工的,须由区外加工贸易经营企业在加工企业所在地海关办理加工贸易备案手续,建立电子账册或电子化手册。

(3) 设备进出区。

设备进出区均需向保税区海关备案,设备进区不填写报关单,不缴纳出口税。

七、保税港区货物的报关

(一) 保税港区

保税港区是指经国务院批准,设立在国家对外开放的口岸港区和与之相连的特定区域内,具有口岸、物流、加工等功能的海关特殊监管区域。

保税港区具备保税加工、保税物流功能,可以开展的业务范围:存储进出口货物和其他未办结海关手续的货物;对外贸易,包括国际转口贸易;国际采购、分销和配送；国际中转；检测和售后服务维修；商品展示；研发、加工、制造；港口作业；经海关批准的其他业务。

（二）保税港区海关监管

保税港区实行封闭式管理。保税港区享受保税区、出口加工区相关的税收和外汇管理政策。

1. 物流管理

海关对进出保税港区的运输工具、货物、物品以及保税港区内企业、场所进行监管。保税港区内货物可以自由流转。区内企业转让、转移货物的，双方企业应当及时向海关报送转让、转移货物的品名、数量、金额等电子数据信息。

保税港区货物不设存储期限。但存储期限超过2年的，区内企业应当每年向海关备案。

2. 加工贸易管理

区内企业不实行加工贸易银行保证金台账和合同核销制度，海关对保税港区内加工贸易货物不实行单耗标准管理。区内企业应当自开展业务之日起，定期向海关报送货物的进区、出区和储存情况。

3. 办理保税港区货物的报关

（1）保税港区与境外之间。

保税港区与境外之间进出的货物应当在保税港区主管海关办理海关手续；进出境口岸不在保税港区主管海关辖区内的，经保税港区主管海关批准，可以在口岸海关办理海关手续。

海关对保税港区与境外之间进出的货物实行备案制管理，对从境外进入保税港区的货物予以保税。货物的收发货人或者代理人应当如实填写进出境货物备案清单，向海关备案。

保税港区与境外之间进出的货物，除法律、行政法规和规章另有规定的外，不实行进出口配额、许可证件管理。

（2）保税港区与区外非特殊监管区域或场所之间。

保税港区与区外之间进出的货物，区内企业或者区外收发货人按照进出口货物的有关规定向保税港区主管海关办理申报手续。需要征税的，区内企业或者区外收发货人按照货物进出区时的实际状态缴纳税款；属于配额、许可证件管理商品的，区内企业或者区外收货人还应当向海关出具配额、许可证件。

①出区。

a. 一般贸易货物出区。一般贸易货物出区直接进入生产或消费领域流通的按一般进口货物的报关程序办理海关手续。

b. 加工贸易货物出区。区内企业生产的加工贸易成品以及在加工生产过程中产生的残次品、副产品出区内销的,按进口货物办理进口手续,海关按内销时的实际状态征税。属于进口配额、许可证件管理的,企业应当向海关出具进口配额、许可证件等。

②进区。

区外货物进入保税港区的,按照货物出口的有关规定办理缴税手续,可按规定办理出口退税。

【工作任务示范1】

广州旭飞进出口公司将一批出口的羽绒服存放在广州某出口监管仓库,由于特殊原因,外方毁约,后结转给广州某公司在国内销售。

任务预期成果:

办理该批羽绒服结转给广州某公司报关手续。

任务成果分析:

首先,到出口监管仓库的主管海关办理转为进口的审批手续,其次,海关批准之后,由广州某公司按一般进口货物办理进口报关手续。

【工作任务示范2】

内地公司或工厂需要进口一批机器设备,但货柜到港后因单证问题不能及时申报,将产生大量滞港费用。

任务预期成果:

分析减少或避免产生大量滞港费用的措施。

任务成果分析:

可以存放在保税区或物流园区的保税仓库或堆场。

这样做的效果:节约大量滞港费用,操作简化。

【工作任务示范3】

某公司是一家大型外贸企业,为东南亚多个国家的企业供应货物,其在国内有遍布各地的数十家原材料供应商,另外还有十几家海外供应商。该公司把货物委托给福汉兴物流公司。

任务预期成果:

分析该公司组织货物配送的方法。

任务成果分析:

该公司委托福汉兴物流公司负责该公司的货物存储、报关等业务,利用福汉兴物流公司在福保或盐田物流园保税仓库作为东南亚地区的配送中心。每天由福汉兴车队将各地供应商的货物转关或直接出口交货至福汉兴保税仓库存放,而海外供应商的货品则直接转入。所有的货品在这里根据全球各地工厂的需要整理、重新包装后,装上集装箱交香港码头或深圳港上船送达全球各地。

这样做的效果：该公司可以很好地控制配送流程，满足客户配送需求，并且可以降低物流成本。

【项目小结】

目前，我国保税货物在进出口贸易中所占比重比较大，是海关监管的主要贸易方式之一，本项目主要介绍了保税货物类别、监管和报关程序，知识结构如图 2 – 16 所示。

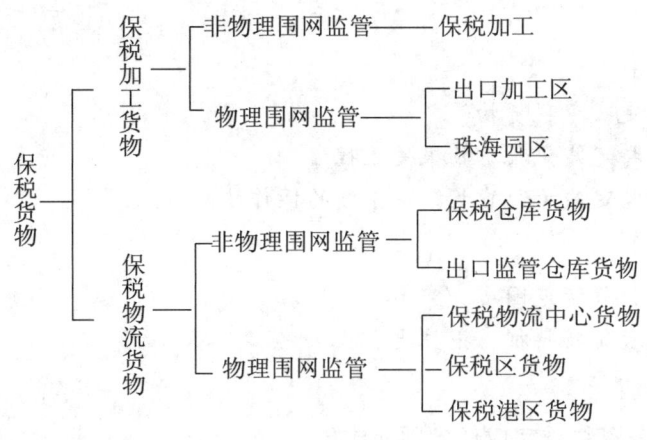

图 2 – 16 本项目的知识结构

【拓展提高】

东莞甲公司（一般信用企业）从境外购进橡胶限制类商品，委托江门乙公司（高级认证企业）加工两种规格的橡胶零件后出口。A 规格橡胶零件中，橡胶的进号为 0.5 千克/个，损耗率为 10%，共生产 A 割橡胶零件 30 000 个，B 规格橡胶零件中，橡胶的总用量为 5 000 千克，生产过程中产生了 500 千克的边角料，生产完毕后，企业向海关申请内销边角料。根据以上案例回答下列问题：

1. 该案例中的进口橡胶属于（　　　）。

   A. 一般进口货物　　　　　　　　　　B. 保税加工货物

   C. 特定减免税货物　　　　　　　　　D. 暂准进境货物

2. 从境外进口橡胶共（　　　）千克。

   A. 20 000　　　B. 20 500　　　C. 21 667　　　D. 22 167

3. 向海关申请内销边角料过程中（　　　）。

   A. 无须商务主管部门审批　　　　　　B. 不征收缓税利息

   C. 按单耗关系折算成原料计征税款　　D. 按报验状态归类

项目三　减免税货物报关

【工作任务】

深圳斯特显示技术有限公司因生产技术改造需进口一套设备（一般机电产品，属于法检目录和自动进口许可目录范围）被批准立项。该企业委托深圳思成外贸公司对外签约及办理通关手续。作为思成外贸公司的报关员，为了使这项技术改造顺利完成，应当做些什么工作？

【技能目标】

- 能判别特定减免税货物
- 能够设计特定减免税货物报关流程
- 具备办理特定减免税货物报关手续的操作技能

【知识目标】

- 特点减免税货物范围
- 特定减免税货物特征、报关要点

【任务预期成果】

根据工作任务资料，完成任务预期成果：
（1）分析该套设备海关监管货物类别，写出适用的报关流程。
（2）办理技术改造设备前期阶段的备案。
（3）阐述报关员办理设备进口报关时，提交的单证。
（4）阐述该批设备在报关后提离海关监管场所后管理要求。

【知识链接】

一、关税减免

关税减免是减征关税和免征关税的合称，又称为关税优惠。根据我国《海关法》规定，关税减免分为三大类，即法定减免税、特定减免税和临时减免税。实际上，特定减免税和临时减免税都属于政策性减免税范围，两者并无明显的区别。

政策性减免税，是指根据国家政治、经济政策的需要，经商务部批准对特定地区、特定企业或者有特定用途的进出口货物给予减免进出口税收的优惠政策，包括基于特定目的实行的临时减免税政策。

一般来说，政策性减免税进口货物有以下几个特点：纳税义务人必须在货物进出口前办理减免税审批手续；政策性减免税货物放行后，在其监管年限内应当接受海关监管，未经海关核准并交纳关税，不得移作他用；可以在两个享受同等税收优惠待遇的单位之间转让并无须补税。自 2009 年 1 月 1 日起,国家实施增值税转型改革后,大部分进口减免税货物恢复征收进口增值税,只免征进口关税。

1. 法定减免税

法定减免税,一般是指《海关法》《进出口关税条例》,以及其他法律、法规所实施的减免税,大多与国际通行规则相一致,除外国政府、国际组织无偿赠送的物资外,其他法定减免税货物一般无须办理减免税审批手续,海关对法定减免税货物一般不进行后续管理。法定减免税的范围如表 2-22 所示:

表 2-22 法定减免税的范围

①关税税额在人民币 50 元以下的一票货物
②无商业价值的广告品和货样
③外国政府、国际组织无偿赠送的物资
④海关放行前损坏或者损失的货物
⑤进出境运输工具装载的途中必需的燃料、物料和饮食用品
⑥我国缔结或者参加的国际条约规定的减免货物和物品
⑦法律规定减征、免征关税的其他货物、物品

2. 特定减免税

特定减免税是政策性减免税,是根据国家政治、经济政策的需要,对特定地区、特定用途、特定企业给予的政策性减免税,需要进行后续管理。减免税范围和办法由国务院规定,海关根据国务院的规定单独或会同国务院其他主管部门制定具体实施办法并加以贯彻执行。

申请特定减免税的企业或单位,应在货物进口前向主管海关提出申请,海关审理后,核发减免税证明。凭海关签发的减免税证明及有关报关单证向进口地海关办理减免税货物进口报关手续。受惠单位或企业已经向海关申请办理减免税审批手续,在主管海关按规定受理期间(包括经批准延长的期限)货物到达进口口岸的,受惠单位或企业可以向主管海关申请担保放行。货物征税放行后,进口单位申请补办减免税审批手续的,海关不再受理,已征税款不予退还。特定减免税货物范围见表 2-23。

表 2-23 特定减免税货物范围

外商投资项目在投资额度内进口自用设备	①属于《外商投资产业指导目录》中鼓励类或《中西部地区外商投资优势产业目录》的产业条目中的项目 ②在投资额度内进口自用设备,除《外商投资项目不予免税的进口商品目录》《进口不予免税的重大技术装备和产品目录》所列商品外,可以免征关税,但增值税照章征收

续上表

外商投资企业自有资金项目	①属于国家鼓励发展产业的外商投资企业（外国投资者的投资比例不低于25%） ②外商研发中心、先进技术型、产品出口型的外商投资企业，在企业投资额以外的自有资金（指企业储备基金、发展基金、折旧、税后利润）内，对原有设备更新（不包括成套设备和生产线）和维修进口国内不能生产或性能不能满足需要的设备，以及与上述设备配套的技术、配件、备件，除《国内投资项目不予免税的进口商品目录》所列商品外，可以免征关税，但增值税照章征收
国内投资项目进口自用设备	①属国家重点鼓励发展产业的国内投资项目，在投资额内进口的自用设备，除《国内投资项目不予免税的进口商品目录》所列商品外，可以免征进口关税和进口环节增值税 ②按照合同随设备进口的技术及配套件、备件，免征关税，但增值税照章征收
贷款项目进口物资	①外国政府贷款和国际金融组织贷款项目进口的自用设备，以及按照合同随设备进口的技术及配套件、备件，除《外商投资项目不予免税的进口商品目录》所列商品外，可以免征进口关税 ②经确认按有关规定增值税进行税额无法抵扣的，同时免征增值税
贷款中标项目进口零部件	国内中标单位为生产中标机电设备而进口国内不能生产或性能不能满足需要的零部件免征进口关税，照章征收增值税和消费税
重大技术装备	自2009年7月1日起，国内企业生产国家支持发展的重大技术装备和产品进口规定范围的关键零部件、原材料商品，除《进口不予免税的重大技术装备和产品目录》所列商品外，免征关税和增值税
特定区域物资	保税物流园区、出口加工区等特定区域进口生产性基础设施、企业生产管理设备和自用合理数量的物质设备、行政管理机构自用合理数量的设备等，可以免税
科教用品	合理数量范围内进口国内不能生产或性能不能满足需要的科学研究和教学用品，免征关税、进口环节增值税、消费税
科技开发用品	合理数量范围内进口国内不能生产或性能不能满足需要的科技开发用品，免征关税、进口环节增值税、消费税
无偿援助项目进口物资	外国政府、国际组织无偿赠送及我国履行国际条约规定进口物质

续上表

残疾人专用品	免征关税、进口环节增值税、消费税
远洋渔业项目进口自捕水产品	免征关税、进口环节增值税
远洋船舶及设备部件项目	实施进口税收优惠政策
集成电路项目	免征关税,但要征收进口环节增值税
海上石油、陆上石油项目	免征关税、进口环节增值税
贷款中标项目进口零部件	免征关税,但要征收增值税和消费税
救灾捐赠物资	免征关税、进口环节增值税、消费税
扶贫慈善捐赠物资	免征关税、进口环节增值税

3. 临时减免税

临时减免税是指法定减免税和特定减免税以外的其他减免税,是由国务院根据某个单位、某类商品、某个时期或某批货物的特殊情况,按规定给予特别的临时性的减免税优惠。临时减免税一般是"一案一批"。海关一般不需进行后续管理。如汶川地震灾后重建进口物质。为支持和帮助汶川地震受灾地区积极开展生产自救,重建家园,自 2008 年 7 月 1 日起,对受灾地区企业、单位,或支援受灾地区重建的企业、单位,进口国内不能满足供应并直接用于灾后重建的大宗物资、设备等,3 年内免征进口关税和进口环节增值税。

二、减免税货物管理

除海关总署另有规定外,在海关监管年限内减免税申请人应当按照海关规定保管、使用进口减免税货物,并依法接受海关监管。进口减免税监管年限见表 2-24。

表 2-24 特定减免税货物海关监管期限一览表

货物类别	船舶、飞机	机动车辆	其他货物
海关监管期限	8 年	6 年	5 年

监管年限自货物进口放行之日起计算。

减免税申请人可以自行向海关申请办理减免税备案、审批、税款担保和后续管理业务等相关手续,也可以委托他人办理前述手续。

进口货物减免税申请人,是指根据有关进口税收优惠政策和有关法律法规的规定,可以享受进口税收优惠,并依法向海关申请办理减免税相关手续的具有独立法人资格的企事业单位、社会团体、国家机关;符合规定的非法人分支机构;经海关总署审查确认的其他组织。

已经在海关办理注册登记并取得报关注册登记证书的报关企业或者进出口货物收发货人可以接受减免税申请人委托,代为办理减免税相关事宜。

有下列情形之一的,减免税申请人可以向海关申请凭税款担保先予办理货物放行手续:

(1) 主管海关按照规定已经受理减免税备案或者审批申请,尚未办理完毕的;

(2) 有关进口税收优惠政策已经国务院批准,具体实施措施尚未明确,海关总署已确认减免税申请人属于享受该政策范围的;

(3) 其他经海关总署核准的情况。

国家对进出口货物有限制性规定,应当提供许可证件而不能提供的,以及法律、行政法规规定不得担保的其他情形,不得办理减免税货物凭税款担保放行手续。

减免税申请人需要办理税款担保手续的,应当在货物申报进口前向主管海关提出申请,主管海关准予担保的,出具"中华人民共和国海关准予办理减免税货物税款担保证明",进口地海关凭主管海关出具的准予担保证明,办理货物的税款担保和验放手续。税款担保期限不超过6个月,经直属海关关长或其授权人批准可以予以延期,延期时间自税款担保期限届满之日起算,延长期限不超过6个月。特殊情况仍需要延期的,应当经海关总署批准。海关按规定延长减免税备案、审批手续办理时限的,减免税货物税款担保时限可以相应延长,主管海关应当及时通知减免税申请人向海关申请办理减免税货物税款担保延期的手续。

在海关监管年限内,减免税申请人应当自进口减免税货物放行之日起,在每年的第一季度向主管海关递交减免税货物使用情况报告书,报告减免税货物使用状况。在海关监管年限及其后3年内,海关按照《海关法》和《稽查条例》有关规定对减免税申请人进口和使用减免税货物情况实施稽查。

在海关监管期限内,减免税申请人将进口减免税货物转让给进口同一货物享受同等减免税优惠待遇的其他单位的,不予恢复减免税货物转出申请人的减免税额度,减免税货物转入申请人的减免税额度按照海关审定的货物结转时的价格、数量或者应缴税款予以扣减。减免税货物因品质或者规格原因原状退运出境,减免税申请人以无代价抵偿方式进口同一类型货物的,不予恢复其减免税额度;未以无代价抵偿方式进口同一类型货物的,减免税申请人在原减免税货物退运出境之日起3个月内向海关提出申请，经海关批准，可以恢复其减免税额度。对于其他提前解除监管的情形，不予恢复减免税额度。

三、减免税货物报关程序

减免税货物报关程序包括减免税备案和审批、进口报关、减免税货物后续监管三个阶段，如图 2-17 所示。

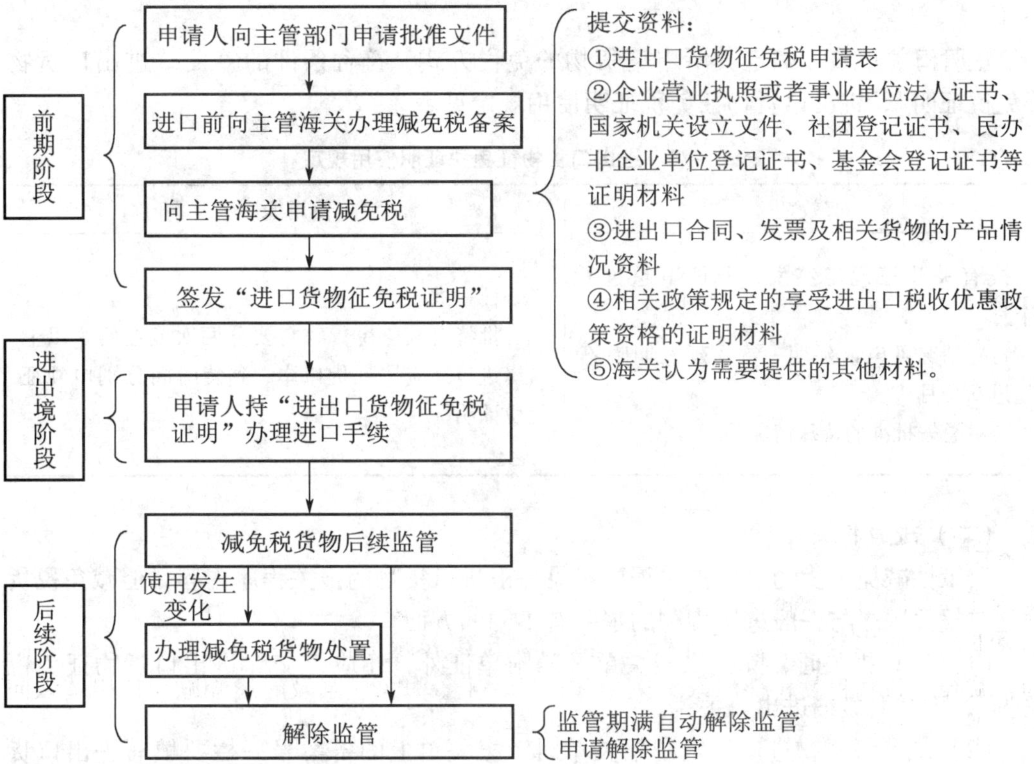

图 2-17　特定减免税货物报关流程

（一）货物备案审批

减免税申请手续包括减免税备案和减免税证明申领两个环节。

1. 减免税备案

享受减免税的单位或个人在货物进口前，按照有关进出口税收优惠政策的规定申请减免税，持主管部门签发的文件向主管海关办理减免税备案手续（备案海关见表 2-25），海关对申请享受减免税优惠政策的减免税申请人进行资格确认，对项目是否符合减免税政策要求进行审核。

表 2-25 减免税申请备案海关

情景	投资项目涉及一个海关	投资项目涉及多个海关
备案海关	项目所在海关	其所在地海关或者有关海关的共同上级海关

2. 减免税审批

减免税备案后，货物进口之前，减免税申请人持相关单证申领减免税证明，见图 2-17。

主管海关审核，确定其所申请货物的免税方式，符合条件的签发"进出口货物征免税证明"，进出口货物征免税证明使用规定见表 2-26。

表 2-26 进出口货物征免税证明使用规定

有效期	使用原则
按有关政策规定签发，最长不超过 6 个月 特殊情况可申请延期一次，延长期限不超过 6 个月 海关总署批准的特殊情况外	一证一批 一批特定减免税货物需要分两次或在两个以上口岸进口，应按到货口岸、到货时间分别申领征免税证明

（二）进口报关

政策性减免税货物进口报关程序参见一般进口货物的报关程序内容，但减免税货物进口报关程序与一般进口货物的报关有不同的方面。

（1）进口报关时，除提供报关单及随附单证外，还应提交"进出口货物征免税证明"，不需要缴纳进出口关税。

（2）减免税货物进口，填制报关单时，报关单上的备案号一栏要填写进出口货物征免税证明的 12 位编号。

（三）减免税货物处置和解除监管

特定减免税货物在海关监管年限内，应根据海关的要求，在进口减免税货物放行之日起，每年的第一季度向主管海关递交减免税货物使用状况报告书。当减免税申请人因各种原因需要改变当初的使用用途，如移作他用、转让、出售、企业合并或破产等必须办理相关处置手续，才能改变当初的使用用途。特定减免税货物满了海关监管年限或者经过后续处理，自动解除监管或申请解除监管。

1. 减免税货物处置

减免税货物处置包括以下情况：

(1)变更使用地点。

在海关监管年限内,减免税货物应当在主管海关核准的地点使用。需要变更使用地点的,减免税申请人应当向主管海关提出申请,说明理由,经海关批准后方可变更使用地点。减免税货物需要移出主管海关管辖地使用的,需向主管海关申请办理异地监管手续,转入地海关确认减免税货物情况后进行异地监管。

减免税货物在异地使用结束后,应当及时向转入地海关申请办结异地监管手续,经转入地海关审核同意并通知主管海关后,减免税申请人应当将减免税货物运往主管海关管辖地。

(2)结转。

在海关监管年限内,减免税申请人将进口减免税货物转让给进口同一货物享受同等减免税优惠待遇的其他单位的,应当按照规定办理减免税货物结转手续。

结转减免税货物的监管年限应当连续计算,转入地主管海关在剩余监管年限内对结转减免税货物继续实施后续监管。

(3)转让。

在海关监管年限内,减免税申请人将进口减免税货物转让给不享受进口税收优惠政策或者进口同一货物不享受同等减免税优惠待遇的其他单位的,应当事先申请办理减免税货物补缴税款和解除监管手续。

(4)移作他用。

在海关监管年限内,减免税申请人需要将减免税货物移作他用的,应当事先向主管海关提出申请。经海关批准,减免税申请人可以按照海关批准的使用地区、用途、企业将减免税货物移作他用。减免税申请人应当按照移作他用的时间补缴相应税款;移作他用时间不能确定的,应当提交相应的税款担保,税款担保不得低于剩余监管年限应补缴税款总额。

(5)变更、终止。

在海关监管年限内,减免税申请人发生分立、合并、股东变更、改制等变更情形的,权利义务承受人应当自营业执照颁发之日起30日内,向原减免税申请人的主管海关报告主体变更情况及原减免税申请人进口减免税货物的情况。

经海关审核,需要补征税款的,承受人应当向原减免税申请人主管海关办理补税手续;可以继续享受减免税待遇的,承受人应当按照规定申请办理减免税备案变更或者减免税货物结转手续。

在海关监管年限内,因破产、改制或者其他情形导致减免税申请人终止,没有承受人的,原减免税申请人或者其他依法应当承担关税及进口环节海关代征税缴纳义务的主体应当自资产清算之日起30日内向主管海关申请办理减免税货物的补缴税款和解除监管手续。

（6）退运、出口。

在海关监管年限内，减免税申请人要求将进口减免税货物退运出境或者出口的，应当报主管海关核准。

减免税货物退运出境或者出口后，减免税申请人应当持出口货物报关单向主管海关办理原进口减免税货物的解除监管手续。

减免税货物退运出境或者出口的，海关不再对退运出境或者出口的减免税货物补征相关税款。

（7）贷款抵押。

在海关监管年限内，减免税申请人要求以减免税货物向金融机构办理贷款抵押的，应当由主管海关提出书面申请。经审核符合有关规定的，主管海关可以批准其办理贷款抵押手续。

减免说申请人不得以减免税货物向金融机构以外的公民、法人或者其他组织、办理贷款抵押。

减免税申请人以减免税货物向境内及境外金融机构办理贷款抵押的，应当向海关提供担保。

2. 解除监管

（1）自动解除监管。

减免税货物海关监管期届满时，减免税申请人不必向海关申请领取"中华人民共和国海关进口减免税货物解除监督证明"，自动解除监管，货物可以自行处置。

（2）申请解除监管。

①期满申请解除监管。

减免税货物期满，减免税货物申请人需要"减免税进口货物解除监管证明"的，自监管年限届满之日起 1 年内，持有关单证向海关申领。海关审核同意后，出具"中华人民共和国海关进口减免税货物解除监管证明"。

②监管期内申请解除监管。

特定减免税货物监管期内，减免税申请人书面申请提取解除监管的，向主管海关申请办理补缴税费和解除监管手续。按照国家规定在进口时免予提供许可证的进口减免税货物，减免税货物申请人还应当补交有关许可证件。

【工作任务示范】

广州市红十字会一直属单位进口一批外国赠予的残疾人专用仪器（属于自动进口许可证管理目录，法检目录范围），委托广州捷成报关公司报关，报关公司派李明和另外一名报关员小陈一起指导和办理该批货物的报关。

任务预期成果:

(1) 分析货物属于海关监管货物类别。写出适用的报关流程。

(2) 办理该批残疾人专用设备进口报关前手续。

(3) 2016年9月2日,载运该货物的运输工具抵达黄埔港,分析办理该批设备报关进口步骤。准备办理进口报关手续时提交的单证。

(4) 该批设备在报关后提离海关监管场所后应该如何使用

任务成果分析:

(1) 该货物属于特定减免税货物,原因:属于残疾人用品,国家给予相应的进口税费优惠。

特定减免税货物的报关流程:前期阶段减免税申请→货物进口报关→后续阶段申请解除监管。

(2) 该批残疾人专业设备在办理进口报关前应该办理如下事项:

①减免税申请。持民政部门或中国残疾人联合会的批准文件,向海关总署提出申请,广州市红十字会一直属单位所在地主管海关接到海关总署审批通知后,签发《进出口货物征免证明》交该单位。

②通过商品编码查找该货物的海关监管证件,申请自动进口许可证。

③办理货物的报检,拿到入境货物通关单。

(3) 进口报关:

①2016年9月3日至16日向黄埔海关电子申报,否则构成滞报。

②收到海关回复的"接收申报",进入下一个环节。报关时提交的单证包括:进出口货物征免证明、入境货物通关单、自动进口许可证、发票、提单等。

③陪同查验。

④支付进口设备 CIF 价的监管手续费。

⑤取得海关签放行章的提货单。

⑥凭提货单到口岸提货。

(4) 5年内由该申请单位在申请减免税的范围使用并接受海关监管,如果移作他用则要办理相关手续。

进出口报关实务

项目四　暂时进出境货物报关

工作任务1　ATA 单证册项下暂时进出境货物报关流程

【工作任务】

2012 年北京举办国际汽车展览会，德国大众公司参展产品有最新款汽车、概念车模型，另准备了供展览宣传用的光盘、广告和免费分送给观众的纪念品钥匙串等，展览品及其他相关用品从天津新港海关进境后转关运至北京。

作为报关员应该如何办理德国大众公司展览品的报关。

【技能目标】

- 能够判断暂时进出境货物并选择适合的报关流程
- 能够使用 ATA 单证册办理暂准进出境货物报关

【知识目标】

- 暂时进出境货物判别、特征
- 采用 ATA 单证册报关的暂时进出境货物范围
- 采用 ATA 单证册报关的暂时进出境货物报关流程

【任务预期成果】

（1）判断德国大众公司参加北京举办的国际汽车展览会的货物海关监管货物类别。

（2）分析该批货物使用 ATA 单证册报关流程，说明该批货物的监管期限。

（3）在展览完毕后，该公司将一台展览用汽车卖给了境内的一家公司。

（4）分析该台汽车应办理的报关手续。

【知识链接】

一、暂时进出境货物

随着国际经济贸易的不断增长，各国之间贸易、技术、文化、科学等方面的往来日益频繁，人们为了各种目的需暂时携运某种货物、样品、展品、器材等进入他国，活动结束后必须从进境国再次复运出境。对这一类暂时进出境货物提供通关上的便利，可以有效促进国际经济、技术、科学、文化活动的开展，也是海关监管的工作重点之一。

（一）暂时进出境货物含义

暂时进出境货物是暂时进境货物和暂时出境货物的合称。暂时进境货物是指为了特定的目的，经海关批准暂时进境，按规定的期限原状复运出境的货物。暂时出境货物是指为了特定的目的，经海关批准暂时出境，按规定的期限原状复运进境的货物。

（二）暂时进出境货物的范围

暂时进出境货物分为两大类：

第一类是指经海关批准暂时进境，在进境时纳税义务人向海关缴纳相当于应纳税款的保证金或者提供其他担保可以暂不缴纳税款，并按规定的期限复运出境的货物和经海关批准暂时出境，在出境时纳税义务人向海关缴纳相当于应纳税款的保证金或者提供其他担保可以暂不缴纳税款，并按规定的期限复运进境的货物。

第二类是指第一类以外的暂时进出境货物。第二类暂时进出境货物应当按照该货物的完税价格和其在境内、境外滞留时间与折旧时间的比例计算按月缴纳进、出口税。

第一类暂时进出境货物的范围：

（1）在展览会、交易会、会议及类似活动中展示或者使用货物。

（2）文化、体育交流活动中使用的表演、比赛用品。

（3）新闻报道或摄制电影、电视节目使用的仪器、设备及用品。

（4）开展科研、教学、医疗活动使用的仪器、设备及用品。

（5）上述4项所列活动中使用的交通工具及特种车辆。

（6）货样。

（7）供安装、调试、检测、修理设备时使用的仪器、工具。

（8）盛装货物的容器。

（9）其他用于非商业目的的货物。

（三）暂时进出境货物海关监管特征

1. 有条件暂时免予缴纳税费

第一类暂准进出境货物向海关申报进出境时，暂时免予缴纳全部税费；但收发货人须向海关提供担保。第二类暂准进出境货物在向海关申报时，暂时免予缴纳部分税费，但收发货人须向海关提供担保。

2. 免予提交进出口许可证件

暂时进出境货物不是实际进出口货物，只要按照暂时进出境货物的有关法律、行政法规办理进出境手续，可免予交验进出口许可证件。但是，涉及公共道德、公共安全、公共卫生所实施的进出境管制制度的暂时进出境货物应当凭许可证件进出境。

3. 规定期限内按原状复运进出境

暂时进出境货物应当自进境或者出境之日起6个月内复运出境或者复运进境；经收发货人申请，海关可以根据规定延长复运出境或者复运进境的期限，最多可延期三次。

4. 按货物的实际使用情况办理结关手续

暂时进出境货物都必须在规定期限内,由货物的收发货人根据货物不同的情况向海关办理核销结关手续。

(四)暂时进出境货物的监管模式

第一类暂时进出境货物按照海关监管的方式,可分为四类监管模式:

(1) 使用 ATA 单证册报关的暂时进出境货物(使用 ATA 单证册报关的在展览会、交易会、会议及类似活动中展示或者使用的货物)。

(2) 不使用 ATA 单证册报关的展览品(不使用 ATA 单证册报关的上述第 1 项货物)。

(3) 集装箱箱体("盛装货物的容器"中暂准进出境的集装箱箱体)。

(4) 其他暂时进出境货物(除以上 3 种监管方式以外的暂时进出境货物)。

二、使用 ATA 单证册的暂时进出境货物报关

(一) ATA 单证册概述

1. ATA 单证册含义

ATA 单证册是"暂准进口单证册"的简称,是指世界海关组织通过的《货物暂准进口公约》及其附约 A 和《ATA 公约》中规定使用的,用于替代各缔约方海关暂准进出口货物报关单和税费担保的国际性通关文件。

2. ATA 单证册格式

一份 ATA 单证册一般由 8 页 ATA 单证组成:一页绿色封面单证、一页黄色出口单证、一页白色进口单证、一页白色复出口单证、两页蓝色过境单证、一页黄色复进口单证、一页绿色封底。我国海关只接受中文或者英文填写的 ATA 单证册。

3. ATA 单证册适用范围

在我国,使用 ATA 单证册的范围仅限于展览会、交易会、会议及类似活动项下的货物。除此以外的货物,我国不接受持 ATA 单证册办理进出口申报手续。

4. ATA 单证册管理

(1) 中国国际商会是我国 ATA 单证的出证和担保机构。

(2) 管理机构是海关总署在北京海关设立的 ATA 核销中心。

(3) ATA 单证册延期审批。

使用 ATA 单证册报关的货物暂准进出境期限为自货物进出境之日起 6 个月,超过 6 个月的,向海关申请延期,延期最多不超过 3 次,每次延长期限不超过 6 个月。

ATA 单证册持证人应当在规定期限届满 30 个工作日前向货物暂时进出境申请核准地海关提出延期申请,直属海关受理延期申请的,于受理申请之日起 20 个工作日内制发"中华人民共和国海关货物暂时进/出境延期申请批准决定书"(或不批准决定书)。

参展期在 24 个月以上的,在 18 个月的延长期届满后仍需要延期的,由主管地直

属海关报海关总署审批。

（4）追索。

ATA 单证册下暂时进境货物未能按规定复运出境或过境的，ATA 核销中心向中国国际商会提出追索。在 9 个月内，中国国际商会提供货物已经复运出境或者已经办理进口手续证明的，ATA 核销中心可撤销追索；在 9 个月期满后，未能提供证明的，中国国际商会向海关支付关税和罚款。

小资料：

ATA 单证册项下暂时进出境货物未按规定复运进出境，如何追索，见图 2－18 所示：

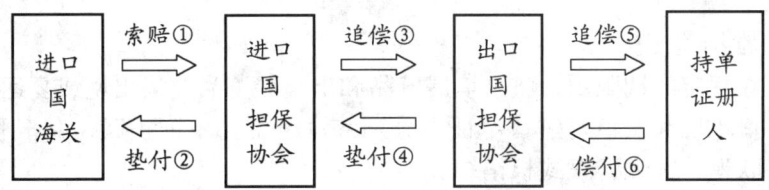

图 2－18　ATA 单证册下货物追索

（二）报关程序

1. 进出口申报

持 ATA 单证册向海关申报进出境货物，不需向海关提交进出口许可证件，也不需要另外再提供担保。

（1）暂时进境货物申报。

①进境申报。

进境货物收货人或其代理人先在海关核准的出证协会将 ATA 单证册上的内容预录进海关与商会联网的 ATA 单证册电子核销系统，然后向展览会主管海关提交纸质 ATA 单证册、提货单等单证。海关在白色进口单证上签注，并留存白色进口单证（正联），将存根联和 ATA 单证册其他各联退还给货物收货人或其代理人。

②复运出境申报。

ATA 单证册持单人应当持主管地海关签章的海关单证向复运出境海关办理手续。货物复运出境后，主管地海关凭复运出境海关签章的海关单证办理核销结案手续。

（2）暂时出境货物报关。

①出境申报。

出境货物发货人或其代理人向出境地海关提交国家主管部门的批准文件、纸质 ATA 单证册、装货单等单证。海关在绿色封面单证和黄色出口单证上签注，并留存黄色出口单证（正联），将存根联和 ATA 单证册其他各联退还给出境货物发货人或其代理人。

② 复运进境申报。

ATA 单证册持证人应当持主管地海关签章的海关单证向复运进境地海关办理手续。货物复运进境后，主管地海关凭复运进境地海关签章的海关单证办理核销结关手续。

（3）过境申报。

过境货物承运人或其代理人持 ATA 单证册向海关申报将货物通过我国转运至第三国参加展览会的，不必填制过境货物报关单。海关在两份蓝色过境单证上分别签注后，留存蓝色过境单证（正联），将存根联和 ATA 单证册其他各联退还给运输工具承运人或其代理人。

2. 结关

（1）正常结关。

持证人在规定的期限内，将进境展览品和出境展览品复运出境或复运进境，海关在白色复出口单证和黄色复进口单证上分别签注、留存单证正联，存根联随 ATA 单证册其他各联退持证人，正式核销结关。

（2）非正常结关。

ATA 单证册下暂时进境货物复运出境时，因故未经我国海关核销、签注的，可凭另一缔约国海关在 ATA 上的签注的进境证明、其他货物离境证明，或者是其他可以证明货物实际离境的文件办理核销；ATA 持证人需要向海关交纳调整费。

因不可抗力的原因受损，无法原状复运出境、进境的，海关凭相关的证明材料办理核销；因不可抗力原因灭失或者失去使用价值的，海关核实后可以视为货物已经复运出境或进境。因不可抗力以外的原因灭失或者受损的，按有关的海关规定办理。

【工作任务示范】

佛山顺德好乐佳家具有限公司是国内产销量最大的实木及板式家具生产销售企业之一，其专业生产的欧美流行原木切片时尚家具及现代环保家具，以其独特的美学和力学设计理念、融合人体工程学原理在内的专利外形及完美的细节处理倍受业界人士推崇。产品出口到马来西亚、新加坡、韩国、欧美、中东等国家和地区。该公司欲采用 ATA 单证册形式参加将于 2016 年 4 月 12—17 日举行的第 51 届意大利米兰国际家具展。

任务预期成果：

现向广州捷顺报关行咨询相关程序。请你配合李明向客户分析该批货物的报关流程。

任务成果分析：

该批货物系采用 ATA 单证册的暂准出口展览品，其报关流程如下：

第一步：申领 ATA 单证册。

（1）申请资格：

ATA 单证册的申请人是居住地或注册地在中华人民共和国境内的货物所有人或可自由处分货物的人。

(2) 受理机构：

申请人应向中国国际贸易促进委员会/中国国际商会法律事务部 ATA 处或者中国国际贸易促进委员会/中国国际商会的地方分支机构出证部门申请单证册。

(3) ATA 单证册的申办程序：

①通过中国贸促会出口 ATA 单证册在线申请系统在线申请或提交电子申请材料给 ATA 签证机构进行预审，提交资料包括申请表、申请人的身份证明文件。申请人为自然人的，提供身份证或护照复印件；申请人为企业法人的，提供法人营业执照的复印件；申请人为事业单位的，提供事业单位法人登记证书的复印件，货物总清单。网上申请材料预审 2 个工作日。

②提供担保。担保形式可以是押金、银行或保险公司保函或者中国贸促会认可的书面保证。

③缴纳 ATA 单证册申办手续费。

中国国际商会 ATA 处工作人员在收到申请人的申请信息后将进行核查，然后根据相关信息向申请人出具付款通知。申请人打印付款通知书、申报表、清单，按照付款通知上的金额及其在申请时所选择的付款方式交付申办手续费。

④领取 ATA 单证册。

经审核符合规定的，3 个工作日签发 ATA 单证册，申请人联系签证机构领取 ATA 单证。

第二步：使用 ATA 单证册进出境报关，其流程见图 2－19。

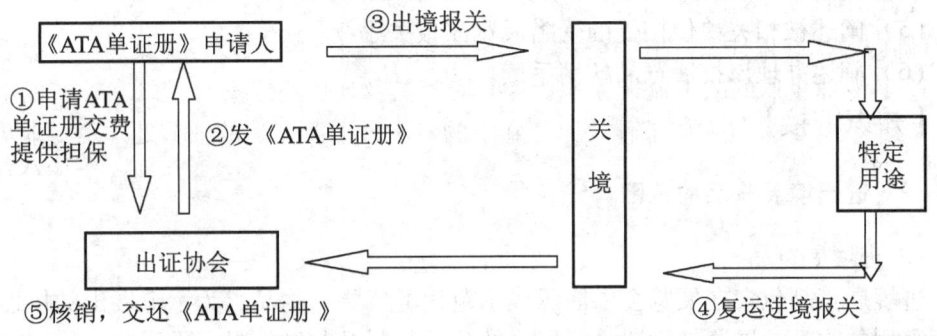

图 2－19　使用 ATA 单证册暂准出境货物报关流程

工作任务2　不使用ATA单证册报关的进出境展览品报关程序

【工作任务】

美国Lake公司于2016年4月5至4月15日参加了广州举行的国际电子产品展览会。该公司展览品和布置展台用及其他参展需要的货物，委托展会主管单位办理报关。展出期间，部分展品即被境内单位购买。展出结束后，除复运出境及已被留购的展览品以外，因修建、布置展台等进口的一次性廉价物品被展览品所有人放弃；部分展品被展览品所有人赠送给境内与其有经贸往来的单位。

【技能目标】

- 能够办理不采用ATA单证册报关的暂准进出境展览品的报关流程

【知识目标】

- 不采用ATA单证册报关的暂准进出境展览品范围
- 不采用ATA单证册报关的暂准进出境展览品报关流程

【任务预期成果】

根据工作任务2资料，完成任务预期成果：

（1）判断工作任务2中的展览品属于海关监管货物类别，并说明原因。
（2）分析办理该批展览应该使用的报关程序。
（3）阐述办理被留购的展览品报关手续。
（4）阐述办理被展览品所有人放弃的展览品手续。
（5）阐述被相关单位接受的受赠展览品报关手续。
（6）阐述办理该批展览品核销手续。

【知识链接】

一、进出境展览品的范围

1. 进境展览品

进境展览品包含在展览会中展示或示范用的货物、物品，为示范展出的机器或器具所需用的物品，展览者设置临时展台的建筑材料及装饰材料，供展览品作示范宣传用的电影片、幻灯片、录像带、录音带、说明书、广告光盘、显示器材等。

下列在合理范围内展览会期间供消耗、散发的用品（展览用品）免征进口关税和进口环节税：

（1）在展览活动中的小件样品，包括原装进口的或者在展览期间进口的散装原料制成的食品或者饮料的样品。

（2）为展出的机器或者器件进行操作示范被消耗或者损坏的物料。
（3）布置、装饰临时展台消耗的低值货物。
（4）展览期间免费向观众散发的有关宣传品。
（5）供展览会使用的档案、表格及其他文件。
上述货物、物品应当符合下列条件：
（1）由参展人免费提供并在展览期间专供免费分送给观众使用或者消费的；
（2）单价较低，做广告样品用的；
（3）不适用于商业用途，并且单位容量明显小于最小零售包装容量的；
（4）食品及饮料的样品虽未包装分发，但确实在活动中消耗掉的。
展览用品中的酒精饮料、烟草制品及燃料不适用有关免税的规定。
展览会期间出售的小卖品，属于一般进口货物范围。

2．出境展览品

国内单位赴国外举办展览会或参加外国博览会、展览会而运出的展览品，以及与展览活动有关的宣传品、布置品、招待品、其他公用物品。

与展览活动有关的小卖品、展览品，可以按展览品报关出境；不按规定期限复运进境的办理一般出口手续。

二、展览品的进出境申报

1．进境申报

（1）备案。

展览品进境20个工作日以前，办展人、参展人应将展览品的批准文件及展览品清单等，送主管地海关登记备案。

（2）进境申报。

①进境申报可以在展出地海关或非展出地海关办理，非展出地海关办理可以申请转关。

②主办单位或代理人应交齐所有必需的单证，并提供担保；展览会展出或使用的印刷品、音像制品及其他需要审查的物品，还要经过海关的审查，才能展出或使用。对我国政治、经济、文化、道德有害的以及侵犯知识产权的印刷品、音像制品，不得展出，由海关没收、退运出境或责令更改后使用。

③海关在展出地查验时，展览品所有人或代理人配合查验。

2．出境申报

（1）备案。

展览品出境20个工作日以前，办展人、参展人应将展览品的批准文件及展览品清单等，送主管地海关登记备案。

（2）出境申报。

①展览品出境申报手续应当在出境地海关办理。
②办展人、参展人应当向海关提供所有必需单证。
③展览品属于应纳出口税的，必须交保证金；核用品、核两用品及相关技术的出口管制商品，提交许可证。
④海关对展览品开箱查验，核对清单。

3. 进出境展览品的核销结关

(1) 复运进出境。

①展览品按规定期限复运进出境，展览品所有人或代理人凭海关签发的报关单证明联办理核销结关手续。

②异地复运进出境，展览品的收发货人应当持主管地海关签章的海关单证向复运进出境地海关办理手续。复运进出境后，主管地海关凭复运进出境地海关签章的单证办理核销结关手续。

③展览品未按规定期限复运进出境，经申请延期，在延长期内办理复运进出境手续。

(2) 转为正式进出口。

进境展览品在展览期间被人购买的，由展览会的主办单位或其代理人向海关办理进出口申报、纳税手续，其中属于许可证件管理的，还应当提交进出口许可证件。

(3) 展览品放弃或赠送。

①放弃：由海关依法变卖后将款项上缴国库。
②赠送：受赠人应当向海关办理进口手续，海关根据进口礼品或经贸往来赠送品的规定办理。

(4) 展览品损坏、丢失、被窃。

进出境展览品因毁坏、丢失、被窃等原因不能复运出境的，展览会主办单位或其代理人应当向海关报告。对于毁坏的展览品，海关根据毁坏程度估价征税；对于丢失或被窃的展览品，海关按照进口同类货物征收进口税。

(5) 展览品因不可抗力受损。

进出境展览品因不可抗力受损，无法原状复运进、出境的，可凭有关部门出具的证明材料向主管海关办理复运进、出境手续；因不可抗力灭失或失去使用价值的，经海关核实后可以视为该货物已经复运进、出境。

【工作任务示范】

上海市公安局邀请境外一无线电设备生产厂商到上海展览馆展出其价值100万美元的无线电设备，并委托上海某展览报关公司C办理一切手续。上海展出后又决定把其中价值40万美元的设备运到青岛展出。设备从青岛返回后，上海市公安局决定购买其中20万美元的设备。境外厂商为了感谢上海市公安局，赠送了5万美元的设备给上海市公安部门，其余设备退出境外。

任务预期成果：
根据资料请分析以下工作任务：
（1）判断该批货物属于海关监管货物的类别。
（2）分析该批无线电设备进口报关前办理的手续，阐述报关流程。
（3）办理该批设备青岛展出手续。
（4）阐述办理该批设备的留购与赠送手续。
任务成果分析：
（1）该批货物属于暂时进境货物，可以按不使用 ATA 单证册展览品报关流程报关。
（2）上海展出手续。
①进境展览由境内展出单位的上级主管部门审批。
②凭商务部或上海市人民政府的有关批件，将展品清单及其他展出资料送到上海海关展览物品主管部门虹桥办事处备案。
③物品到港后，填写进口货物报关单并录入电脑申报，电子申报。
④现场申报，向虹桥办事处提交进口货物报关单、装箱单、发票、提货单等有关单证。
⑤提供担保（缴纳与该批货物应交税款等额的保证金或提供担保函）。
⑥取得海关签章的提货单并据以提货。
⑦在布置展出时，陪同海关查验，负责搬移货物、开拆包装或重封包装。
（3）青岛展出手续。
①凭青岛展出单位上级主管部门的批件、展出清单及其他资料到青岛海关备案。
②向青岛海关提前报关转关或向上海海关申请办理直接转关的转关运输手续。
③在青岛海关办理展出手续，展览结束后再以转关运输的方式转运至上海，到虹桥办事处办理有关手续。
（4）20 万美元的留购展品。
该货物为展览品转为一般进口货物，应由展览会主办单位或代理人向海关办理进口申报，按一般进口货物报关，提交机电产品进口许可证件，以留购价格作为完税价格缴纳税费。
（5）赠送手续。
①属于经贸往来的无偿赠送的物品，要由上海市商务主管部门审批，要办理有关机电产品进口批件。
②凭上述批件办理报关手续，填写进口货物报关单并预录入，按一般贸易方式以进口 CIF 价格作为完税价格缴纳进口关税及增值税。
（6）展览品复运出境手续。
①凭原进口货物报关单向上海海关办理展品的离境出口报关手续。

②凭已办结海关手续的有关单证及担保收据向上海海关办理撤销担保手续，已缴保证金的，如数退还。

工作任务3　其他暂时进出境货物报关程序

【工作任务】

广州某高校邀请境外一学术代表团讲学，通过货运渠道从深圳文锦渡口岸运进一批讲学必需的测试设备，其中有一套先进的"卫星定位仪"。货物进口时，该高校作为收货人委托广州某报关企业在广州海关办理该批测试设备的进口手续。讲学结束时，该高校因教学需要决定将"卫星定位仪"留购，并以科教用品的名义办妥减免税手续。其余测试设备在规定的期限内原装经深圳文锦渡复运出口。

【技能目标】
- 办理暂时进出境货物的报关流程

【知识目标】
- 其他暂时进出境货物范围
- 其他暂时进出境货物报关流程

【任务预期成果】

根据工作任务3资料完成任务预期成果：

（1）分析该批讲学设备在进口时应该按何种监管性质的货物报关。写出报关流程。

（2）分析"卫星定位仪"被留购后应按照何种监管性质的货物办理报关手续。

【知识链接】

一、其他暂时进出境货物

1. 范围

可以暂不缴纳税款的暂时进出境货物的9项货物除使用ATA单证册报关的货物、不使用ATA单证册报关的展览品、集装箱箱体按各自的监管方式由海关进行监管外，其余的均按其他暂时进出境货物进行监管，均属于其他暂时进出境货物的范围。

2. 其他暂准进出境货物的暂准进出境期限

其他暂准进出境货物的暂准进出境期限，参照使用ATA单证册的暂准进出境货物期限。

二、报关程序

1. 暂准进出境申请和审批

（1）暂准进出境申请和审批属于海关行政许可事项，按照海关行政许可的程序办理，见图2-20。

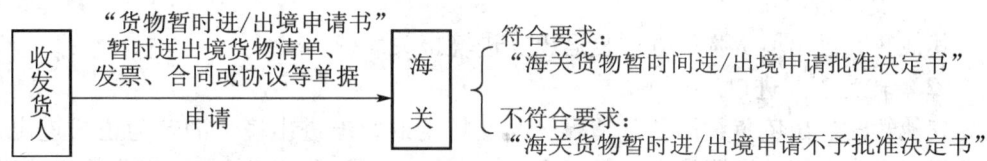

图2-20　暂准进出境申请和审批

（2）延期申请和审批。

暂准进出境货物申请延长复运出境、进境期限的，收发货人应当在规定期限届满30个工作日前向货物暂准进出境申请核准地海关提出延期申请，并提交"货物暂时进/出境延期申请书"以及相关申请材料。直属海关做出决定并制发相应的决定书。申请延长超过18个月的由海关总署做出决定。

2. 进出境申报

暂时进境货物申报为进境申报，暂时出境货物为出境申报。

（1）进境申报。

其他暂时进境货物进境时，收货人或其代理人应当向海关提交主管部门允许货物为特定目的而暂时进境的批准文件、进口货物报关单、商业及货运单据等，向海关办理暂时进境申报手续。

其他暂时进境货物不必提交进口货物许可证件，但对国家规定需要实施检验检疫的，或者为公共安全、公共卫生等实施管制措施的，仍应当提交有关的许可证件。

其他暂时进境货物在进境时，收货人或其代理人免予缴纳进口税，但必须向海关提供担保。

（2）出境申报。

其他暂时出境货物出境，发货人或其代理人应当向海关提交主管部门允许货物为特定目的而暂时出境的批准文件、出口货物报关单、货运和商业单据等，向海关办理暂时出境申报手续。

其他暂时出境货物除易制毒化学品、监控化学品、消耗臭氧层物质、有关核出口、"核两用品"及相关技术的出口管制条例管制的商品以及其他国际公约管制的商品外，不需交验许可证件。

（3）（异地）复运出境、进境申报。

异地复运出境、进境的其他暂准进出境货物，收发货人应当持主管地海关签章的海关单证向复运出境、进境地海关办理手续。货物复运出境、进境后，主管地海关凭复运出境、进境地海关签章的海关单证办理核销结案手续。

3. 核销结关

暂时进出境货物根据货物流向办理结关手续。

（1）复运进出境。

其他暂时进出境货物端办理复运出、进境报关手续。

（2）转为正式进口。

其他暂时进出境货物因特殊情况，改变特定的暂准进出境目的转为正式进出口，收发货人应当在规定期限内向海关提出申请，提交有关许可证件，办理货物正式进出口的报关纳税手续。

（3）放弃。

其他暂时进境货物在境内完成暂时进口的特定目的后，如货物所有人不准备将货物复运出境的，可以向海关声明将货物放弃，海关按放弃货物的有关规定处理。

（4）不可抗力原因受损货物。

因不可抗力受损，无法原状复运进、出境的，可凭有关部门出具的证明材料办理复运进、出境手续；因不可抗力灭失或失去使用价值的，经海关核实后可以视为该货物已经复运进、出境。

其他暂时进出境货物复运进、出境，或者转为正式进、出口，或者放弃后，收发货人向海关提交经海关签注的进出口货物报关单，或者处理放弃货物的有关单据以及其他有关单证，申请报核。海关经审核，情况正常的，退还保证金或办理其他担保销案手续，予以结关。

小资料：暂时进出境货物监管期限

使用 ATA 单证册的货物、不使用 ATA 单证册的展览品及其他暂时进出境货物的暂准进出境期限均为自货物进出境之日起 6 个月，超过 6 个月的，向海关申请延期，延期最多不超过 3 次，每次延长期限不超过 6 个月。

收发货人或代理人均应当在规定期限届满 30 个工作日前向货物暂时进出境申请核准地海关提出延期申请，直属海关受理延期申请的，于受理申请之日起 20 个工作日内制发"中华人民共和国海关货物暂时进/出境延期申请批准决定书"（或不批准决定书）。申请延长超过 18 个月的由海关总署审批决定。

【项目小结】

暂时进出境货物是指为了特定的目的，经海关批准暂时进境或出境，按规定的期限原状复运出境或进境的货物。

暂时进出境货物分为两大类：

模块二 海关监管货物报关

```
              ┌ 第一类暂时进出   ┌ 使用ATA单证册报关的展览品报关程序
              │   境货物       │ 不使用ATA单证册报关的展览品报关程序
暂时进出境 ────┤ （提供担保暂免 ─┤ 其他暂时进出境货物报关程序
  货物        │   缴纳税费）
              │
              └ 第二类暂时进出
                  境货物
                （按月缴纳税费）
```

【拓展提高】

综合题：

经批准某地举行国际商品博览会。展品及与展出活动有关的其他物品，在进境地海关办理转关手续后，由主办单位向展出地海关申报进口。展出期间，部分展品被境内单位购买。展出结束后，上述展览品，除复运出境及已被留购的以外，因修建、布置展台等进口的一次性廉价物品被展览品所有人放弃；部分展品被展览品所有人赠送给境内与其有经贸往来的单位。

根据上述案例，解答下列问题：（不定向选择）

（1）下列哪些物品可按展览品申报进境：

A. 参展商免费提供并在展出中免费散发的与展出活动有关的宣传印刷品、说明书、价目表等

B. 为配合展出，将在展览会上出售的小卖品

C. 为展出的机器或器具进行操作示范，并在示范过程中被消耗的物品

D. 展览会期间招待使用的含酒精饮料

（2）对于该批进境展览品所办理的海关手续，以下表述正确的是：

A. 可使用 ATA 单证册作为报关单据

B. 在展览品进口前，向海关提出暂时进境申请

C. 向海关提供担保

D. 小卖品应与其他展览品分单填报

（3）关于展览品和展览用品的进境许可证件管理，下列表述正确的是：

A. 因不属实际进口，免予提交进口许可证件

B. 属于国家实行许可证件管理的，应当向海关交验相关证件，办理进口手续

C. 展览品，除另有规定外，免予提交进口许可证件；展览用品，属于国家实行许可证件管理的，应当向海关交验相关证件

D. 海关派员进驻展览场所执行监管的，进境展览品免予提交进口许可证件；否则应当向海关交验相关证件

（4）下列展览用品中在海关核定的合理范围内的，免征进口关税和进口环节税的是：

145

A. 在展览活动中的小件样品，包括原装进口的或者在展览期间用进口的散装原料制成的食品或者饮料的样品

B. 为展出的机器或者器件进行操作示范被消耗或者损坏的物料

C. 布置、装饰临时展台消耗的低值货物

D. 展览用品中的酒精饮料、烟草制品及燃料

（5）在展览期间和展览结束后，展览品的各种处置，应符合下列海关规定：

A. 在展览期间，部分展品被境内单位购买的，由主办单位或其代理人向海关办理进口申报、纳税手续

B. 展览品所有人已申明放弃的一次性廉价物品，由海关变卖后将款项上缴国库；有境内单位接受的，应当向海关办理进口申报纳税手续

C. 展览品被其所有人赠送的，受赠人应当向海关办理进口手续，海关根据进口礼品或经贸往来的赠送品的规定办理

D. 展览品的各种处置如符合海关规定的，还需由主办单位向海关办理核销结关手续

模块三　报关业务专项训练

【引导案例】

2014年5月A公司以一般贸易方式从德国进口水泥添加剂（货物英文名称 ETHYLENE MATERIAL）两票。

A公司向海关申报的名称和海关商品编码为水泥添加剂和38244000。后经海关化验中心化验，该批货物成分实际为以醋酸乙烯为主要成分聚合物，归类参考意见：39052900。经查，A公司此前曾以同样方式进口水泥添加剂三票。

该公司进口的货物英文名称为 ETHYLENE MATERIAL，汉译名五花八门，有的叫乙烯胶粉，有的称为水泥添加剂，还有什么混合剂等。公司申报的名称基本符合英文名称含义，与该货物的实际用途也基本相符。这样的申报符合一个水泥行业内中等规模企业进出口部门相关人员的正常理解，企业在申报时在当时的条件下已经尽到了谨慎义务，考虑到了能够考虑到的各方面因素，企业提交海关的申报材料除报关单上的商品编码外其他均真实可靠，海关没有发现其他证实走私违规嫌疑的证据。

在这样的情况下，认定A公司此两票货物申报属于归类差错不予处罚。

> 模块预期学习成果：
> （1）熟练查找商品编码，利用商品编码工具查找货物通关信息参数。
> （2）应用海关的进出口关税核算方法，核算进出口货物的关税、进出口环节代征税。
> （3）依据海关报关单的填制要求填写报关单。
>
> 模块学习主旨：
> 进出口货物报关过程中，报关人员必须掌握商品归类技能、报关单填制、税费核算技能。
>
> 报关单是向海关报告及进出口货物情况、申请海关审核放行货物必须要的法律文件，是对进出口货物进行全面监管处理的主要依据。
>
> 商品归类是海关监管、征税、统计的基础，归类的正确与否直接影响到进出口货物的顺利通关，与报关单位的切身利益也有密切的关系。
>
> 依法征收税费是海关的重要任务之一，依法缴纳税费是有关纳税义务人的基本义务，也是报关人员必须掌握的报关技能之一。

项目一　进出口商品归类

【工作任务】
根据模块二项目一工作任务（详见附录一），查找该进口货物商品编码。

【技能目标】
- 熟练查找货物的商品编码
- 通过商品编码查找货物的通关参数

【知识目标】
- 《商品名称及编码协调制度》的基本结构与编码规律
- 进出口商品归类总规则
- 商品归类管理与预归类管理
- 《税则》结构和内容

【任务预期成果】
根据模块二项目一工作任务资料完成任务预期成果：
（1）查找货物的商品编码。
（2）通过商品编码查找货物的海关监管条件、关税税率、法定计量单位、货物申报要求。

【知识链接】

一、商品归类

依据《中华人民共和国进出口货物商品归类管理规定》第二条，商品归类是指在《商品名称及编码协调制度公约》商品分类目录体系下，以《中华人民共和国进出口税则》为基础，按照《进出口税则商品及目录注释》《中华人民共和国进出口税则本国子目注释》以及海关总署发布的关于商品归类的行政裁定、商品归类决定的要求确定进出口货物的商品编码的活动。

商品归类工作是海关开展税收征管、实施贸易管制、进出口统计和稽查走私等活动的重要基础，也是进出口企业办理这项进出口报关相关业务的重要基础，进出口货物商品编码一经确定，则其适用的关税税率、法定计量单位、监管证件等也就确定下来。因此，无论是对海关还是对进出口收发货人商品编码均有重要的意义。我国相关法律规定，纳税义务人具有自行确定进出口货物商品编码申报的义务，商品归类是报关从业人员必须掌握的重要技能。

二、进出口货物商品归类的海关管理依据

为了规范进出口货物的商品归类，保证商品归类结果的准确性和统一性，根据《海关法》《关税条例》，海关总署总署令发布了《中华人民共和国海关进出口货物商品归类管理规定》。

（一）归类的依据

进出口货物的商品归类应当遵循客观、准确、统一的原则。具体来说，对进出口货物进行商品归类的依据是：《商品名称及编码协调制度公约》商品分类目录体系，《中华人民共和国进出口税则》《进出口税则商品及品目注释》《中华人民共和国进出口税则本国子目注释》海关总署发布的关于商品归类的行政裁定；海关总署发布的商品归类决定。

（二）《商品名称及编码协调制度公约》

《商品名称及编码协调制度》（Harmonized Commodity Description and Coding System，简称 HS）（以下简称《协调制度》）是指原海关合作理事会（1995 年更名为世界海关组织）在《海关合作理事会商品分类目录》（CCCN）和联合国的《国际贸易标准分类》（SITC）的基础上，参照国际上主要国家的税则、统计、运输等分类目录而制定的一个多用途的国际贸易商品分类目录。目前世界上有 200 多个国家和地区正式采用了《协调制度》。

（三）我国海关进出口商品分类目录的产生

经国务院批准，我国海关自 1992 年 1 月 1 日起开始采用《协调制度》，进出口商品归类工作成为我国海关最早实现与国际接轨的执法项目之一。随着我国参与经济全球化进程的进一步加快，《协调制度》在我国的应用范围也不断扩大，现行的关税及进口环节税的征收、原产地管理、自贸区谈判、进出口许可证管理、贸易保障措施、军控、检验检疫和环保管理以及我国实施的其他各类非关税措施，均离不开协调制度技术的应用。《协调制度》作为我国政府参与国际经济贸易合作与竞争、维护国家利益的一项政策工具，正在发挥越来越重要的作用。

根据海关征税和海关统计工作的需要，我国在《协调制度》的基础上增设了本国子目（三级子目和四级子目），制定了《本国子目录注释》，形成了我国海关进出口商品分类目录。目前，我国海关采用的是根据 2017 年版《协调制度》编制的《进出口税则》和《统计商品目录》。

《进出口税则》中的商品号列称为税号，为征税需要，每项税号后列出了该商品的税率。《统计商品目录》中的商品号列称为商品编号，为统计需要，每项商品编号后列出了该商品的计量单位，并增加了第二十二类"特殊交易品及未分类商品"，内分第九十八、第九十九章。

(四) 我国《税则》商品编码基本结构

《协调制度》中的编码只有 6 位数,而我国进出口税则中的编码为 8 位数,其中第 7、8 位是我国根据实际情况加入的"本国子目"。第 9、10 位是海关根据国家税收、贸易管制要求制定的。我国商品编码如表 3－1 所示。

表 3－1 我国商品编码示例

商品编码	商品名称	商品编码	商品名称
01.01	马、驴、骡:		山羊:
	－改良种用:	0104.2010	－－－改良种用
0101.1010	－－－马	0104.2090	－－－其他
0101.1020	－－－驴	01.05	家禽,即鸡、鸭、鹅、火鸡及珍珠鸡:
	－其他		－重量不超过 185 克:
0101.9010	－－－马		－－－鸡:
0101.9090	－－－驴、骡	0105.1110	－－－改良种用
01.02	牛:	0105.1190	－－－其他
0102.1000	－改良种用		－－－火鸡:
0102.9000	－其他	0105.1210	－－－改良种用
		0105.1290	－－－其他

从表 3－1 可知,我国进出口商品编码表由商品编码和商品名称两部分构成。具体表示方法及含义,以 0105.1110 "重量不超过 185 克的改良种用鸡" 为例说明:

编码: 0　1　0　5　1　1　1　0
位数: 1　2　3　4　5　6　7　8
含义: 章号　顺序号　一级子目　二级子目　三级子目　四级子目

编码含义:

(1) 前 4 位数 "0105" 是 "品目(税目)条文","01" 表示该商品所在章号,意思为活动物,"05" 表示该商品在本章的顺序号,意思为家禽,包括鸡、鸭、鹅、火鸡及珍珠鸡。

(2) 后 4 位数 "1110" 是 "子目条文"

①第 5 位编码 "1" 代表一级子目,表示在 0102 品目(税目)条文下所含商品一级子目的顺序号,在商品编码表中的商品名称前用 "－" 表示,意思为重量不超过 185 克的家禽。

②第 6 位编码 "1" 代表二级子目,表示在一级子目下所含商品二级子目的顺序号,在商品编码表中的商品名称前用 "－－" 表示,意思为鸡。

③第 7、8 位含义依次类推,在商品编码表中分别用 "－－－" 和 "－－－－" 表示,"0" 表示未设四级子目,"10" 代表改良种用鸡。

如果第 5～8 位上出现数字"9",则通常代表未具体列名的商品,即在"9"的前面一般留有空序号以便用于修订时增添新商品。

④0105.1110 代表的含义为"重量不超过185 克的改良种用鸡"。

如表所示的编码 0105.1190 中第 7 位的"9"代表除种用鸡以外的其他活鸡,其中 1～9 之间的空序号可以用于将来增添新的其他需要具体列名的活鸡。

三、商品归类海关管理

(一) 归类的申报要求

收发货人或者其代理人应当按照法律、行政法规规定以及海关要求如实、准确申报进出口货物的商品名称、规格型号等,并且对其申报的进出口货物进行商品归类,确定相应的商品编码。

为了规范进出口企业申报行为,提高申报数据质量,促进贸易便利化,海关总署制定了《中华人民共和国海关进出口商品规范申报目录》(以下简称《规范申报目录》)。《规范申报目录》按我国海关进出口商品分类目录的品目顺序编写,并根据需要在品目级或子目级列出了申报要素。例如,子目 2204.2100 装入 2 升及以下容器的其他酒及加酒精抑制发酵的酿酒葡萄汁申报要素为:①品名;②品牌;③加工方法;④容器容积;⑤年份;⑥产区。

海关可以要求收发货人或者其代理人提供确定商品归类所需的资料,必要时可以要求收发货人或者其代理人补充申报资料。

(二) 归类的修改

收发货人或者其代理人申报的商品编码需要修改的,应当按照《中华人民共和国海关进出口货物报关单修改和撤销管理办法》等规定向海关提出申请。

海关经审核认为收发货人或者其代理人申报的商品编码不正确的,可以根据有关规定通知收发货人或者其代理人对报关单进行修改、删除。

(三) 其他管理要求

因商品归类引起退税或者补征、追征税款以及征收滞纳金的,按照有关法律、行政法规以及海关总署规章的规定办理。

违反《中华人民共和国海关进出口货物商品归类管理规定》,构成走私行为、违反海关监管规定行为或者其他违反《海关法》行为的,由海关依照《海关法》和《海关行政处罚实施条例》的有关规定予以处理;构成犯罪的,依法追究刑事责任。

四、进出口商品预归类

商品归类是国际上公认的难度较大,专业性、技术性较高的工作之一,我国长期以来,主要由海关无偿向进出口货物经营单位提供预归类咨询服务。为了解决海关有限行政资源与归类咨询服务工作量矛盾日益突出的问题,海关总署于 2008 年正式启动预归类服务试点工作。

（一）海关预归类

在海关注册登记的进出口货物经营单位（以下称申请人），可以在货物实际进出口的45日前，以海关规定的书面形式向直属海关提出申请并提供商品归类所需要的资料，必要时提供样品，海关依法做出具有法律效应的商品归类决定的行为。

1. 预归类申请

申请人申请预归类的，应当向拟实际进出口货物所在地的直属海关提出，填写并且提交"中华人民共和国海关商品预归类申请表"。

2. 预归类受理和预归类决定

申请预归类的商品归类事项，经直属海关审核认为属于商品预归类决定有明确规定的，应当在接受申请之日起15个工作日内制发"中华人民共和国海关商品预归类决定书"（以下简称预归类决定书），并且告知申请人。属于没有明确规定的，应当在接受申请之日起7个工作日内告知申请人按照规定申请行政裁定。

3. 预归类决定书的使用

申请人在制发预归类决定书的直属海关所辖关区进出口预归类决定书所述商品时，应当主动向海关提交预归类决定书。

有关规定发生变化导致相关预归类决定书不再适用的，做出预归类决定的直属海关应当制发通知单，或者发布公告，通知申请人停止使用有关的预归类决定书。

（二）预归类服务

预归类服务是指进出口货物预归类服务单位，接受进出口货物收发货人及其代理人委托，对其以进出口货物预先进行商品归类并出具进出口商品预归类服务意见书的民事行为。

1. 预归类服务单位

经中国报关协会评估并授予归类服务单位资质，从事进出口货物预归类服务的单位。预归类服务单位开展预归类服务时，应遵守国家有关法律、行政法规、海关规章和预归类服务管理办法，在预归类服务系统上开展业务，按协议条款承担相应的责任。

2. 预归类服务人员

经中国报关协会组织的预归类专业技能培训并考试合格取得预归类资格，从事进出口货物预归类服务的人员。预归类服务人员资格证由中国报关协会统一监制，在全国范围内有效。预归类专业技能培训及资格考试，原则上每年组织一次，可根据社会需求增加或减少。

3. 预归类服务系统

全国预归类服务平台（http：//www.hscode.net），是预归类服务单位接受预归类委托人委托开展预归类咨询服务的全国性统一平台，所有预归类单位统一在该平台上开展预归类服务。

4. 预归类意见书

预归类服务单位应当自签订"进出口货物预归类协议"后，且预归类服务单位在接到委托人交付齐全材料之日起 10 个工作日内完成预归类服务，签发"预归类服务意见"书给委托人，并由持有中国报关协会颁发的预归类服务资格证的人员进行复核或终审确定发送海关。

预归类服务单位发现商品归类错误时，应立即在"预归类服务系统"中对该份预归类意见书进行撤销标注，并书面通知与预归类服务委托人终止使用该预归类意见书，同时将预归类意见书收回，预归类服务单位应按相应程序重新进行商品归类。

五、《商品编码及协调制度》及归类总规则

《协调制度》将国际贸易中种类繁多的商品，采用行业门类、功能、用途、原材料、加工程度、加工或制造方式、主要成分或特殊成分等常见的商品分类标志进行分类，为使人们在对各种商品进行归类时有章可循，并使各类商品能准确无误地归入《协调制度》的恰当税（品）目号项下，不发生交叉、重复或归类的不一致。

《商品协调制度》总体结构包括三大部分：①HS 归类总规则；②类、章、子目注释；③按顺序编排的，目与子目编码及条文，即商品编码表。这三大部分是 SH 的法律性条文，具有严格的法律效应和严格的逻辑性。

《协调制度》将商品分类的基本规律进行了归纳总结，作为规则列出，形成了《协调制度》的归类总规则，作为指导整个《协调制度》商品分类的总原则。

归类总规则位于《协调制度》的部首，共由六条构成，它们是指导并保证商品归类统一的法律依据。在使用时，必须注意以下两点：

第一，要按顺序使用每一条规则。当规则一不合适时才使用规则二，规则二不合适时才使用规则三，并依此类推。

第二，在实际使用规则二、规则三、规则四时要注意条件，即是否类注、章注和税目有特别的规定和说明。如有特别规定，应按税目或注释的规定归类，而不能使用规则二、规则三、规则四。

（一）规则一

1. 条文内容

类、章及分章的标题，仅为查找方便而设；具有法律效力的归类，应按品目条文和有关类注或章注确定，如品目、类注或章注无其他规定，按以下规则确定。

2. 条文解释

本规则有三层含义：

（1）类、章及分章的标题，仅为查找方便而设。

类、章及分章的标题仅是对类、章的内容所作的大概描述，为便于查找编码，

《协调制度》将一类或一章商品加以概括并加以标题。由于生活中的商品种类繁多，相同商品用途各异，受结构、加工程度等不同而表现出不同的性质，一类或一章商品很难准确加以概括，因此，按类、章及分章的标题归类不一定准确，不是进行归类的**法律依据**。

（2）有法律效力的归类，应按品目条文和有关类注或章注确定。

这里有两层意思：第一，只有按品目条文、类注或章注确定的归类，才是具有法律效力的商品归类；第二，许多商品可直接按品目条文规定进行归类，而类注、章注的作用在于限定类、章和税目的商品范围。

（3）如品目、类注或章注无其他规定，按以下规则确定。如果品目、类注或章注还是无法确定归类的，按规则二、规则三、规则四、规则五依次确定商品归类。

（二）规则二

1. 条文内容

规则二（一）品目所列货品，应视为包括该项货品的不完整品或未制成品，只要在进口或出口时该项不完整品或未制成品具有完整品或制成品的基本特征；还应视为包括该货品的完整品或制成品（或按本款可作为完整品或制成品归类的货品）在进口或出口时的未组装件或拆散件。

规则二（二）品目中所列材料或物质，应视为包括该种材料或物质与其他材料或物质混合或组合的物品。品目所列某种材料或物质构成的货品，应视为包括全部或部分由该种材料或物质构成的货品。由一种以上材料或物质构成的货品，应按规则三归类。

2. 条文解释

规则二设立的目的是有条件地扩大货品税（品）目条文的商品范围，它包括两个部分，见图3-1所示。

（1）规则二（一）规定，税（品）目所列货品的范围不仅限于税（品）目条文所指，还应扩大到该货品的不完整品、未制成品和未组装件，前提条件是只要报检时已具有完整品或制成品的基本特征。鉴于第一类至第六类的商品范围所限，规则二（一）一般不适于这六类（即第38章及以前各章所包括的货品）。

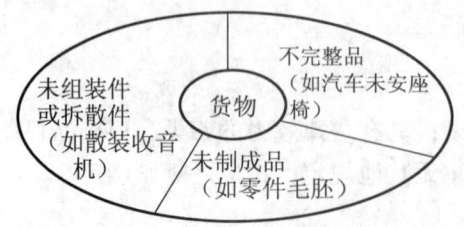
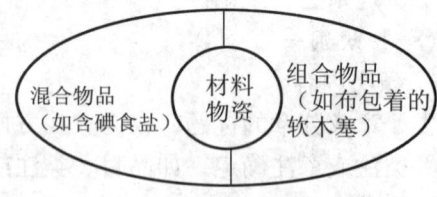

图3-1 《协调制度》规则二

(2) 规则二（二）是关于混合及组合的材料或物质以及由两种或多种材料或物质构成的货品的归类。其前提条件是加入其他材料或物质并不改变原来材料或物质或其所构成货品的基本特征。同时，还应注意到，仅在税目条文和类、章注无其他规定的条件下（即必须在遵守总规则一的前提下）才能运用本款规则。例如，税目号1503列出"液体猪油、未经混合"，这就不能运用上述规则。

规则二最后规定，混合及组合的材料或物质，以及由一种以上材料或物质构成的货品，如果看起来可归入两个或两个以上税目号的，则必须按规则三的原则进行归类。

（三）规则三

1. 条文内容

当货品按规则二（二）或由于其他原因看起来可归入两个或两个以上品目时，应按以下规则归类：

规则三（一）列名比较具体的品目，优先于列名一般的品目。但是，如果两个或两个以上品目都仅述及混合或组合货品所含的某部分材料或物质，或零售的成套货品中的某些货品，即使其中某个品目对该货品描述得更为全面、详细，这些货品在有关品目的列名应视为同样具体。

规则三（二）混合物。不同材料构成或不同部件组成的组合物以及零售的成套货品，如果不能按照规则三（一）归类时，在本款可适用的条件下，应按构成货品基本特征的材料或部件归类。

规则三（三）货品不能按照规则三（一）（二）归类时，应按号列顺序归入其可归入的最末一个税目。

2. 条文解释

对于根据规则二（二）或由于其他原因看起来可归入两个或两个以上税（品）目的货品，按照规则三归类，规则三规定了三条归类办法，即：

规则三（一）：具体列名；

规则三（二）：基本特征；

规则三（三）：从后归类。

这三条规定应按照其在本规则的先后次序加以运用，也就是说，只有在不能按照规则三（一）归类时，才能运用规则三（二）；不能按照规则三（一）和规则三（二）归类时，才能运用规则三（三）。

（1）规则三（一）。

当一个商品似乎在两个或更多的税（品）目中都涉及的情况下，应该比较哪个税（品）目对商品的描述更为具体，更为接近要归类的商品，就归入哪个税（品）目，即"具体列名优先"。例如电动剃须刀，分析商品性质，电动剃须刀可能归入的税目，"家用电动器具"税目号8509及"电动剃须刀"税目号8510。但"电动剃须刀"列名更具体，因此应归入税目号8510，确定编码为85101000。

（2）规则三（二）。

对不能按以上规则归类的混合物、组合货品以及零售的成套货品，如能确定构成其主要特征的材料和部件，则应按这种材料或部件归类，即"基本特征"原则。

规则三（二）中的零售成套货品，必须同时符合下列三个条件：

①由至少两种看起来可归入不同品目的不同物品构成的，例如，五把乳酪叉不能作为本款规则所称的成套货品；

②为了迎合某项需求或开展某项专门活动而将几件物品包装在一起的；

③其包装形式适用于直接销售给用户而货物无须重新包装的。

例如，一套成套的理发工具，由一个电动理发推子、一把木梳、一把剪刀、一把刷子组成，装于一只塑料盒中。符合零售成套货物三个条件。属于"零售的成套货品"，按照电动理发推子归类，商品编码为85102000。例如，包装在一起的手表和打火机，不能看成零售成套货物，应该分别归类。

（3）规则三（三）是指如果按规则三（一）或（二）都不能解决的归类问题，则应按规则三（三）办理，这是一条"从后归类"的原则，即将某个商品可以归入的所有税目号加以比较，并按排列在最后的税目号归类。是按此项商品范围里从后归类，也叫"从后归类"原则。（参见模块三项目一工作任务示范3）

（四）规则四

1. 条文内容

根据上述规则无法归类的货品，应归入与其最相类似的货品的品目。

2. 条文解释

（1）货品在不能按规则一至三归类的情况下，应归入最相类似的分品的税目中。当今科学技术发展日新月异，新产品层出不穷，因此，当一个新产品出现时，《协调制度》所列的商品不一定已经将其明确地包括进去。为了增强《协调制度》的适应能力，本规则规定了产品按最相类似的货品归入有关税目。

（2）货品的"最相类似"要看诸多因素，如货物的名称、特征、用途、功能、结构等，因此，这条规则实际应用起来有一定的困难。如不得不使用这条规则时，其归类方法是先列出最相类似的税目号，然后从中选择一个最为合适的税目号。

（3）这条规则起初是为在《协调制度》中无对应品目的商品而设置的，但实际上很少使用。因为，绝大多数章节都设有一条子目（即"其他"），该子目将他处未列明的商品包括在内。

（五）规则五

1. 条文内容

除上述规则外，本规则适用于下列货品的归类：

规则五（一）制成特殊形状仅适用于盛装某个或某套物品并适合长期使用的照

像机套、乐器盒、枪套、绘图仪器盒、项链盒及类似容器，如果与所装物品同时报验，并通常与所装物品一同出售的，应与所装物品一并归类。但本款不适用于本身构成整个货品基本特征的容器。

规则五（二）除规则五（一）规定的以外，与所装货品同时报验的包装材料或包装容器，如果通常是用来包装这类货品的，应与所装货品一并归类。但明显可重复使用的包装材料和包装容器可不受本款限制。

2. 条文解释

规则五是关于包装物品归类的专门条款。

规则五（一）仅适用于同时符合以下各条规定的容器：

（1）制成特定形状或形式，专门盛装某一物品或某套物品的，即专门按所要盛装的物品进行设计的，有些容器还制成所装物品的特殊形状。

（2）适合长期使用的容器，即容器的使用期限与所盛装的物品相比是相称的。在物品不使用期间（例如，运输或储藏期间），这些容器还起保护物品的作用。本条标准使其与简单包装区别开来。

（3）与所装物品一同报验的，不论其是否为了运输方便而与所装物品分开包装。单独报验的容器应归入其所应归入的品目。

（4）通常与所装物品一同出售的。

（5）本身并不构成整个货品基本特征的，即包装物本身无独立使用价值。

如：①首饰盒及箱（品目71.13）；②电动剃须刀套（品目85.10）。

规则五（二）是对规则五（一）规定的补充。它适用于明显不能重复使用的包装材料和容器。例如，包装大型机器设备的木板箱，包装玻璃器皿的纸板箱，均应与所装物品一并归类。

规则五（二）规则不适用于明显可以重复使用的包装材料或包装容器。例如"煤气罐装入液化煤气"，煤气罐具有明显可重复使用的特性，不能与液化煤气一并归类，按煤气罐和液化气分别归类。

（六）规则六

1. 条文内容

货品在某一品目项下多子目的法定归类，应按子目条文或有关的子目注释以及以上各条规则来确定，但子目的比较只能在同一数级上进行。除本目录另有规定的以外，有关的类注、章注也适用于本规则。

2. 条文解释

规则六是专门为商品在《协调制度》子目中的归类而设定的。它有四层含义：

（1）子目归类首先按子目条文和子目注释确定。

（2）如果按子目条文和子目注释还无法确定归类，则上述各规则的原则同样适用于子目录的确定。

（3）确定子目时，一定要按先确定一级子目，再二级子目，然后三级子目、四级子目的顺序进行。

（4）确定子目时，应遵循"同级比较"的原则，即一级子目与一级子目比较，二级子目与二级子目比较，以此类推。

六、商品归类的一般方法

对某一个具体商品进行归类时，第一步是初步判断它属于《协调制度》中的大类，也就是先确定它在进出口商品名称与编码21类97章中的大致范围。然后，根据商品的详细描述（如它的成分、加工程度、规格、结构、用途等因素）确定它在《协调制度》中的8位编码。

一般来说商品归类应该按照以下步骤：

第一步：认知商品。

对商品的认知是指根据商品的有关资料分析商品的类别和在税目所处的位置。

分析方法包括，分析商品的特性（如组成、结构、加工、用途等），同时要把"日常语言"表达的商品名称转换成用"商品归类语言"表达的商品名称，以便初步分析该商品可能涉及的章和品目（可能有几个）；用归类总规则的"列名、用途、成分"来分析商品。

《协调制度》是中国的学者翻译过来的，学者在翻译的时候更多考虑的是忠于原文，因此部分货物的"商品归类语言"不太同于我们的"日常语言"，要学会把"日常语言"转化为"商品归类语言"。如"电脑"应转换为"数据处理设备"（8471），"手机"应转换为"无线网络的通信设备"（8517），"自行车用的打气筒"应转换为"手动或脚踏式空气泵"（8414）等。

第二步：确定品目（确定前4位数）。

商品特性分析之后，初判大概位置，通过查品目条文、类注、章注，然后运用规则二、规则三确定品目。具体如下：

（1）根据HS的分类规律初步分析该商品可能涉及的章和品目（可能有几个）；

（2）查阅涉及的几个有关品目的品目条文和注释，如可见该商品则确定品目；

（3）如仍不能确定品目可归时，运用归类总规则来确定品目，主要是规则二、规则三。

通过以上几个步骤，一般可确定该商品的品目归类。

第三步：确定子目（第5～8位数级编码）。

查阅所属品目的一级子目条文和适用的注释，如已查到该商品，则确定一级子目（即第5位数），如没有查到该商品，则运用归类总规则确定一级子目，依次重复以上程序，确定二、三、四级子目（即第6～8位数），完成归类。注意同一数级的子目才能进行比较。（参见模块三项目一工作任务示范4）

【工作任务示范1】

根据模块二项目一工作示范案例1资料（详见附录二），完成该货物商品编码查询，并查找该商品的海关监管条件和该商品的税则及法定计量单位。

任务成果分析：

（1）商品编码查询：

①分析商品，切纸机属于机器，应该到16类84章查找。

②查阅相应章中品目条文，如图3-2查到四位数品目号8441其他制造纸浆制品、纸制品或纸板制品的机器，包括各种切纸机。

③查一级子目即可确定切纸机的商品编码为84411000。

84.41	其他制造纸浆制品、纸制品或纸板制品的机器，包括各种切纸机：
8441.1000	——切纸机
8441.2000	——制造包、袋或信封的机器
	——制造箱、盒、管、桶或类似容器的机器，但模制成型机器除外：
8441.3010	————制造纸塑铝复合罐的生产设备
8441.3090	————其他

图3-2 商品编码表

（2）在《税则》或通关网通过商品编码查找海关监管条件、税率和法定计量单位如图3-3所示。

①切纸机没有海关监管条件，即不需要申领特殊单证。

②切纸机的计量单位是台。

③切纸机的最惠国进口关税税率为12%，普通进口税率为50%，增值税率为17%，消费税率为0%，出口关税税率为0%。

（http://www.hscode.net/IntegrateQueries/QueryYS/）

商品编码	8441100000				
商品名称	切纸机				
申报要素	1:品名;2:用途;3:品牌;4:型号;				
法定第一单位	台	法定第二单位	无		
最惠国进口税率	12%	普通进口税率	50%	暂定进口税率	-
消费税率	-	出口关税率	0%	出口退税率	17%
增值税率	17%	海关监管条件	无	检验检疫类别	无
商品描述	切纸机				

图3-3 切纸机海关通关参数

【工作任务示范2】

流动马戏团、流动动物园的活动物。

任务成果分析：

（1）根据商品名称，判别是一种活动物，应该在第一类第一章活动物查找。

（2）查看第一类的类注和第一章的章注。章注三注明本章不包括品目95.08的动物。虽然第一章的标题是"活动物"，但并不是所有的活动物都归入第一章，流动马戏团及流动动物园的活动物应查找95.08，最后确认商品编码为9508.1000。

【工作任务示范3】

刺绣手帕（含棉50%，丝50%，边长45厘米）。

任务成果分析：

（1）查阅类、章名称，归入第11类纺织原料及纺织制品第62章非针织或非钩编的服装及衣着附件，归入品目条文6213。

（2）按棉刺绣手帕归入6213.2010，按丝刺绣手帕归入6213.9020。

（3）由于刺绣手帕中含棉和含丝的量相等，按规则三（一）、规则三（二）均不适用，只能按规则三（三）从后归类，应归入6213.9020。

【工作任务示范4】

重量100克的改良种用鸡。

任务成果分析：

（1）找到所在的类、章。鸡是活动物，归第一类第一章。

（2）查阅类注、章注没做说明（即查阅第一类的类注和第一章的章注，不属于本章不包括的情形。因此可归入第一章）。

（3）查阅相应章中品目条文，如可见该商品则确定品目（即查阅第一章四位数品目号列及其黑体字。鸡属于家禽类，在0105就可以找到家禽）。

（4）再进一步确定它的8位数编码。

该品目下有两个一级子目："重量不超过185克"和"其他"。此题，改良种用鸡是100克，选"重量不超过185克"。该一级子目下有三个二级子目：鸡、火鸡和其他，选择二级子目鸡。该二级子目下又有两个三级子目：改良种用和其他，选择改良种用。该三级子目下，没有四级子目，根据其名称，很容易选0105.1110（见表3-1我国商品编码表示例）。

【项目小结】

在海关管理中，不同类别的进出口货物适用不同的监管条件、按照不同税率征收关税，海关统计中也将不同商品的类别作为一项重要的统计指标。也就是说，对进出口商品进行归类是海关监管、征税和统计的基础。报关员必须具有这方面技能，才有可能顺利办理进出口货物的报关业务。因此，熟悉进出口商品归类是从事报关工作的基本技能之一。本项目重点解析了《协调制度》总原则中六条归类规则及商品编码查找基本方法。

【拓展提高】

请用商品编码表查找下列商品编码，并查找商品海关监管条件、商品税率、法定计量单位、申报要素。

(1) 冷冻的对虾虾仁。
(2) 煮熟冷冻去壳的对虾。
(3) 活的淡水小龙虾。
(4) 草莓味酸奶（带有小块草莓果粒）。
(5) 流动动物园表演的香猪。
(6) 冷藏草莓。
(7) 冷冻草莓。
(8) 含猪肉18%、甜玉米22%、萝卜40%、马铃薯20%的罐头食品。
(9) 含猪肉22%、甜玉米18%、萝卜40%、马铃薯20%的罐头食品。
(10) 含猪肉15%、牛肉7%、甜玉米18%、萝卜40%、马铃薯20%的罐头食品。
(11) 含猪肉7%、牛肉15%、甜玉米18%、萝卜40%、马铃薯20%的罐头食品。
(12) 过磷酸钙和硫酸钾制成的化肥，每袋50千克。
(13) 过磷酸钙和硫酸钾制成的化肥，每袋10千克。
(14) 氢化可的松（未配定剂量，非零售包装）。
(15) 氢化可的松（配定剂量，零售包装）。
(16) 牛奶包装盒用纸板，由漂白过的纸（350克/平方米）与塑料薄膜复合而成，其中纸构成了基本特征，宽1.6米，成卷。
(17) 全棉的漂白平纹机织物，250克/平方米。
(18) 50%棉、50%涤纶短纤的平纹机织布，未漂白，宽1.5米，成卷，200克/平方米。
(19) 自行车充气用手动打气筒。
(20) 太阳能电池电子计算器。
(21) 变速箱（车辆总吨为15吨，柴油发动机）。
(22) 表壳镀金的自动上弦的机械手表。
(23) 包金表壳的自动上弦的机械手表。
(24) 立体显微镜。
(25) 汽车专用的弹簧片。

项目二 进出口税费计算

【工作任务】
根据模块二项目一工作任务（详见附录一），计算该批货物的进口税费。

工作任务1 完税价格确定

【能力目标】
- 能够审定一般进口货物完税价格
- 能够审定出口货物完税价格

【知识目标】
- 进出口税费的种类及其含义
- 进出口货物完税价格的确定

【任务预期成果】
根据模块二项目一工作任务（详见附录一）分析：
（1）确定该进口货物的完税价格，并说明原因。
（2）分析该进口货物应该缴纳的税费类别项目。

【知识链接】

一、进出口税费

依法征收税费是海关的任务之一，依法缴纳税费是有关纳税义务人的基本义务。因此，熟练掌握完税价格的确定、适用税率的选择、税费的计算和缴纳是报关人员应该具备的报关技能之一。

进出口税费是指在进出口环节中由海关依法征收的关税、增值税、消费税等税费。进出口税费征纳的法律依据主要是《海关法》《进出口关税条例》以及其他有关法律、法规。另外，按规定船舶吨税也由海关代征，因此相关内容也在此一并介绍。

（一）关税

关税是国家税收的重要组成部分，是由海关代表国家，按照国家制定的关税政策和有关法律、行政法规的规定，对准许进出关境的货物和物品向纳税义务人征收的一种流转税。其征收主体是国家，海关代表国家向纳税义务人征收；课税对象是进出关境的货物和物品。从报关业务的角度来看，关税主要包括进口关税和出口关税。

1. 进口关税

（1）含义。

进口关税是指一国海关以进境货物和物品为课税对象所征收的关税，在国际贸易中，一直被各国公认为是一种重要的经济保护手段。

（2）计征方法。

进口关税计征方法包括从价税、从量税、复合税、滑准税等。具体如表3-2所示。

表3-2　进口关税计征方法

名称	计征方法	适用范围
从价税	以货物、物品的完税价格作为计税标准。公式为：从价税应征税额＝货物的完税价格×从价税税率	包括中国在内的大多数国家使用的主要计税标准
从量税	以货物和物品的计量单位（如重量、数量、容量等）作为计税标准，按每一计量单位的应征税额征收。公式为：从量税应征税额＝货物计量单位总额×从量税税率	石油原油、啤酒、胶卷、冻鸡等
复合税	对一个税目中的商品同时使用从价、从量两种计征标准，计税时按两者之和作为应征关税。公式为：复合税应征税额＝货物的完税价格×从价税税率＋货物计量单位总额×从量税税率	录/摄像机、放像机、非家用摄录一体机、部分数字相机等
滑准税	预先按产品价格高低分档制定若干不同税率，当商品价格上涨时采用较低税率，当商品价格下跌时采用较高税率，其目的是使商品的国内市场价格保持稳定	关税配额外进口的一定数量的棉花

（3）进口关税种类。

进口关税可分为进口正税和进口附加税。进口正税是按海关税则法定进口税率征收的进口税，进口附加税是对进口货物除征收正税之外另外征收的进口税。进口附加税一般具有临时性，包括反倾销税、反补贴税、保障措施关税、报复性关税等。世界贸易组织不准其成员方在一般情况下随意征收进口附加税，只有符合世界贸易组织反倾销、反补贴等条例规定的才可以征收。我国于1997年3月25日颁布实施了第一个反倾销、反补贴法规——《反倾销和反补贴条例》。我国目前征收的进口附加税主要是反倾销税。

2. 出口关税

出口关税是一国海关以出境货物和物品为征税对象所征收的关税。为鼓励出口，世界各国一般不征收出口税或仅对少数商品征收出口税。征收出口关税的主要目的是限制、调控某些商品的过度、无序出口，特别是防止本国一些重要自然资源和原材料的出口。我国出口关税主要以从价税为计征标准。根据实际情况，我国还在一定时期内对部分出口商品临时征收出口暂定关税，或者在不同阶段实行不同的出口暂定关税税率，或者加征特别出口关税。根据《关税条例》的规定，适用出口税率的出口货物有暂定税率的，应当适用暂定税率。

（二）进口环节海关代征税

进口货物和物品在办理海关手续放行后，进入国内流通领域，与国内货物同等对待，所以应缴纳应征的国内税。进口货物和物品的一些国内税依法由海关在进口环节征收。目前，由海关征收的国内税费主要有增值税、消费税两种。

1. 增值税

增值税是以商品的生产、流通和劳务服务各个环节所创造的新增价值为课税对象的一种流转税。进口环节增值税由海关代征，其他环节由税务机关代征。

在中华人民共和国境内销售货物或者提供加工、修理修配劳务以及进口货物的单位和个人，为增值税的纳税义务人，应当依照增值税条例缴纳增值税。

进口环节增值税起征点为人民币 50 元，低于 50 元的免征。我国增值税的征收原则是中性、简便、规范，采用基本税率（17%）再加一档低税率（11%）的征收模式，如表 3-3 所示。

表 3-3 我国增值税征收范围和税率

税率	征收范围
低税率 （11%） （2017 年 7 月 1 日起实施）	①粮食、食用植物油 ②自来水、热水、暖气、冷气、煤气、石油液化气、天然气、沼气、居民用煤炭制品 ③图书、报纸、杂志 ④饲料、化肥、农药、农机、农膜 ⑤国务院规定的其他货物
基本税率 （17%）	纳税人销售（销售不动产或免征的除外）或者进口除适用低税率的货物以外的货物，以及提供加工修理修配劳务

2. 消费税

消费税是以消费品或消费行为的流转额作为课税对象而征收的一种流转税。我国开征消费税的目的是调节我国的消费结构，引导消费方向，确保国家财政收入，它是在对货物普遍征收增值税的基础上，选择少数消费品再予征收的税费。

我国消费税由税务机关征收，进口的应税消费品的消费税由海关代征。征收时采用价内税（含消费税本身的税额），起征点为50元。消费税的征收范围仅限于少数消费品，如表3-4所示。

表3-4 我国消费税征收范围

应税消费品类型	实例
过度消费会对人的身体健康、社会秩序、生态环境等方面造成危害的特殊消费品	烟、酒、酒精、鞭炮、焰火
奢侈品、非生活必需品	贵重首饰及珠宝玉石、化妆品
高能耗的高档消费品	小轿车、摩托车、汽车轮胎
不可再生和替代的资源类消费品	汽油、柴油

（三）船舶吨税

1. 船舶吨税的含义

船舶吨税是由海关代为在设关口岸对进出、停靠我国港口的国际航行船舶征收的一种使用税。船舶吨税征收的目的是用于航道设施的建设。

2. 征收依据

根据《船舶吨税暂行办法》规定，国际航行船舶在我国港口行驶，使用了我国的港口和助航设备，应缴纳一定的税费。船舶吨税是一种使用性质的税。凡征收了船舶吨税的船舶不再征收车船税；对已征收车船使用税的船舶，不再征收船舶吨税。船舶吨税分为优惠税率和普通税率两种。凡与我国订有互惠协议的国家或地区使用船舶吨税优惠税率，未签订的适用普通税率。中国香港、澳门籍船舶适用船舶吨税优惠税率。

3. 征收范围

根据现行办法规定，应征吨税的船舶有以下几种：

①在我国港口行使的外国籍船舶。

②外商租用（程租除外）的中国籍船舶。

③中外合营海运企业自有或租用的中、外国籍船舶。

④我国租用的外国籍国际航行船舶。

根据规定，香港、澳门特别行政区为单独关税区，对于在港澳已征收船舶吨税的外国籍船舶，进入内地仍应照章征收船舶吨税。

4. 吨税的计算

（1）船舶吨位的计算。

国际上丈量吨位按照船舱的结构有封闭式或开放式，大、小吨位之分，封闭式为大吨位，开放式为小吨位。装货多时用大吨位，装货少时用小吨位。根据我国规定，凡同时持有大小两种吨位证书的船舶，不论实际装货情况，一律按大吨位计征吨税，吨税按净吨位计算。净吨位计算公式如下：

$$净吨位 = 船舶的有效容积 \times 吨/立方米$$

船舶净吨位的尾数，按四舍五入原则，半吨以下的免征尾数；半吨以上的按一吨计算。不及一吨的小型船舶，除经海关总署特准免征者外，应一律按一吨计征。

（2）船舶吨税的征收和退补。

船舶吨税起征日为船舶抵达口岸之日，即进口船舶应自申报进口之日起征。如进境后驶达锚地的，以船舶抵达锚地之日起计算。进境后直接靠泊的以靠泊之日起计算。船舶吨税的征收方法分为90天期和30天期缴纳两种，税率不同，税额不同；缴税期限由纳税人自行选择。计算公式如下：

$$船舶吨税 = 注册净吨位 \times 船舶吨税税率（元/净吨）$$

凡具有下列情况之一的，海关凭有效证明文件，在一年内办理船舶吨税的退补手续费：

①船舶负责人因不明规定而造成复重缴纳船舶吨税的；

②其他原因造成错征、漏征的。

（四）税款滞纳金

按照规定，关税、进口环节增值税和消费税、船舶吨税的纳税人或其代理人未在规定时间内缴纳税款构成滞纳的，应照章缴纳滞纳金。

1. 征收范围

《海关法》规定：进出口货物的纳税义务人，应当自海关填发税款缴款书之日起15天内缴税；逾期缴纳的，由海关征收滞纳金。在实际计算纳税期限时，应从海关填发税款缴款书之日的第二天起计算，当天不计入。缴纳期限的最后一日是星期六、星期天或法定节假日的，则关税缴纳期限顺延至周末或法定节假日过后的第一个工作日。税款缴纳期限内含有的星期六、星期天或法定节假日不予扣除。

根据规定，对逾期缴纳税款应征收滞纳金的，还有以下几种情况：

（1）进出口货物放行（放行即结关的货物）后，海关发现纳税义务人违反规定造成少征或者漏征税款的，可以自缴纳税款或货物放行之日起3年内追征税款，并从缴纳税款或货物放行之日起至海关发现之日止，按日加收少征或者漏征税款0.5‰的滞纳金（缴款日或放行日至发现日）。

（2）因纳税义务人违反规定造成海关监管货物（海关需后续监管的货物）少征或者漏征税款的，海关应当自纳税义务人应缴纳税款之日起3年内追征税款，并自应缴纳税款之日起至海关发现违规行为之日止按日加收少征或者漏征税款0.5‰的滞纳金（缴款日至发现日）。

（3）租赁进口货物，租赁期限内申报后未缴税的，第16日起按日加征滞纳金。

租赁届满后 30 日内不办结海关手续的,要自第 31 日开始征收滞纳金(按第 30 日的汇率计算应缴税款)。

(4) 暂时进出境货物未按规定期限复运进/出境的,自期限届满日起加征滞纳金。

2. 征收标准

滞纳金按每票货物的关税、进口环节增值税、消费税分别计算,起征额为人民币 50 元,50 元以下免征。

二、进出口货物完税价格的确定

(一) 完税价格及我国海关审价的法律依据

进口货物的完税价格是海关对进出口货物征收从价税时审查估定的应税价格,是凭以计征进出口货物关税及进口环节税税额的基础。审定进出口货物完税价格是贯彻关税政策的重要环节,也是海关依法行政的重要体现。

目前,我国海关审价的法律依据可分为三个层次,如表 3-5 所示。

表 3-5 我国海关审价的法律依据

层次	法律依据
法律层次	《海关法》第 55 条规定:"进出口货物的完税价格,由海关以该货物的成交价格为基础审查确定。成交价格不能确定时,完税价格由海关估定。"
行政法规	《关税条例》具体规定了海关承认进口货物成交价格的条件,及不承认成交价格时应如何估定完税价格
部门规章	海关总署颁布实施的《中华人民共和国海关审定进出口货物完税价格办法》《中华人民共和国海关进出口货物征税管理办法》等

(二) 进口货物完税价格的审定

进口货物完税价格的审定包括一般进口货物完税价格的审定和特殊进口货物完税价格的审定两方面的内容。

1. 一般进口货物完税价格的审定

海关确定进口货物完税价格有进口货物成交价格法、相同货物成交价格法、类似货物成交价格法、倒扣价格法、计算价格法、合理方法等六种估价方法。上述估价方法应当依次采用,特殊情况下,可颠倒使用倒扣价格法和计算价格法。

(1) 进口货物成交价格法。

进口货物成交价格法是第一种估价方法,在海关估价实践中使用频率最高。进口货物的完税价格应首先以成交价格估价方法审查确定。这里要注意进口货物成交价格法中成交价格与完税价格两个概念的差异。

①完税价格。

完税价格是指由海关以该货物的成交价格为基础审查确定,并应包括货物运抵中华人民共和国境内输入地点起卸前的运输及相关费用、保险费。"相关费用"主要是指与运输有关的费用,包括装卸费、搬运费等属于广义的运费范围内的费用。

$$进口货物完税价格 = CIF + 调整因素$$

②成交价格。

成交价格是指卖方向中华人民共和国境内销售该货物时买方为进口该货物向卖方实付、应付的,并按有关规定调整后的价款总额,不同于发票或合同价格,包括直接支付的价款和间接支付的价款。

"实付或应付"是指必须由买方支付的总价,支付的目的是为了获得进口货物,支付的对象既包括卖方也包括与卖方有联系的第三方,且包括已经支付和将要支付两者的总额。

成交价格不完全等同于贸易中实际发生的发票价格,需要按有关规定进行调整。

③成交价格的调整因素。

调整因素包括计入项目(表3-6)和扣除项目(表3-7)。

表3-6 进口货物完税价格调整因素——计入项目

计入项目	相关解释
佣金和经纪费用(除购货佣金外)	佣金分为购货佣金和销售佣金。购货佣金(买方佣金)由买方支付给其采购代理人,不计入完税价格。销售佣金(卖方佣金)由卖方支付给其销售代理人,如果由买方直接付给卖方的代理人按规定要计入完税价格。经纪费用指买方向代表买卖双方利益的经纪人支付的劳务费用,要计入完税价格
容器费(与进口货物作为一个整体)	与有关货物归入同一个税号的容器可以理解为与有关货物成为一个整体,比如说啤酒瓶与啤酒构成一个不可分割的整体,两者应归入同一税号,如果没有包括在啤酒的完税价格中,则应计入
包装费	包括包装材料和包装劳务费用
协助的价值	在国际贸易中,买方以免费或以低于成本价的方式向卖方提供一些货物或服务,这些货物或服务的价值被称为协助的价值。如:工具、磨具、材料、工程设计、境外技术开发等。协助价值计入进口货物完税价格中应满足以下条件:由买方以免费或低于成本价的方式直接或间接提供;未包括在进口货物的实付或应付价格之中;与进口货物的生产和向中华人民共和国境内销售有关;可按适当比例分摊

续上表

计入项目	相关解释
特许权使用费	指进口货物的买方为取得知识产权权利人及权利人有效授权人关于专利、商标权、专有技术、著作权、分销权或者销售权的许可或转让而支付的费用。注意与货物无关的不能计入，费用的支出与向我国销售无关的也不能计入
返回给卖方的转售收益	卖方直接或间接从买方对该货物进口后的转售、处置或使用中获得的收益

注：表中所述所有项目的费用或价值计入完税价格中，必须同时满足三个条件：由买方负担；未包括在进口货物的实付或应付价格中；有客观量化的数据资料。

表3-7　进口货物完税价格调整因素——扣除项目

① 厂房、机械、设备等货物进口后进行建设、安装、装配、维修和技术服务的费用，保修费除外
② 货物运抵境内输入地点起卸后的运输及其相关费用、保险费
③ 进口关税、进口环节税及其他国内税收
④ 为在境内复制进口货物而支付的费用
⑤ 境内外技术培训及境外考察费用
⑥ 码头装卸费（THC）：指货物从船舷到集装箱堆场间发生的费用，属于货物运抵我国境内输入地点起卸后的运输相关费用，也不计入
⑦ 同时符合下列条件的利息费用不计入完税价格：利息费用是买方为购买进口货物而融资所产生的；有书面的融资协议的；利息费用单独列明的；纳税义务人可以证明有关利率不高于在融资当时当地此类交易通常具有的利率水平，且进口货物的实付、应付价格与没有融资安排相同或类似进口货物的价格非常接近的

注：进口货物的价款中单独列明的表中的费用，如果成交价格中已经包含这些项目，则将其从成交价格中扣除。如果成交价格中没有包含这些项目，则不计入该货物的完税价格。

④成交价格本身须满足的条件。

成交价格必须满足以下四个条件，否则不能适用成交价格方法：

a. 买方对进口货物的处置和使用权不受限制。如：进口货物只能用于展示或者免费赠送的；进口货物只能销售给第三方或指定方；进口货物加工为成品后只能销售给卖方或指定的第三方；及其他海关审查，认定买方对进口货物处置或使用受到限制的则构成了限制。但以下三种限制并不影响成交价格的成立，如国内法律法规的限制，对货物转售地域的限制，对货物价格无实质影响的限制。

b. 货物的价格不应受到导致该货物成交价格无法确定的条件或因素的影响。如：搭售行为，以买方必须销售给卖方东西为前提。

　　c. 卖方不得直接或间接地从买方获得因转售、处置或使用进口货物而产生任何收益，除非按照《关税》及《审价办法》的相关规定做出调整。

　　d. 买卖双方之间的特殊关系不影响价格。如买卖双方为同一家族成员。

（2）相同及类似货物的成交价格法。

不能够采用成交价格方法，按照顺序考虑采用相同或类似进口货物的成交价格方法。

①相同货物和类似货物。

相同货物指与进口货物在同一国家或者地区生产的，在物理性质、质量和信誉等所有方面都相同的货物，但是表面的微小差异允许存在；类似货物指与进口货物在同一国家或者地区生产的，虽然不是在所有方面都相同，但是却具有相似的特征、相似的组成材料、相同的功能，并且在商业中可以互换的货物。

②时间要素。

相同货物或类似货物必须与进口货物同时或大约同时进口，同时或大约同时进口指进口货物接受申报之日的前后各45天以内。

③相同及类似货物成交价格方法的运用。

首先应使用和进口货物处于相同商业水平、大致相同数量的相同或类似货物的成交价格，只有在上述条件不满足时，才可以采用不同商业水平和不同数量销售的相同或类似货物的价格，但不能将上述价格直接作为进口货物的完税价格，还必须对由此而产生的价格方面的差异做出调整。此外，对进口货物与相同或类似货物之间由于运输距离和运输方式不同而在成本和其他费用方面产生的差异应进行调整。上述调整都必须建立在客观量化的数据资料的基础上。

同时还应注意，在采用相同或类似货物成交价格法确定进口货物完税价格时，首先应使用同一生产商生产的相同或类似货物的成交价格，只有在没有同一生产商生产的相同或类似货物的成交价格的情况下，才可以使用同一生产国或地区不同生产商生产的相同或类似货物的成交价格。如果有多个相同或类似货物的成交价格，应当以最低的成交价格为基础估定进口货物的完税价格。

（3）倒扣价格法。

倒扣价格法是以进口货物、相同或类似进口货物在境内第一环节的销售价格环节为基础，扣除境内发生的有关费用来估定完税价格。"第一环节"是指有关货物进口后进行的第一次转售，且转售者与境内买方之间不能有特殊关系。具体内容及说明如表3-8所示。

表 3-8 倒扣价格法内容及说明

内容		销售价格及相关说明
倒扣价格法中销售价格的条件（同时符合）	被估货物进口时或大约同时销售	在进口货物接受申报之日的前后各 45 天以内。如找不到同时或大约同时的价格，可以采用被估货物进口后 90 天内的价格作为倒扣价格的基础
	保持进口状态销售	必须以进口货物、相同或类似进口货物按进口时的状态销售的价格为基础。如果没有按照进口时的状态销售的价格，应纳税义务人要求，可以使用经过加工后在境内销售的价格作为倒扣的基础
	境内第一环节销售	
	向境内无特殊关系方销售	必须是在被估货物进口时或大约同时转售给国内无特殊关系方的价格
	合计的货物销售总量最大	必须使用被估的进口货物、相同或类似进口货物以最大总量单位售予境内无特殊关系方的价格为基础估定完税价格
倒扣价格法倒扣项目	①该货物的同等级或同种类货物在境内销售利润、支付的佣金和一般费用 ②货物运抵境内输入地点后的运费、保险费、装卸费等 ③进口关税、进口环节税等国内税 ④加工增值额。主要是指如果使用经过加工后在境内转售的价格作为倒扣的基础，必须扣除这部分价值	

(4) 计算价格法。

计算价格法与前述方法有很大区别，它既不是以成交价格也不是以在境内的转售价格为基础，它是以发生在生产国或地区的生产成本作为基础的价格。使用这种方法必须依据境外的生产商提供的成本方面的资料。计算价格法的进口货物的完税价格由下列各项目的总和构成：

①生产该货物所使用的原材料价值和进行装配或其他加工的费用；

②向境内销售同等级或同种类货物通常的利润和一般费用（包括直接费用和间接费用）；

③货物运抵中华人民共和国境内输入地点起卸前的运输及相关费用、保险费。

计算价格法按顺序为第五种估价方法，但运用时要注意：如果进口货物纳税义务人提出要求，并经海关同意，可以与倒扣价格法颠倒顺序使用。

(5) 合理方法。

合理方法是指当海关不能根据前述几种方法确定完税价格时，根据公平、统一、客观的估价原则，以客观量化的数据资料为基础审查确定进口货物完税价格的估价方法。在运用合理方法估价时，禁止使用以下六种价格：

①境内生产的货物在境内的销售价；

②两种价格选择高的价格；

③出口地市场的价格；

④以计算价格法之外的价格或费用计算；

⑤依据出口到第三国或地区的销售价格；

⑥依据最低限价或武断、虚拟的价格。

2. 特殊进口货物完税价格的审定

（1）加工贸易进口料件、制成品一般估价方法。

部分加工贸易进口料件或其制成品不能按有关合同、协议规定复出口，经海关批准转为内销，需依法对其实施估价后征收进口税款。对加工贸易进口货物估价的核心问题有两个：一是按制成品征税还是按料件征税，二是征税的环节是在进口环节还是在内销环节。具体有以下四种情况：

①进口时需征税的进料加工料件，以该料件申报进口时的成交价格为基础审查确定完税价格。进口时需征税的进口料件，主要是针对不予保税部分的进料加工料件，因此以该料件申报进口时的价格确定。

②进料加工制成品（包括残次品）或料件内销，以原进口料件的成交价格为基础来审定完税价格。制成品因故转为内销，以制成品所含料件原进口成交价格为基础审查确定完税价格。料件原进口价格不能确定的，海关以接受内销申报的同时或者大约同时进口的与料件相同或类似的货物的进口成交价格为基础审查确定完税价格。

③来料加工制成品（包括残次品）或进口料件内销，以接受内销申报的同时或大约同时进口的与料件相同或类似的货物的进口成交价格为基础审查确定完税价格。来料加工在料件原进口时没有成交价格，所以以其进口料件申报内销时的同时或者大约同时进口成交价格为基础审查确定成交价格。

④加工企业内销加工过程中产生的边角料和副产品，以海关审查确定的内销价格为完税价格。

加工贸易内销货物的完税价格，按上述规定仍不能确定的，由海关按照合理方法审查确定。

（2）出口加工区加工企业内销制成品的审价方法。

①内销制成品（包括残次品），海关以接受内销申报的同时或者大约同时进口的相同或类似货物的进口成交价格为基础审定完税价格；

②内销边角料和副产品，以海关审定的内销价为完税价格。

按上述规定不能确定的，由海关按照合理方法审查确定。

（3）保税区加工企业内销进口料件或制成品。

①保税区内的加工企业内销的进口料件或者其制成品（包括残次品），海关以接受内销申报的同时或者大约同时进口的相同或者类似货物的进口成交价格为基础审查确定完税价格。

②保税区内的加工企业内销的进料加工制成品中，如果含有从境内采购的料件，海关以制成品所含从境外购入的料件原进口成交价格为基础审查确定完税价格。

③保税区内的加工企业内销的来料加工制成品中，如果含有从境内采购的料件，海关以接受内销申报的同时或者大约同时进口的与制成品所含从境外购入的料件相同或者类似货物的进口成交价格为基础审查确定完税价格。

④保税区内加工企业内销加工过程中产生的边角料或者副产品，以海关审查确定的内销价格作为完税价格。

⑤保税区内加工企业内销制成品（包括残次品）、边角料或者副产品的完税价格按照上述规定仍然不能确定的，由海关按照合理的方法审查确定。

（4）其他特殊进口货物完税价格的审定如表3-9所示。

表3-9 其他特殊进口货物完税价格的审定

特殊进口货物	估价方法
从保税区、出口加工区、保税物流园区、保税物流中心等区域、场所进入境内需要征税的货物	以进入境内的销售价格为基础审定完税价格，但必须包括上述区域发生的仓储费、运输费等相关费用
出境修理复运进境货物	运往境外修理的机械器具、运输工具或其他货物，出境时已向海关申报，并在海关规定期限内复运进境的，海关以境外修理费和料件费为基础审定完税价格。出境修理货物复运进境超过海关规定期限的，由海关按照一般进口货物的方法审定完税价格
出境加工复进口货物	境外加工料件费、加工费、复运回境的运保费为基础审定完税价格
暂时进境货物	经海关批准的暂时进境货物，应当缴纳税款的，按照一般进口货物的审价方法审定完税价；经海关批准留购时，以海关审查确定的留购价格作为完税价格
租赁进口货物	①以租金方式对外支付的租赁货物，在租赁期间以海关审定的该货物的租金为完税价格，利息予以计入 ②留购的租赁货物，以海关审定的留购价格为完税价格 ③纳税义务人申请一次性交税的，可以选择申请按照规定估价方法确定完税价格，或者按照海关审定的租金总额作为完税价格

续上表

特殊进口货物	估价方法
减免税货物	①特定减免税货物在监管年限内不能擅自出售、转让、移作他用，如果有特殊情况，经海关批准可以出售、转让、移作他用，须办理补税手续。 ②减税或免税进口的货物需予补税时，海关以审定的该货物原进口时的价格，扣除折旧部分价值作为完税价格，其计算公式如下： 完税价格 = 原进口价格 − 折旧 = 原进口价格 ×（1 − 使用月数/总监管月数） 上述计算公式中"使用月数"，不足一个月但超过 15 日的，按照 1 个月计算；不超过 15 日的，不予计算
无成交价格货物	以易货贸易、寄售、捐赠、赠送等不存在成交价格的进口货物，海关与纳税义务人进行价格磋商后，依照《审价办法》第 6 条列明的相同货物成交价格估价法、类似货物成交价格估价法、倒扣价格法、计算价格法、合理方法审查确定完税价格
软件介质	进口载有专供数据处理设备软件的介质，如果存在下列情形，则按介质成本或者价值审定完税价格： ①介质或软件的价值分列 ②未分列，但可以证明介质或软件的成本或价值 注意：美术、摄影、音像、影视、游戏、电子出版物等不适用

三、出口货物完税价格的审定

1. 出口货物的完税价格

出口货物的完税价格由海关以该货物的成交价格为基础审查确定，包括货物运至中华人民共和国境内输出地点装载前的运费及相关费用、保险费。

2. 出口货物的成交价格

出口货物的成交价格，是指该货物出口销售时，卖方为出口该货物向买方直接收取和间接收取的价款总额。

3. 不计入出口货物完税价格的税收、费用

（1）出口关税；

（2）在货物价款中单独列明的货物运至中华人民共和国境内输出地点装载后发生的运输费及其相关费用、保险费等；

（3）在货物价款中单独列明的卖方自己承担的佣金。

4. 出口货物其他估价方法

出口货物的成交价格不能确定的，依此以下列价格审查确定该货物的完税价格：

（1）同时或大约同时向同一国家或地区出口的相同货物的成交价格；

（2）同时或大约同时向同一国家或地区出口的类似货物的成交价格；

（3）根据境内生产相同或类似货物的成本、利润和一般费用、境内发生的运输及其相关费用、保险费计算所得的价格；

（4）按照合理办法估定的价格。

如果出口货物的销售价格中包含了出口关税，则出口货物完税价格的计算公式如下：

出口货物完税价格＝FOB（境内口岸）－出口关税＝FOB（境内口岸）/（1＋出口关税率）

【工作任务示范】

根据模块二项目一工作示范案例1资料（详见附录二），完成任务预期成果。

任务预期成果：

计算切纸刀的完税价格。

任务成果分析：

进口货物的完税价格＝CIF＋需要调整的费用

切纸刀的报价方式是CFR，保险费率为3%。没有需要调整的费用

切纸刀的完税价格＝CIF＝（FOB＋运费）/（1－保险费率×保险加成）

＝CFR/（1－保险费率×保险加成）

＝52 000.00/（1－0.03×1.1）

＝53 774.56USD

工作任务2　适用税率确定

【技能目标】

- 能够确认货物的原产地
- 能够选择货物适用税率

【知识目标】

- 进出口货物原产地规则，优惠原产地规则，非优惠原产地规则
- 税率适用规定

【任务预期成果】

根据模块二项目一工作任务（详见附录一）分析：

（1）确定该进口货物的原产地。

（2）确定该进口货物适用的关税税率，并说明原因。

【知识链接】

一、原产地规则的含义

货物的原产地就是货物的"国籍"。各国为了适应国际贸易的需要,并为执行本国的国别歧视性贸易措施,必须对进出口商品的原产地进行认定。但认定货物原产地需要以一定的标准作为依据。为此,各国政府以本国立法的形式制定出认定货物原产地的标准,这就是原产地规则。

WTO《原产地规则协议》对原产地规则的定义是:一国(地区)为确定货物的原产地而实施的普遍适用的法律、法规和行政决定。

二、原产地规则的类别

从适用目的的角度划分,原产地规则分为优惠原产地规则和非优惠原产地规则,如表3-10所示。由于优惠原产地规则是用于认定进口货物有无资格享受比最惠国更优惠待遇的依据,因此其认定标准通常会与非优惠原产地规则不同,其宽或严完全取决于成员方。进口国(地区)为了防止此类优惠措施被滥用或规避,一般都制定了货物直接运输的条款。

表3-10 优惠原产地规则和非优惠原产地规则

原产地规则	含 义	主要内容
优惠原产地规则	一国为了实施国别优惠政策而制定的原产地规则,优惠范围以原产地为受惠国的进口产品为限,是以优惠贸易协定或者是由本国自主形式制定的一些特殊原产地认定标准,也称为"协定原产地规则"。实施方式:自主方式和通过协定以互惠的方式	本国自主形式制定:如欧盟普惠制、中国对最不发达国家的特别优惠关税待遇(共41个最不发达国家) 双边、多边协定形式:截至2017年6月底,签订了十三个优惠贸易协定,例如,《北美自由贸易协定》;《亚太贸易协定》又称《曼谷协定》,适用国家包括韩国、印度、斯里兰卡、孟加拉国、老挝;《中国-东盟合作框架协议》,适用国家包括越南、泰国、新加坡、马来西亚、印度尼西亚、文莱、缅甸、老挝、柬埔寨、菲律宾;《香港CEPA》《澳门CEPA》《中巴自贸协定》《中国与智利自由贸易协定》《中国-新西兰自由贸易协定》《中国-新加坡自由贸易协定》《中国-澳大利亚自由贸易协定》等

续上表

原产地规则	含义	主要内容
非优惠原产地规则	一国根据实施其海关税则和其他贸易措施的需要，由本国立法自主制定的原产地规则，也称为"自主原产地规则"。必须遵守最惠国待遇原则	主要实施最惠国待遇、反倾销和反补贴税、保障措施、数量限制或关税配额、原产地标记或贸易统计、政府采购时采用的原产地规则

（一）优惠原产地规则

1. 优惠原产地认定标准

优惠原产地认定标准主要有"完全获得标准""税则归类改变标准""从价百分比标准（区域价值成分标准）""制造加工工序标准""其他标准""直接运输规则"，如表3-11所示。

表3-11 优惠原产地认定标准

认定标准	内容
完全获得标准	从优惠贸易协定成员国或地区直接运输进口的货物是完全在该成员国或者地区获得或者生产的，包括：①在该国（地区）境内收获、采摘或者采集的植物产品；②在该国（地区）领土出生并饲养的活动物；③在该国（地区）领土或领海开采、提取的矿产品；④其他符合相应优惠贸易协定项下完全获得标准的货物。注意：若A、B国同属于一个优惠贸易协定，A国的货物或材料运往B国用于生产另一货物，则应视该货物或材料原产于B国
税则归类改变标准	成员国或地区对非该国（地区）的材料加工、制造后改变其税则归类，则视为货物原产于成员国（地区）
从价百分比标准（区域价值成分标准）	指FOB价基础上扣除该货物生产过程中该成员国或地区非原产材料价格后，所余价款在出口货物FOB价格中所占的百分比，例如： ①《亚太贸易协定》非成员国原产或不明原产地材料、零件或产物的总价值≤FOB价的55%；原产于孟加拉国的产品≤FOB价的65% ②《中国-东盟合作框架协议》来自非自由贸易区材料、零件、产物等总价值≤FOB价的60%，且最后工序在成员方境内完成 ③CEPA项下的港澳产品（包括原料、组合零件、劳工价值、产品开发支出价值合计）比例应≥FOB价的30% ④"特别优惠关税待遇"受惠国对非该国的原材料加工制造后的增值部分≥40%

续上表

认定标准	内　容
制造加工工序标准	赋予加工后所得货物基本特征的主要工序在某个国家（地区），则该国（地区）就是原产国（地区）
其他标准	除上述标准外，成员国或地区一致同意采用的确定货物原产地的其他标准
直接运输规则	①货物运输未经其他国家或地区 ②经其他国家或地区运输，无论是否换装交通工具或临时储存，同时符合下列条件的，仍视为"直接运输"：a. 该货物在经过其他国家或地区时，未做除使货物保持良好状态所必需处理以外的其他处理；b. 该货物在其他国家或者地区停留的时间未超过相应优惠贸易协定规定的期限；c. 在其他国家或地区作临时储存时，处于该国或地区海关监管之下

2. 原产地证书

优惠原产地证书是证明产品原产地的书面文书，是受惠国的产品出口到给惠国时享受关税优惠的重要凭证。货物申报进口时，进口货物收货人或其代理人应当按照海关的申报规定填制《中华人民共和国进口货物报关单》，申明适用协定税率或特惠税率，并同时提交货物的有效原产地证书或者相关优惠贸易协定规定的原产地声明文件，以及货物的商业发票正本运输单证等其他商业单证，对经非协定成员方境内（港澳台除外）中转货物、空运或海运货物，进口人应当提交经营国际快递业务的企业、民用航空运输企业、国际班轮运输经营者及其委托代理人出具的单份运输单证。

海关对上述单证有疑问的，进口人应当补充提交相关资料。

进口货物收货人或其代理人向海关提交的原产地证书，应当符合相应优惠贸易协定关于证书格式、填制内容、签章、提交期限等规定，并且与商业发票、报关单等单证的内容相符，报关单所列货物数量不得超过原产地证书上该货物数量。

3. 不适用于协定或特惠税率情形

（1）进口货物收货人或其代理人在货物申报进口时没有提交有效原产地证书原产地声明，也未就进口货物是否具备原产地资格向海关补充申报的。

（2）进口货物收货人或其代理人未提供商业发票、运输单证等其他商业单证，也未提交其他证明文件的。

（3）经查验或原产地核查，确认货物原产地已申报内容不符或者无法确定货物真实原产地的。

（4）未按补充申报相关规定在货物申报进口之日起一年内补交有效的原产地证书的。

（5）我国海关已要求优惠贸易协定有关成员方签证机构或原产地主管机构开展

核查。在规定期限内未收到核查反馈结果的。

(二) 非优惠原产地规则

1. 非优惠原产地认定标准

非优惠原产地认定标准主要有"完全获得标准"和"实质性改变标准",如表3-12所示。

表3-12 非优惠原产地认定标准

认定标准	内容
完全获得标准	完全在一个国家（地区）获得,以该国（地区）为原产地;两个以上国家（地区）参与生产的货物,以最后完成实质性改变的国家（地区）为原产地。以下视为"完全获得"：①在该国（地区）出生并饲养的活的动物;②在该国（地区）野外捕捉、捕捞、搜集的动物;③从该国（地区）活的动物获得的未经加工的物品;④在该国（地区）收获的植物和植物产品;⑤在该国（地区）采掘的矿物;⑥在该国（地区）获得的除上述①～⑤项范围之外的其他天然生成的物品;⑦在该国（地区）生产过程中产生的只能弃置或者回收用作材料的废碎料;⑧在该国（地区）收集的不能修复或者修理的物品,或者从该物品中回收的零件或者材料;⑨由合法悬挂该国旗帜的船舶从其领海以外海域获得的海洋捕捞物和其他物品;⑩在合法悬挂该国旗帜的加工船上加工上述⑨项所列物品获得的产品;⑪从该国领海以外享有专有开采权的海床或者海床底土获得的物品;⑫在该国（地区）完全从上述①～⑪项所列物品中生产的产品 注意：为运输、储存期间保存货物而作的加工或者处理,为货物便于装卸而进行的加工或者处理,为货物销售而进行的包装等加工或者处理等不影响完全获得标准认定
实质性改变标准	针对两个及以上国家参与生产或制造的货物,以最后完成实质性改变的国家为原产地。其中,税则归类改变为基本标准,其他为补充标准 ①税则归类改变：指在某一国家（地区）对非该国（地区）原产材料进行制造、加工后,使其的四位税号一级的税则归类发生改变 ②制造或加工工序：指在某一国家（地区）进行的赋予制造、加工后所得货物基本特征的主要工序 ③从价百分比：在某一国家（地区）对非该国（地区）原产材料进行制造、加工后的增值部分,不低于所得货物价值的30%

2. 原产地证书

一般情况下,按照WTO组织相关制度要求,我国海关对非优惠贸易协定项下进口货物执行最优惠待遇条款,既对进口货物按照最优惠国税率征税,不需要进口单位提供原产地证书。但遇有执行反倾销反补贴等特殊情况时,因涉及不同国家及厂商的差别待遇，必须提供原产地证书，有时甚至需要提供原产商发票，否则按照最高税率执行相关反制措施。

三、税率的适用

税率适用是指进出口货物在征税、补税或退税时选择使用的各种税率。

（一）税率适用原则

我国对进口关税税率分设最惠国税率、协定税率、特惠税率、普通税率、关税配额税率等常规税率，其具有规范性和相对稳定性的特点。此外，对进口货物在一定期限内可以实行暂定税率。

1. 进口税率适用原则

对于同时适用多种税率的进口货物，选择适用的税率时，基本的原则是"从低计征"，特殊情况除外。

（1）适用最惠国税率的有：原产于共同适用最惠国待遇条款的世界贸易组织成员的进口货物，原产于与中华人民共和国签订含有相互给予最惠国待遇条款的双边贸易协定的国家或者地区的进口货物，以及原产于中华人民共和国境内的进口货物。

适用协定税率的有：原产于与中华人民共和国签订含有关税优惠条款的区域性贸易协定的国家或者地区的进口货物。

适用特惠税率的有：原产于与中华人民共和国签订含有特殊关税优惠条款的贸易协定的国家或者地区的进口货物。

适用普通税率的有：上述之外的国家或者地区的进口货物，以及原产地不明的进口货物。

（2）适用最惠国税率，有暂定税率的，应当适用暂定税率；适用协定税率、特惠税率的进口货物，有暂定税率的，应实行从低适用的原则；适用普通税率的进口货物，不适用暂定税率。

（3）按照国家规定实行关税配额管理的进口货物，关税配额内的，适用关税配额税率；关税配额外的，其税率的适用按其所适用的其他相关规定执行。

（4）按照有关法律、行政法规的规定对进口货物采取反倾销、反补贴、保障措施的，其税率的适用按照《中华人民共和国反倾销条例》《中华人民共和国反补贴条例》和《中华人民共和国保障措施条例》的有关规定执行。

（5）任何国家或者地区违反与中华人民共和国签订或者共同参加的贸易协定及相关协定，对中华人民共和国在贸易方面采取禁止、限制、加征关税或者其他影响正常贸易的措施的，对原产于该国家或者地区的进口货物可以征收报复性关税，适用报复性关税税率。征收报复性关税的货物、适用国别、税率、期限和征收办法，由国务院关税税则委员会决定并公布。

此外，适用最惠国税率、协定税率、特惠税率的进口货物，如实施暂定税率，实行从低适用税率的原则。执行国家有关进口关税减征政策时,首先应当在最惠国税率基础上计算有关税目的减征税率,然后根据进口货物的原产地及各种税率形式的适用范围,将这一税率与同一税目的特惠税率、协定税率、进口暂定最惠国税率进行比较,税率从低执行,但不得在暂定最惠国税率基础上再进行减免。从 2002 年起我国对部分非全税目信息技术产品的进口按 ITA 税率(ITA 税率即信息技术产品协议关税税率)征税。

综上所述,同时有两种及以上税率可适用的进口货物最终适用的税率可以汇总为表 3-13。

表 3-13 同时有两种及以上税率可适用的进口货物最终适用的税率汇总表

进口货物可选用的税率	税率适用的规定
同时适用最惠国税率、进口暂定税率	应当适用暂定税率
同时适用最惠国税率、减征税率	优先适用减征税率
同时适用协定税率、特惠税率、进口暂定税率、减征税率	应当从低适用税率
同时适用国家优惠政策、进口暂定税率、减征税率	按国家优惠政策进口暂定税率商品时,以优惠政策计算确定的税率与暂定税率两者取低计征关税,但不得在暂定税率基础上再进行减免
适用普通税率的进口货物,存在进口暂定税率	适用普通税率的进口货物,不适用暂定税率
适用关税配额税率、其他税率	关税配额内的,适用关税配额税率;关税配额外的,适用其他税率
同时适用 ITA 税率、其他税率	适用 ITA 税率
反倾销税、反补贴税、保障措施关税、报复性关税	适用反倾销税率、反补贴税率、保障措施税率、报复性关税税率

2. 出口税率适用原则

国家对征收出口关税的货物设置出口税率,部分征收出口税率的货物还设定暂定税率,征收关税的出口货物有暂定税率的,适用暂定税率。

(二) 税率适用时间

《关税条例》规定:进出口货物应当适用海关接受该货物申报进口或者出口之日实施的税率。但在实际运用时存在着各种不同的情况,应注意区分对待。

在实际运用时需要区分以下不同情况:

(1) 提前申报的,适用运输工具申报进境日(进口)税率。

(2)进口转关,适用指运地海关接受申报日税率。

(3)出口转关,适用启运地海关接受申报日税率。

(4)集中申报货物,适用每次进出口(申报进出境)日税率。

(5)超限未报被依法变卖的进口货物,适用运输工具申报进境日税率。

(6)违反规定需追征税款的进出口货物,适用违反行为发生日税率;不能确定违反行为发生之日的则选择违反行为发现日税率。

(7)已申报进境并放行的保税货物、减免税货物、租赁货物、暂时进出境货物或者已申报进出境并放行的暂时进出境货物,有下列行为之一需交纳税款的,适用海关接受纳税义务人再次填写报关单申报办理纳税及有关手续之日实施的税率:

①保税货物经批准不复运出境的。

②保税仓储货物转入国内销售的。

③减免税货物经批准转让或者移作他用的。

④暂时进出境货物经批准不复运出/进境的。

⑤租赁进口货物,分期缴纳税款的。

进出口货物关税的补征和退还,按照上述规定确定适用的税率。

【工作任务示范】

根据模块二项目一工作示范案例1资料(详见附录二),查找计算切纸刀的适用税率。

任务成果分析:

(1)通过商品编码找到税则(见商品编码工作示范):

切纸机的进口最惠国关税税率为12%,普通关税税率为50%,增值税率为17%,消费税率为0%。

(2)通过资料找到该批切纸刀的原产地为德国,适用于最惠国待遇的关税税率。因此,该批切纸刀的适用关税税率为12%,增值税率为17%,消费税率为0%。

工作任务3 税费计算

【技能目标】

• 能够计算进口货物关税、出口货物关税、消费税、增值税、滞纳金、滞报金

【知识目标】

• 进口关税、出口关税计算方法

• 消费税、增值税计算方法

• 滞纳金、滞报金计算方法

【任务预期成果】

根据模块二项目一工作任务（详见附录一），完成任务预期学习成果：

（1）核算该进口货物的关税、消费税及增值税。

（2）如果报关员 9 月 10 日向海关发送电子报关单，被海关接受。分析是否涉及滞报，如有请计算滞报金。

（3）海关 9 月 12 日签发了缴款通知书，该单位 9 月 25 日缴款，分析是否涉及滞纳，如有请计算滞纳金。

【知识链接】

一、进出口税费计算

海关征收的关税、进口环节税、滞纳金等一律以人民币计征。完税价格、税额采用四舍五入法计算至分位，分以下四舍五入。关税、进口环节增值税、滞纳金等税费的起征点为人民币 50 元。

进出口货物的成交价格及有关费用如以人民币以外外币计价的，计算税款前海关按照该货物适用税率之日所适用的计征汇率折合为人民币计算完税价格。海关每月使用的计征汇率为上一个月第三个星期三（如遇法定节假日则顺延至第四周星期三）中国人民银行公布的外币对人民币的基准汇率。以基准汇率币种以外的外币计价的，采用同一时间中国银行公布的现汇买入价和现汇卖出价的中间值（人民币元后用四舍五入法保留 4 位小数）。如果上述汇率发生重大波动，海关总署认为必要时，可另行规定计征汇率，并对外公布。

（一）进口关税税款的计算

1. 从价税

从价税是以进口货物的完税价格作为计税依据，以应征税额占货物完税价格的百分比作为税率，货物进口时，以此税率和实际完税价格相乘计算应征税额。

（1）计算公式：

应征进口关税税额 = 完税价格 × 进口从价税税率

减税征收的进口关税税额 = 完税价格 × 减按进口关税税率

（2）计算程序：

①按照归类原则确定税则归类，将应税货物归入恰当的税号；

②根据原产地规则和税率适用规定，确定应税货物所适用的税率；

③根据完税价格审定办法的有关规定，确定应税货物的 CIF 价格；

④根据汇率适用规定，将以外币计价的 CIF 价格折算成人民币（完税价格）；

⑤按照计算公式正确计算应征税款。

2. 从量税

从量税是以进口商品的数量、体积、重量等计征的关税的方法。计税时以货物的数量（体积、重量）乘以每单位应纳税金额即可得出该货物的关税税额。

（1）计算公式：应征税额＝进口货物数量×单位税额。

（2）计算程序：

①按照归类原则确定税则归类，将应税货物归入恰当的税号；

②根据原产地规则和税率适用规定，确定应税货物所适用的税率；

③确定其实际进口量；

④根据完税价格审定办法、规定，确定应税货物的 CIF 价格（计征进口环节增值税时需要）；

⑤根据汇率适用规定，将外币折算成人民币（完税价格）；

⑥按照计算公式正确计算应征税款。

3. 复合关税

复合关税是对某种进口商品混合使用从价税和从量税计征关税。

（1）计算公式：

应征税额＝进口货物数量×单位税额＋进口货物完税价格×进口从价税税率

（2）计算程序：

①按照归类原则确定税则归类，将应税货物归入恰当的税号；

②根据原产地规则和税率适用规定，确定应税货物所适用的税率；

③确定其实际进口量；

④根据完税价格审定办法的规定，确定应税货物的完税价格；

⑤根据汇率适用规定，将外币折算成人民币；

⑥按照计算公式正确计算应征税款。

4. 滑准关税

（1）计算公式：

从价应征进口关税税额＝完税价格×暂定关税税率

从量应征进口关税税额＝进口货物数量×暂定关税税率

（2）计算程序：

①按照归类原则确定税则归类，将应税货物归入适当的税号；

②根据原产地规则和税率适用规定，确定应税货物所适用的税率种类；

③根据审定货物完税价格的规定，确定应税货物的完税价格；

④根据关税税率计算公式计算暂定关税税率；

⑤根据汇率适用规定，将外币折算成人民币；

⑥按照计算公式正确计算应征税款。

(二) 反倾销税税款的计算

反倾销税是为抵制外国商品倾销进口，保护国内生产而征收的一种进口附加税，即在倾销商品进口时除征收进口关税外，另行加收反倾销税。

(1) 计算公式：

反倾销税税额＝完税价格×反倾销税税率。

(2) 计算程序：

①按照归类原则确定税则归类，将应税货物归入恰当的税号；

②根据反倾销税有关规定，确定应税货物所适用的反倾销税税率；

③根据审定完税价格的规定，确定应税货物的完税价格；

④根据汇率适用规定，将外币折算成人民币；

⑤按照计算公式正确计算应征反倾销税税款。

(三) 出口关税税款的计算

目前，我国仅对一小部分关系到国计民生的重要出口商品征收出口关税。我国出口关税有从价和从量征收两种计征标准。

(1) 计算公式：

$$应征出口关税税额＝出口货物完税价格×出口关税税率$$

其中：

$$出口货物完税价格＝\frac{FOB}{1+出口关税税率}$$

注：POB 价格为出口货物中国境内口岸的货物成交价格。

(2) 计算程序：

①按照归类原则确定税则归类，将应税货物归入恰当的税号；

②根据审定完税价格的规定，确定应税货物的完税价格；

③根据汇率适用规定，将外币折算成人民币；

④按照计算公式正确计算应征出口关税税款。

二、进口环节海关代征税的计算

(一) 消费税税款的计算

1. 计算公式

(1) 从价征收的消费税按照组成计税价格计算。采用价内税的计税办法，即计税价格的组成中包括了消费税税额。具体包括：进口关税完税价格、进口关税税额、消费税税额，其计算公式为：

$$应纳税额＝消费税组成计税价格×消费税比例税率$$

$$消费税组成计税价格 = \frac{进口关税完税价格 + 进口关税税额}{1 - 消费税比例税率}$$

（2）从量征收的消费税的计算公式为：

$$消费税应纳税额 = 应征消费税消费品数量 \times 消费税单位税额$$

（3）同时实行从量定额、从价定率复合计税。其计算公式为：

$$消费税组成计税价格 = \frac{关税完税价格 + 关税 + 进口数量 \times 消费税定额税率}{1 - 消费税比例税率}$$

$$应纳税额 = 消费税组成计税价格 \times 消费税比例税率$$

2. 计算程序

（1）按照归类原则确定税则归类，将应税货物归入恰当的税号；
（2）根据有关规定，确定应税货物所适用的消费税税率；
（3）根据审定完税价格的有关规定，确定应税货物的 CIF 价格；
（4）根据汇率适用规定，将外币折算成人民币（完税价格）；
（5）按照计算公式正确计算消费税税款。

（二）增值税税款的计算

（1）计算公式：

$$应纳税额 = 增值税组成计税价格 \times 增值税税率$$

$$增值税组成计税价格 = 进口关税完税价格 + 进口关税税额 + 消费税税额$$

（2）计算程序：

①按照归类原则确定税则归类，将应税货物归入适当的税号；
②根据有关规定，确定应税货物所适用的增值税税率；
③根据审定完税价格的有关规定，确定应税货物的 CIF 价格；
④根据汇率适用规定，将外币折算成人民币（完税价格）；
⑤按照计算公式正确计算关税税额；
⑥按照计算公式正确计算消费税税款、增值税税款。

三、滞纳金的计算

纳税义务人或其代理人应该按规定按时缴纳海关征收的关税、进口环节增值税和消费税、船舶吨税。如纳税义务人或其代理人逾期缴纳税款的，应缴纳税款滞纳金，征收滞纳金是税收管理中的一项行政强制措施。相关规定见表 3 - 14。

表 3-14　滞纳金及其计算

滞纳金	具体内容
法定期限	自海关填发税款缴款书之日起 15 日内缴纳税款；缴纳期限最后一日如遇法定节假日或休息日，则顺延至节后第一个工作日，期限内节假日不予扣除
计征期限	自海关填发税款缴款书之日起第 16 日为起始日，以缴清税款之日为截止日。起始日如遇法定节假日或休息日不予顺延应计入滞纳期限，期限内的节假日不予扣除
征收标准	按日征收滞纳税款 0.5‰的滞纳金
计算公式	关税滞纳金金额 = 滞纳的关税税额 ×0.5‰× 滞纳天数 进口环节消费税滞纳金金额 = 滞纳的进口环节消费税税额 ×0.5‰× 滞纳天数 进口环节增值税滞纳金金额 = 滞纳的进口环节增值税税额 ×0.5‰× 滞纳天数
起征点	人民币 50 元
计征单位	四舍五入计算至"分"

四、进出口税费的缴退、补

1. 进出口税款的退还

退税是指纳税义务人或其代理人缴纳税款后，由海关依法退还误征、溢征和其他应退还的款项，即将已入国库的税款退库和退付的行为。退税的适用范围、期限及要求见表 3-15。

表 3-15　进出口税款的退还范围及要求

退税的适用范围	①已缴纳进口关税和进口环节税税款的进口货物，因品质或者规格原因原状退货复运出境的 ②已缴纳出口关税的出口货物，因品质或者规格原因原状退货复运进境的，并已重新缴纳因出口而退还的国内环节有关税收的 ③已缴纳出口关税的货物，因故未装运出口，已退关的 ④已征税放行的散装进出口货物发生短卸、短装，如果该货物的发货人、承运人或者保险公司已对短卸、短装部分退还或者赔偿相应货款的，纳税义务人可以向海关申请退还进口或者出口短卸、短装部分的相应税款 ⑤进出口货物因残损、品质不良、规格不符的原因，由进出口货物的发货人、承运人或者保险公司赔偿相应货款的，纳税义务人可以向海关申请退还赔偿货款部分的相应税款 ⑥因海关误征，致使纳税义务人多缴税款的

续上表

退税的期限及要求	①海关发现多征税款的，应当立即通知纳税义务人办理退还手续 ②纳税义务人发现多缴税款的，自缴纳税款之日起1年内，可以以书面形式要求海关退还多缴的税款并加算银行同期活期存款利息。所退利息按照海关填发"收入退还书"之日中国人民银行规定的活期储蓄存款利息计算，计算所退利息的期限自纳税义务人缴纳税款之日起至海关填发"收入退还书"之日止 ③进口环节增值税已予抵缴的除国家另有规定外不予退还，已征收的滞纳金不予退还 ④海关应当自受理退税申请之日起30日内查实并通知纳税义务人办理退还手续。纳税义务人应当自收到通知之日起3个月内办理有关退税手续 ⑤退税在原征税海关办理。办理退税时，纳税义务人应填写"退税申请表"并持原进口或出口报关单、原盖有银行收款章的税款缴纳收据正本等必要单证送海关审核。海关同意后，应按原征税或者补征之日所实施的税率计算退税额 ⑥海关退还已征收的关税和进口环节税时，应填发"收入退还书"（海关专用），同时通知原纳税义务人或其代理人。海关将"收入退还书"（海关专用）送交指定银行划拨款

2. 税款追征与补征

追征、补征税款是指由海关依法追征或补征的海关短征和纳税人短缴或漏缴的税款的行为，具体见表3-16。

表3-16 税款追征与补征

追征与补征税款的范围	①进出口货物放行后，海关发现少征或者漏征税款的 ②因纳税义务人违反规定造成少征或者漏征税款的 ③海关监管货物在海关监管期内因故改变用途按照规定需要补征税款的
追征与补征税款的期限及要求	①进出口货物放行后，海关发现少征或者漏征税款的，应当自缴纳税款或者货物放行之日起1年内，向纳税义务人补征税款 ②因纳税义务人违反规定造成少征或者漏征税款的，海关可以自缴纳税款或者货物放行之日起3年内追征税款，并从缴纳税款或者货物放行之日起至海关发现违规行为之日止，按日加收0.5‰的滞纳金 ③海关发现海关监管货物因纳税义务人违反规定造成少征或者漏征税款的，应自纳税义务人应缴纳税款之日起3年内追征，并从缴纳税款之日起至海关发现违规行为之日止，按日加收0.5‰的滞纳金
追征、补征税款凭证	将盖有"收讫"章的"海关专用缴款书"第一联送签发海关验核，海关凭此办理有关手续

【工作任务示范1】

根据模块二项目一工作示范案例1资料（详见附录二），完成预期学习成果。

任务预期成果：

计算该批切纸刀的进口时需要缴纳的税费。

任务成果分析：

通过前面的分析已知：

切纸刀的完税价格为53 774.56USD

该批切纸刀的适用关税税率为12%，增值税率为17%，消费税率为0%。报关时采用的汇率为2016年8月第三周周三的汇率，即2016年8月19日汇率为6.83人民币/美元。

（1）计算关税税额：

应征关税税额 = 完税价格 × 关税税率
　　　　　　 = 53 774.5 × 6.83 × 12%
　　　　　　 = 367 279.84 × 12%
　　　　　　 = 44 073.58（元）

（2）计算增值税税额：

应征增值税税额 = （完税价格 + 关税税额）× 增值税税率
　　　　　　　 = （367 279.84 + 44 073.58）× 17%
　　　　　　　 = 411 353.42 × 17%
　　　　　　　 = 69 930.81（元）

【工作任务示范2】

国内某公司从香港购进日本产皇冠轿车10辆，成交价格合计为FOB香港120 000.00美元，实际支付运费5 000美元，保险费800美元。已知小轿车的汽缸容量2 000毫升，适用中国银行的外汇折算价为1美元=人民币6.57元，计算应征进口关税。

任务成果分析：

（1）确定税则归类，汽缸容量2 000毫升的小轿车归入税号8703.2341.01。

（2）原产国日本适用最惠国税率25%。

（3）审定完税价格为125 800美元（120 000.00美元 + 5 000美元 + 800美元）。

将外币价格折算成人民币为125 800 × 6.57 = 826 506.00元。

应征关税税额 = 完税价格 × 关税税率
　　　　　　 = 826 506 × 25%
　　　　　　 = 206 626.5（元）

【工作任务示范3】

国内某远洋渔业企业向美国购进国内性能不能满足需要的柴油船用发动机2台，

成交价格合计为CIF境内目的地口岸680 000.00美元。经批准该发动机进口关税税率减按1%计征。已知适用中国银行的外汇折算价为1美元=人民币6.57元,计算应征进口关税。

任务成果分析:

(1) 确定税则归类,该发动机归入税号8408.1000。
(2) 原产国美国适用最惠国税率5%,减按1%计征。
(3) 审定CIF价格为680 000美元。
(4) 将外币价格折算成人民币为4 467 600元。
(5) 应征进口关税税额=完税价格×减按进口关税税率。
$$=4\,467\,600\times1\%$$
$$=44\,676（元）$$

【工作任务示范4】

国内某公司从香港购进日本产的柯达彩色胶卷50 400卷(宽度35毫米,长度1.8米),成交价格合计为CIF境内某口岸10.00港币/卷,已知适用中国银行的汇率折算价为1港币=人民币0.84元,以规定单位换算表折算,规格"135/36"的彩色胶卷1卷=0.06平方米,计算应征进口关税。

任务成果分析:

(1) 确定税则归类,彩色胶卷归入税号3702.5410。
(2) 原产国日本适用最惠国税率22.00元/平方米。
(3) 确定其实际进口量50 400卷×0.06平方米/卷=2 910.6平方米。
(4) 审定完税价格为504 000港币;将外币总价格折算成人民币为424 922.40元。
(5) 计算应征税额。

应征进口关税税额=货物数量×单位税额
$$=2\,910.6\text{平方米}\times22\text{元/平方米}$$
$$=64\,033.20（元）$$

【工作任务示范5】

国内某公司从日本购进该国企业生产的广播级电视摄像机40台,其中有20台成交价格为CIF境内某口岸4 000美元/台,其余20台成交价格为CIF境内某口岸5 200美元/台,已知适用中国银行的外汇折算价为1美元=人民币6.57元,计算应征进口关税。

任务成果分析:

(1) 确定税则归类,该批摄像机归入税号8525.8012。
(2) 原产国日本,关税税率适用最惠国税率,经查关税税率为:完税价格不高于5 000美元/台的,关税税率为单一从价税率35%;完税价格高于5 000美元/台的，关税税率为3%，加12 960元从量税。

（3）确定后成交价格合计为80 000美元（每台4 000美元的20台）和104 000美元（每台5 200美元的20台）。

（4）将外币价格折算成人民币为525 744.00元和683 467.20元。

（5）按照计算公式分别计算进口关税税款。

20台单一从价进口关税税额 = 完税价格 × 关税税率
$$= 525\,744.00 \times 35\%$$
$$= 184\,010.40\,（元）$$

20台复合进口关税税额 = 货物数量 × 单位税额 + 完税价格 × 关税税率
$$=（20 \times 12\,960\,元/台）+（683\,467.20 \times 3\%）$$
$$= 259\,200.00 + 20\,504.02$$
$$= 279\,704.02\,（元）$$

40台合计进口关税税额 = 从价进口关税税额 + 复合进口关税税额
$$= 184\,010.40 + 279\,704.02$$
$$= 472\,048.35\,（元）$$

【工作任务示范6】

国内某一公司，从韩国购进厚度为0.7毫米的冷轧板卷一批，成交总价为120 401.95美元，已知该批冷轧板卷需要征收反倾销税，适用中国银行的外汇折算价为1美元 = 人民币6.57元，现计算应征的反倾销税税款。

任务成果分析：

（1）确定税则归类，厚度为0.7毫米的冷轧卷板归入税号7209.1790。

（2）经查该批冷轧板卷反倾销税税率为14%。

（3）审定完税价格为120 401.95美元。

（4）将外币价格折算成人民币为791 257.54元。

（5）反倾销税税额 = 完税价格 × 反倾销税税率
$$= 791\,257.54 \times 14\%$$
$$= 110\,776.05\,（元）$$

【工作任务示范7】

国内某企业从广州出口硅铁一批，申报成交价格为FOB广州黄埔港9 060.25美元，其适用中国银行的外汇折算价为1美元 = 人民币6.57元，要求计算出口关税。

任务成果分析：

（1）确定税则归类，该批硅铁归入税号7202.2100，出口税率为25%。

（2）审定FOB为9 060.25美元。

（3）将外币价格折算成人民币为59 542.15元。

（4）出口关税税额 = $\dfrac{\text{出口货物成交价格}}{1+\text{出口关税税率}} \times$ 出口关税税率

$= \dfrac{59\,542.15}{1+25\%} \times 25\%$

$= 47\,633.72 \times 25\%$

$= 11\,908.43$（元）

【工作任务示范 8】

某进出口公司进口丹麦产啤酒 3 800 升（988 升 = 1 吨），经海关审核其成交价格总值为 CIF 境内某口岸 1 672.00 美元。其适用中国银行的外汇折算价为 1 美元 = 人民币 6.57 元，现计算应征进口环节消费税的税款。

任务成果分析：

（1）确定税则归类，啤酒归入税号 2203.0000。

（2）消费税税率为从量税，进口完税价格 ≥ 370 美元/吨的消费税税率为 250 元/吨，进口完税价格 < 370 美元/吨的消费税税率为 220 元/吨。

（3）进口啤酒数量：3 800 升 ÷ 988 升/吨 = 3.85 吨，计算完税价格单价。

（4）计算完税价格单价：1 672 美元 ÷ 3.85 吨 = 434.29 美元/吨（进口完税价格 > 370 美元/吨），则消费税税额为 250 元/吨。

（5）按照计算公式计算进口环节消费税。

应征消费税税额 = 应征消费税消费品数量 × 消费税单位税额

$= 3.85$ 吨 $\times 250$ 元/吨

$= 962.50$ 元

【工作任务示范 9】

某公司进口货物一批，经海关审核其成交价格为 1 239.50 美元，其适用中国银行的外汇折算价为 1 美元 = 人民币 6.84 元，已知该批货物的关税税率为 12%，消费税税率为 10%，增值税税率为 17%。现计算应征增值税税额。

任务成果分析：

首先计算关税税额；然后计算消费税税额；最后再计算增值税税额。

（1）将外币价格折算成人民币为 8 145.75 元。

（2）计算关税税额：

应征关税税额 = 完税价格 × 关税税率

$= 8\,145.75 \times 12\% = 977.49$（元）

（3）计算消费税税额：

应征消费税税额 = $\dfrac{\text{关税完税价格} + \text{关税税额}}{1 - \text{消费税税率}} \times$ 消费税税率

$= [(8\,145.75 + 977.49) / (1 - 10\%)] \times 10\%$

= 10 136.93 ×10%

= 1 013.69（元）

（4）计算增值税税额：

应征增值税税额 =（关税完税价格 + 关税税额 + 消费税税额）×增值税税率

= (8 145.75 + 977.49 + 1 013.69) ×17%

= 10 136.93 ×17%

= 1 723.28（元）

【工作任务示范10】

国内某公司向香港购进日本丰田皇冠牌轿车一批，已知该批货物应征关税税额为 352 793.52 元，应征进口环节消费税为 72 860.70 元，进口环节增值税税额为 247 726.38 元。

海关于 2011 年 3 月 3 日填发海关专用缴款书，该公司于 2011 年 3 月 29 日缴纳税款。现计算应征的滞纳金。

任务成果分析：

首先确定滞纳天数，然后再计算应缴纳的关税、进口环节消费税和增值税的滞纳金。

税款缴款期限为 2011 年 3 月 18 日（星期五），3 月 19 日—29 日为滞纳期，共滞纳 11 天。

按照计算公式分别计算进口关税、进口环节消费税和增值税的滞纳金。

关税滞纳金 = 滞纳关税税额 ×0.5‰ × 滞纳天数

= 352 793.52 ×0.5‰ ×11

= 1940.36（元）

进口环节消费税滞纳金 = 进口环节消费税税额 ×0.5‰ × 滞纳天数

= 72 860.70 ×0.5‰ ×11

= 400.73（元）

进口环节增值税滞纳金 = 进口环节增值税税额 ×0.5‰ × 滞纳天数

= 247 726.38 ×0.5‰ ×11

= 1362.50（元）

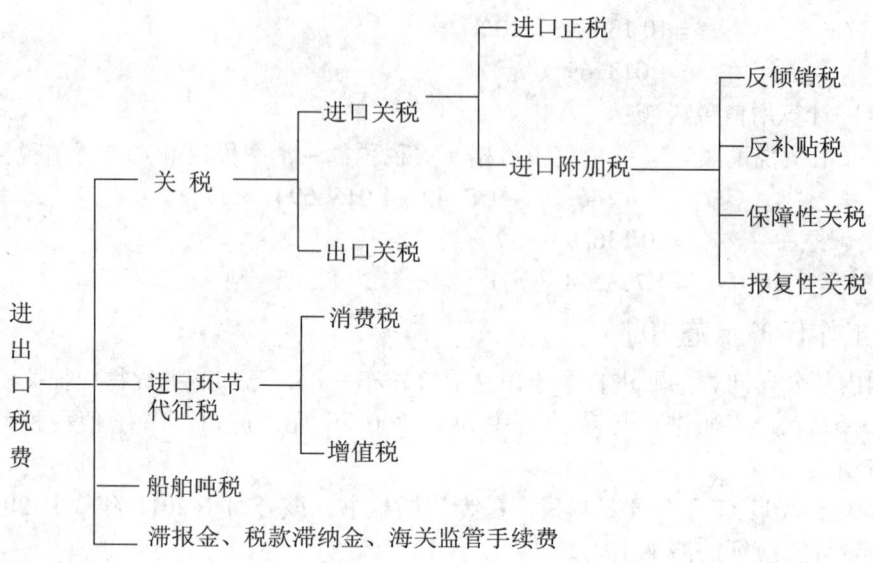

【拓展提高】

（1）某进出口公司进口一批不用征收进口消费税的货物，经海关审核，其成交价格总值为 CIF827.00 美元。已知该批货物的关税税率为 35%，增值税税率为 17%，其适用的外汇汇率 1 美元 =6.84 元人民币，请计算应征关税、消费税、增值税。

（2）国内某公司向香港购进日本产皇冠轿车一批，已知该批货物应征关税税额为人民币 352 793.52 元，应征进口环节消费税为人民币 72 860.70 元，进口环节增值税税额为人民币 247 726.38 元。海关于 2016 年 2 月 5 日填发海关专用缴款书，该公司于 2016 年 3 月 3 日缴纳税款，请计算应征的滞纳金。

项目三 报关单填制

【工作任务】
根据模块二项目一工作任务（详见附录一）填写报关单。

【技能目标】
- 能够根据报关背景资料和单据填制报关单

【知识目标】
- 报关单的种类、用途
- 进出口报关单各栏目的填制规范

【任务预期成果】
根据模块二项目一工作任务（详见附录一），完成任务预期成果。
（1）该批货物填写的报关单类别（提示：进口报关单或出口报关单）。
（2）根据资料填写报关单。

【知识链接】

一、进出口货物报关单认知

进出口货物报关单是指进出口货物收发货人或其代理人，按照海关规定的格式对进出口货物实际情况做出书面申明，以此要求海关对其货物按适用的海关制度办理通关手续的法律文书。通关效率和质量取决于能否完整、准确、有效地填制报关单。

报关单在对外经济贸易活动中也具有十分重要的法律地位。报关单既是海关监管、征税、统计以及开展稽查和调查的重要依据，又是加工贸易进出口货物核销，以及出口退税和外汇管理的重要凭证，也是海关处理走私、违规案件及税务、外汇管理部门查处骗税和套汇犯罪活动的重要证书。申报人对所填制的报关单真实性和准确性承担法律后果。因此，填写报关单是报关人员应具备的重要技能之一。

（一）报关单类别

进出口报关单按照不同的标准进行分类。

1. 按进出口状态分类

①进口货物报关单。
②出口货物报关单。

2. 按载体介质表现形式分类

①纸质报关单。
②电子数据报关单。
3. 按使用用途分类
①报关单录入凭单。
②预录入报关单。
③电子数据报关单。
④报关单证明联。

（二）报关单的法律效力

《海关法》规定："进口货物的收货人、出口货物的发货人应当向海关如实申报，交验进出口许可证件和有关单证。"

进出口货物报关单是货物的收、发货人向海关报告其他进出口货物实际情况及适用海关业务制度、申请海关审查并放行货物的必备法律证书。报关单是海关对进出口货物进行监管、征税、统计和开展稽查和调查的主要依据，申报人对所填报的进出口货物报关单的真实性和准确性承担法律责任。

（三）海关对进出口报关单填制的一般要求

进出境货物的收、发货人或其代理人向海关申报时，必须填写并向海关递交进出口货物报关单。申报人在填制报关单时，应当依法如实向海关申报，对申报内容的真实性、准确性、完整性和规范性承担相应的法律责任。

（1）报关人员必须按照《海关法》《货物申报管理规定》和《报关单填制规范》的有关规定和要求，向海关如实申报。

（2）报关单填报必须真实，做到"两个相符"。

①单、证相符：所填报关单各栏目的内容必须与合同、发票、装箱单、提单以及批文等随附单据相符。

②单、货相符：所填报关单各栏目的内容必须与实际进出口货物情况相符。

（3）报关单的填报要准确、齐全、完整。

（4）分单填写：不同的批文或合同的货物、同一批货物中不同贸易方式的货物、不同备案号的货物、不同提运单的货物、不同的运输方式或相同运输方式但不同航次的货物，均应该分单填报。一份原产地证书只能对应一份报关单；同一份报关单上的商品不能够同时享受协定税率和减免税；在一批货物中，对于实行原产地证书联网管理的，如涉及多份原产地证书或含有非原产地证书的商品，亦应分单填报。

（5）一份报关单中商品需分项填写情况：在进出口商品项目中，如果商品编号不同、商品名称不同、原产国（地区）/最终目的国（地区）不同的需分项填报。

(6) 已向海关申报的进出口货物报关单，如原填报内容与实际进出口货物不一致而又有正当理由的，申报人应向海关递交书面更正申请，经海关核准后，对原填报的内容进行更改或撤销。

二、进口货物报关单、出口货物报关单表头各栏目填制

（一）收发货人及编码

1. 含义

收发货人指在海关注册的对外签订并执行进出口贸易合同的中国境内法人、其他组织或个人。

海关注册编码是收发货人在海关办理注册登记手续时，海关给予的注册登记10位编码，经营单位编码结构见表3-17。如广州天成外贸公司4401210077单位编码的含义，"4401"表示广州，第五位的"2"代表该企业位于经济技术开发区，第六位"1"代表是国企，"0077"代表顺序码，单位编码的含义是广州天成贸易公司位于广州经济技术开发区，属于有进出口经营权的国有企业。

表3-17 经营单位编码结构表

位　数		标　志
第1、2位		省、自治区、直辖市代码
第3、4位		进出口单位属地行政区代码
第5位	经济区划代码	1　经济特区
		2　经济技术开发区
		3　高新技术产业开发区
		4　保税区
		5　出口加工区/珠澳跨境工业园区
		6　保税港区/综合保税区
		7　保税物流园区
		8　综合实验区
		9　其他
		A　国际边境合作中心
		W　保税物流中心

续上表

位数		标志	
第6位	企业性质代码	1	有进出口经营权的国有企业
		2	中外合作企业
		3	中外合资企业
		4	外商独资企业
		5	有进出口经营权的集体企业
		6	有进出口经营权的私营企业
		7	有进出口经营权的个体工商户
		8	有报关权而没有进出口经营权的企业
		9	其他
		A	国营对外加工企业（无进出口经营权）
		B	集体对外加工企业（无进出口经营权）
		C	私营对外加工企业（无进出口经营权）
第7位	经营类别代码	0～9	进出口货物收发货人/报关企业
		D～I	各类保税仓库
		L	临时注册登记单位
		Z	报关企业分支机构
		J	国内结转型出口监管仓库
		P	出口配送型出口监管仓库
第8～10位		企业注册流水编号	

2. 填报要求

（1）"收发货人"栏应填报收发货人的中文名称及编码，只填其中一项都是错误的。例如，"大连万凯化工贸易公司 2102915020"，编码可选填 18 位法人和其他组织统一社会信用代码或 10 位海关注册编码任一项。

（2）特殊情况下填制要求如下：

①进出口货物合同的签订者和执行者非同一企业的，填报执行合同的企业。

②外商投资企业委托进出口企业进口投资设备、物品的（监管方式为合资合作设备"2025"、外资设备物品"2225"），填报外商投资企业，同时注明被委托企业的 18 位法人和其他组织统一社会信用代码，并在标记唛码及备注栏注明"委托××进出口企业进口"。例如，上海××针织有限公司（3101935039）委托上海机械进出口

(集团)公司进口"圆形针织机"5台自用。"经营单位"栏应填报：上海××针织有限公司3101935039，并在"标记唛码及备注"栏注明：委托上海机械进出口（集团）公司进口。但如果外商投资企业委托外贸企业进口的不是投资设备、物品，则经营单位应填代理方。例如，上海××针织有限公司（3101935039）委托上海××贸易公司（3101915038）进口棉纱用于生产产品内销。"经营单位"填写：上海××贸易公司3101915038。

③有代理报关资格的报关企业代理其他进出口企业办理进出口报关手续时，填报委托的进出口企业。

④使用电子化手册、电子账册（以下统称加工贸易手册）管理的货物，收发货人应与加工贸易手册的"经营企业"一致。

（二）进口口岸/出口口岸

1. 含义

进（出）口口岸亦称关境口岸，是指国家对外开放的港口及边界关口，具体而言是指设在一国关境内的对外开放的国际运输港口、国际民航航空站（港）、国际运输铁路车站、国际邮件交换局（交换站）、跨国（境）输出输入管道（线、网络）以及位于关界的国际运输公路通道等经一国政府批准的进出境地点。但在进出口货物报关单中，进口口岸和出口口岸特指申报海关名称。

2. 填报要求

（1）进口货物报关单的"进口口岸"栏应填报货物实际进入我国关境的口岸海关的名称及代码；出口货物报关单的"出口口岸"栏应填报货物实际运出我国关境的口岸海关的名称及代码。

口岸海关名称及代码指国家正式对外公布并已编入海关"关区代码表"的海关的中文名称及四位代码，"关区代码表"中有隶属海关关别及代码时，则应填报隶属海关名称及代码，例如埔老港办（5201）。

（2）特殊情况下，"进口口岸"栏或"出口口岸"栏按以下方式填报：

①加工贸易货物，填报货物限定或指定进出口岸的口岸海关名称及代码。限定或指定口岸与货物实际进出境口岸不符的，应向合同备案主管海关办理变更手续后填报。

②进口转关运输货物，填报货物进境地海关名称及代码；出口转关运输货物，填报货物出境地海关名称及代码。例如，厦门某外商投资企业利用自有资金进口零件，用于本企业设备维修，货物于2016年6月28日运抵上海浦东国际机场，办理相关手续后，于6月29日运至厦门高崎机场向海关办理进口报关纳税手续。进口口岸栏应该填报：浦东机场海关2233。

③按转关运输方式监管的跨关区深加工结转货物，出口报关单填报转出地海关名称及代码，进口报关单填报转入地海关名称及代码。

④在不同海关特殊监管区域或保税监管场所之间调拨、转让的货物，填报对方特殊监管区域或保税监管场所所在的海关名称及代码。

⑤其他无实际进出境的货物，填报接受货物申报的海关名称及代码。

⑥无法确定进出口口岸的货物，填报接受货物申报的海关名称及代码。

⑦部分汽车、船舶、港机维修备件、药品、麻醉药物、精神药品、蛋白同化制剂、肽类激素指定进口口岸，出口轻（重）烧镁、蚕丝、麻黄素、卷烟、红松子、松茸等要严格按许可证核准的口岸出口，并正确填报海关名称及代码。

（三）进口日期/出口日期

1. 含义

进口日期（进口报关单）指运载所申报货物的运输工具申报进境的日期，与运输工具申报进境的实际日期一致。

出口日期（出口报关单）指运载所申报货物的运输工具办结出境手续的日期。

无实际进出境的报关单填报海关接受申报的日期。

2. 填报要求

进口时期：报关人员应根据运输工具申报日期正确填写。

出口日期：申报时无须填写。

本栏目为8位数字，如20170518，顺序为年（4位）、月（2位）、日（2位）。

（四）申报日期

1. 含义

申报日期是指海关接受进出口货物的收、发货人或受其委托的报关企业向海关申报货物进出口的日期。

以电子数据申报的，申报日期为海关计算机系统接受申报数据的日期。

以纸质报关单方式申报的，申报日期为海关接受纸质报关单并对报关单进行登记处理的日期。

2. 填报要求

本栏目在申报时免于填报。

（五）消费使用单位/生产销售单位

1. 含义

消费使用单位：进口报关单填报，填报已知的进口货物在境内的最终消费、使用单位的名称，包括自行进口货物的单位，委托进出口企业进口货物的单位。

生产销售单位：出口报关单填报，填报出口货物在境内的生产或销售单位的名称，包括自行出口货物的单位，委托进出口企业出口货物的单位。

2. 填报要求

（1）已在海关注册登记：填报中文名称和18位法人和其他组织统一社会信用代码（或10位海关注册编码、加工生产企业登记编码）。

（2）未在海关注册登记的：填报中文名称、18位法人和其他组织统一社会信用代码或9位组织机构代码。没有18位法人和其他组织统一社会信用代码的可不填，没有9位组织机构代码的应填报"NO"。

（3）使用加工贸易手册管理的货物，消费使用单位/生产销售单位应与加工贸易手册的"加工企业"一致；减免税货物报关单的消费使用单位/生产销售单位应与中华人民共和国海关进出口货物征免税证明（以下简称征免税证明）的"减免税申请人"一致；保税监管场所与境外之间的进出境货物，消费使用单位/生产销售单位应当填报保税监管场所的名称（保税物流中心（B型）填报中心内企业名称）。

（六）运输方式

1. 含义及分类

运输方式指国际贸易买卖双方就进出口货物交接、交换所磋商决定可采用的运输方式；报关单中专指载运货物进出关境所使用的运输工具的分类，即海关规定的运输方式。海关规定的运输方式与国际贸易中的运输方式有联系也有区别。国际贸易中的运输方式指的是实际的运输方式，如水路运输、铁路运输、公路运输、航空运输等。而海关规定的运输方式分为两种类型，一种是实际运输方式，另一种是海关规定的特殊运输方式。

（1）实际运输方式。

海关规定的实际运输方式专指用于载运货物实际进出关境的运输方式，主要的运输工具有船舶、火车、飞机、汽车、驮畜等，如表3-18所示。进境货物的运输方式，按运抵我国关境第一个口岸的运输方式填报；出境货物的运输方式，按货物运离我国最后一个口岸时的运输方式填报。

（2）特殊运输方式。

海关规定的特殊运输方式是指货物没有实际进出境时，按货物在境内的实际流向分类填报，不能填写货物的实际运输方式，仅用于标识没有实际进出境的货物，具体情况见表3-18。

表 3-18 运输方式代码表及说明

运输方式	代码	名 称	运输方式说明
实际运输方式	2	水路运输	
	3	铁路运输	
	4	公路运输	
	5	航空运输	
	6	邮件运输	
	9	其他运输	人力、畜力、输水管道、输油管道、输送带、输电网等方式
特殊运输方式	0	非保税区	非保税区运入保税区和保税区退区（退运境内）货物
	1	监管仓库	境内存入出口加工仓库和出口监管仓库退仓
	7	保税区	保税区运往境内非保税区
	8	保税仓库	保税仓库转内销
	A	全部运输方式	
	W	物流中心	从境内保税物流中心外运入保税物流中心或从保税物流中心运往境内非保税物流中心
	X	物流园区	从境内特殊监管区域之外运入园区内或从保税物流园区运往境内
	Y	保税港区	保税港区（不包括直通港区）运送区外和区外运入保税港区
	Z	出口加工区	出口加工区运往区外和区外运入出口加工区（区外企业填报）
	H	边境特殊海关作业区	境内运入深港西部通道港方口岸区
	T	横琴新区和平潭综合实验区（综合试验区）	指定申报通道运往境内区外或从境内经二线制定申报通道进入综合试验区的货物，以及综合试验区内按选择性征收关税申报的货物
	9	其他境内流转货物	特殊监管区域内货物之间的流转、调拨货物，特殊监管区域、保税监管场所之间相互流转的货物，特殊监管区域内企业申报的与境内进出的货物，特殊监管区域外的加工贸易余料结转、深加工结转、内销等货物

2. 运输方式填报要求

（1）本栏目应根据货物实际进出境的运输方式或货物在境内流向的类别，按照海关规定的运输方式代码表选择填报相应的运输方式名称或代码。如 Shipped per YONG AN CHENG V. 348，运输方式填写："水路运输"或者"2"。

（2）特殊情况下运输方式填报要求如下：

①非邮件方式进出境的快递货物，按实际运输方式填报。

②进出境旅客随身携带的货物，按旅客所乘运输工具填报。

③进口转关运输货物，按载运货物抵达进境地的运输工具填报；出口转关运输货物，按载运货物驶离出境地的运输工具填报。

④同一出口加工区内或不同出口加工区的企业之间相互结转（调拨）的货物，出口加工区与其他海关特定监管区域之间、不同保税区之间、同一保税区内不同企业之间、保税区与出口加工区之间等海关特定监管区域之间转移（调拨）的货物，以及加工贸易余料结转、深加工结转和内销货物，填报"9"。

⑤出口加工区、珠澳跨境工业区珠海园区与区外之间进出的货物，区内企业填报"9"，区外企业填报"Z"。

（3）运输方式填报应注意的事项：

①运输方式为保税区（代码7）和保税仓库（代码8）仅适用于保税区和保税仓库转内销进口报关单本栏的填报，不得用于出口报关单。

②运输方式代码为"0，1，7，8，Z，W，X，Y，H"的，其进口报关单的"起运国（地区）"栏、出口报关单的"运抵国（地区）"栏都应填报中国（142）。

③不复运出（入）境而留在境内（外）销售的进出境展览品、留赠转卖物品等，填报"其他运输"（代码为9）。

（七）运输工具名称/航次号

1. 含义

运输工具是指从事国际（地区）间运营业务进出关境和境内载运海关监管货物的工具。

航次号指载运货物进出境的运输工具的航次编号。

进出口货物报关单上的运输工具名称专指载运货物进出境所使用的运输工具的名称或运输工具编号，以及载运运货物进出境的运输工具的航次编号。

填报内容应与运输部门向海关申报的舱单（载货清单）所列相应内容一致。

2. 运输工具名称航次号的填报要求及格式

（1）一份报关单只允许填报一个运输工具名称。

（2）直接在进出境地或采用通关一体化通关模式办理报关手续的报关单和转关运输报关单具体填报要求及格式见表3-19。

表 3-19 运输工具名称的填报要求及格式

类别	填报要求	填报要求及格式	
		进出境地或通关一体化	转关报关
		提前、直接（进口、出口）	中转
水路运输	运输工具名称/航次号如： YONG AN CHENG/348	进口、出口："@"+16位转关申报单预录入号（或13位载货清单号） 出口：如多张报关单需要通过一张转关单转关的，填报"@"	进口：进境英文船名 出口：境内水路运输填报驳船船名；境内铁路运输填报车名［主管海关4位关别代码+"TRAIN"（英文单词）］，境内公路运输填报车名［主管海关4位关别代码+"TRUCK"（英文单词）］
公路运输	启用公路舱单前：跨境运输车辆的国内行驶车牌号，启用公路舱单后，免予填报 深圳提前报关： 车牌号/进出境日期，粤××××/20170601	"@"+16位转关申报单预录入号（或13位载货清单号）	
铁路运输	车厢编号或交接单号/进出境日期 P50396287/20100924	进口、出口："@"+16位转关申报单预录入号 出口：如多张报关单需要通过一张转关单转关的，填报"@"	进口：车厢编号 出口："@"+16位转关申报单预录入号
航空运输	航班号 CA798	进口、出口："@"+16位转关申报单预录入号（或13位载货清单号） 出口：如多张报关单需要通过一张转关单转关的，填报"@"	进口："@" 出口："@"+16位转关申报单预录入号
邮件运输	邮政包裹单号/进出境日期	进口、出口："@"+16位转关申报单预录入号（或13位载货清单号）	
其他运输	管道、电网等		
集中申报	集中申报		
无实际进出境	本栏空		

注：以上各种运输方式使用广东地区载货清单转关的货物的提前报关填报"@"+13位载货清单号，其他地区提前报关免予填写。

(八) 提运单号

1. 含义

提运单号是指进出口货物提单或运单的编号,该编号必须与运输部门向海关提供的载货清单所列相应内容一致(包括数码、英文大小写、符号、空格等)。

2. 填报要求

(1) 一份报关单只允许填报一个提运单号,一票货物对应多个提运单时,应分单填报。本栏目填报内容必须与舱单电子数据一致。

(2) 无实际进出境的,本栏目免予填报。

(3) 实际进出境或采用区域通关一体化通关模式的不同运输方式的提运单号填报要求见表3-20所示。

表3-20 实际进出境不同运输方式的提运单号填报要求

运输方式	填报要求	实例示范
水路运输	进出口提运单号 有分提运单的:进出口提运单号*分提运单号	提单右上角有"B/L No.:MISC200000537",该栏填写:MISC200000537
公路运输	免予填报	
铁路运输	运单号	
航空运输	总运单号+"_"(下划线)+分运单号,无分运单的填报总运单号	分运单号为"4087 1532",总运单号为"MAWB:790—8127 3721"该栏填:79081273721_40871532
邮政运输	邮运包裹单号	
无实际进出境	免予填报	
集中申报	填报归并的集中申报清单的进出起止日期	2016年11月1日至2016年11月30日,应填报为:2016110120161130

(4) 进出境转关运输货物不同运输方式的提运单号填报要求见表3-21。

表3-21 进出境转关运输货物不同运输方式的提运单号填报要求

	进 口		出 口	
	提前报关	直转、中转报关	提前报关	直转、中转报关
水路运输	免填	提单号	免填 广东省内填:车牌号	中转:运单号 直转:免填

续上表

	提前报关	直转、中转报关	提前报关	直转、中转报关
铁路运输	免填	铁路运单号		
航空运输	免填	总运单号+"—"（下划线）+分运单号		
其他运输方式	空	空		

注：①进口转关运输，以上各种运输方式进境货物，在广东省内用公路运输转关的填报车牌号，其他地区免予填写。②出口报关，广东省内转关货物提前报关的填报车牌号，其他地区免予填报。

（九）申报单位

1. 含义

申报单位是指向海关申报进出口货物的单位。包括自理报关单位和代理报关单位。

2. 填报要求

（1）自理报关单位：填报进出口企业的名称及编码。

（2）委托代理报关：填报报关企业名称及编码。

（3）可选填 18 位法人和其他组织统一社会信用代码或 10 位海关注册编码任一项。

本栏目还包括报关单左下方用于填报申报单位有关情况的相关栏目，包括报关人员、申报单位签章。

（十）监管方式

1. 含义

监管方式是以国际贸易中进出口货物的交易方式为基础，结合海关对进出口货物监督管理综合设定的对进出口货物的管理方式，即海关监管方式。

海关对不同监管方式下进出口货物的监管、征税、统计作业的要求不尽相同，海关监管方式代码采用 4 位数字结构，其中前两位是按海关监管要求和计算机管理需要划分的分类代码，后两位参照国际标准编制的监管方式代码。

2. 填报要求

（1）一份报关单只允许填报一种监管方式。

（2）根据实际情况，按海关规定的监管方式代码表选择填报相应的监管方式简称或代码。常见的监管方式的代码如表 3-22 所示。

表 3-22 常见贸易方式及代码

代码	简称	全称	备注
0110	一般贸易	一般贸易	
0214	来料加工	来料加工装配贸易进口料件及加工出口货物	无须付汇进口，B 手册
0255	来料深加工	来料深加工结转货物	
0320	不作价设备	加工贸易外商提供不作价进口设备	
0420	加工贸易设备	加工贸易项下外商提供的进口设备	
0500	减免设备结转	用于监管年限内减免设备的结转	
0615	进料对口	进料加工	须付汇进口，C 手册
0654	进料深加工	进料深加工结转货物	
1233	保税仓库货物	保税仓库进出境货物	
2025	合资合作设备	合资合作企业作为投资进口设备物品	经营单位编码第 6 位是 2 或 3，Z 证明
2225	外资设备物品	外资企业作为投资进口的设备物品	经营单位编码第 6 位是 4，Z 证明
2600	暂时进出货物	暂时进出口货物	
3100	无代价抵偿	无代价抵偿进出口货物	
3339	其他进出口免费	其他进出口免费提供货物	
4500	直接退运	直接退运	
4561	退运货物	因质量不符、延误交货等原因退运进出境货物	

（十一）征免性质

1. 含义

征免性质是指海关根据《海关法》《关税条例》及国家有关政策对进出口货物实施的征、减、免税管理的性质类别。

征免性质共有 47 种。常见的征免性质有：一般征税（101）、重大技术设备（408）、加工设备（501）、来料加工（502）、进料加工（503）、港澳 OPA（510）、中外合资（601）、中外合作（602）、外资企业（603）、鼓励项目（789）、自有资金（799）等，见表3-23。

表3-23 常见征免性质一览表

代码	简称	范围
101	一般征税	一般征税进出口货物
299	其他法定	其他法定减免税进出口
401	科教用品	大专院校及科研机构进口科教用品
501	加工设备	加工贸易外商提供的不作价进口设备
502	来料加工	来料加工装配和补偿贸易进口料件及出口成品
503	进料加工	进料加工贸易料件及出口成品
789	鼓励项目	国家鼓励发展内外资项目进口设备
799	自有资金	外商投资额度外利用自有资金进口设备、备件、配件

2. 填报要求

（1）一份报关单只允许填报一种征免性质，涉及多个征免性质的，应分单填报。

（2）根据实际情况按海关规定的征免性质代码表选择填报相应的征免性质简称及代码。

（3）特殊情况填报要求如下：

①外商投资企业为加工内销产品而进口料件，填报"一般征税"。

②加工贸易转内销货物，按实际应享受的征免性质填报，如"一般征税""科教用品""其他法定"等。

③料件退运出口、成品退运进口的货物填报"其他法定"。

④加工贸易结转货物，本栏目免予填报。

（十二）备案号

1. 含义

备案号是指进出口货物收、发货人办理报关手续时，应向海关递交的备案审批文件的编号。如加工贸易电子化手册编号、加工贸易电子账册编号、征免税证明编号、适用ITA税率的商品用途认定证明编号等。备案号栏目为12位字符，如图3-4所示，其中第一位为备案或审批文件的标记，如表3-24。备案号的标记应与"贸易方式""征免性质""征免方式""用途"及"项号"等栏目协调。

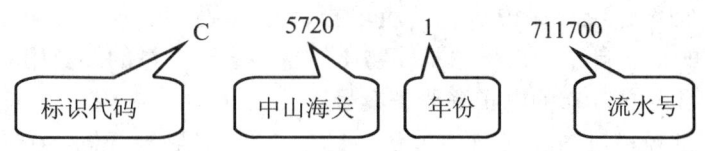

图 3-4 备案号字段含义

表 3-24 备案或审批文件的标记

首位代码	备案审批文件	首位代码	备案审批文件
B*	加工贸易手册（来料加工）	RZ	减免税进口货物结转联系单
C*	加工贸易手册（进料加工）	H	出口加工区电子账册
D	加工贸易不作价设备	J	保税仓库记账式电子账册
E	加工贸易电子账册	K	保税仓库备案式电子账册
F	加工贸易异地报关分册	Z*	征免税证明
G	加工贸易深加工结转异地报关分册	RB	减免税货物补税通知书
RT	减免税进口货物同意退运证明		

注："*"表示要熟练掌握的有关内容，应该记住表内列出的代码、符号、英文缩写。

2. 填报要求

（1）一份报关单只允许填报一个备案号。无备案审批文件的报关单，本栏目免予填报。

（2）备案号的标记码必须与"贸易方式""征免性质""征免""用途"等栏目相协调。

（3）加工贸易合同项下使用加工贸易手册的货物，"备案号"栏目应该填写登记手册编号，不得为空，除加工贸易项下少量低值辅料按规定不使用加工贸易手册及后续退补税监管方式办理内销征税的货物外，要填报加工贸易手册编号，如"C57205711700"。

（4）涉及征、减、免税备案审批的报关单，填报征免税证明编号，不得为空，如"Z22010870142"。对正在办理减免税申请审批，而货物已进境，经海关核准凭担保先予放行的，"备案号"栏可免报，同时在"标记唛码及备注"栏的备注项中注明"后补征免税证明"，事后根据实际结果，删除或更改原报关单相关栏目。

加工贸易成品转为享受减免税办理进口的货物，进口报关单填报征免税证明等审批证件编号，出口报关单填写加工贸易手册编号，并在进口报关单"标记唛码及备注"栏填报加工贸易手册编号，在出口报关单的"标记唛码及备注"栏填报征免税证明编号。

（5）出入特殊区域的保税货物，应填报标记代码为"H"的电子账册备案号；出入特殊区域的企业自用的设备、基建物资、自用合理少量的办公用品，应填报标记代码为"H"第6位为D的电子账册备案号。

（6）对于减免税进口设备及加工贸易设备之间的结转，转入和转出企业分别填制进、出口报关单，本栏分别填报加工贸易手册编号、征免税证明编号或免予填报。

（十三）贸易国（地区）

1. 含义

贸易国（地区）指发生商业性交易的国家（地区）。

2. 填报要求

按海关规定的国别（地区）代码表选择填报相应的贸易国（地区）中文名称及代码，如表3-25所示。

表3-25 主要国别（地区）代码表

代码	中文名称	代码	中文名称
110	中国香港	303	英国
116	日本	304	德国
121	中国澳门	305	法国
132	新加坡	344	俄罗斯联邦
133	韩国	502	美国
142	中国	601	澳大利亚
143	台澎金马关税区	701	国（地）别不详的

（1）进口报关单填报购自国（地区）。

（2）出口报关单填报售予国（地区）。

（3）未发生商业性交易的填报货物所有权拥有者所属的国家（地区）。

（十四）起运国（地区）/运抵国（地区）

1. 含义

起运国（地区）是指进口货物直接运抵或者在运输中转国（地）未发生任何商业性交易的情况下运抵我国的起始发出的国家（地区）。

运抵国（地区）是指出口货物离开我国关境直接运抵或者在运输中转国（地区）未发生任何商业性交易的情况下最后运抵的国家（地区）。

2. 填报要求

（1）进口报关单中填报"起运国（地区）"，出口报关单填报"运抵国（地区）"。

应按海关规定的国别（地区）代码表选择填报相应国别（地区）的中文名称或代码。国别（地区）为非中文名称时，应翻译成中文名称填报或填报其相应代码。

（2）直接运抵货物。

直接运抵货物是指由出口国（地区）直接运入我国境内的进口货物或从我国境内直接运往进口国（地区）的出口货物。例如，From Tokyo to Dalian，起运国栏填：日本或116。

直接运抵的货物，以货物起始发出的国家（地区）为起运国（地区），货物直接运抵的国家（地区）为运抵国（地区）。

（3）在第三国发生中转运输货物。

①只有运输中转，未进行中间交易，则起运国（地区）和运抵国（地区）填报不变，起运国（地区）仍为起始发出的国家（地区），运抵国（地区）仍为最后运抵的国家（地区）。

②对既有运输中转又发生了买卖关系的货物，则以中转地为起运国（地区）或运抵国（地区）。例如，From London to ShangHai Via Hong Kong，表示进口货物经香港转运到上海，香港是中转港口。进口货物在香港中转并发生商业性交易，则起运国（地区）填报"中国香港"。进口货物在香港没发生商业性质交易，则起运国（地区）填报"英国"。

确定在进口货物中转时是否发生商业性交易（买卖关系）的依据：

发票出票人的地址与进口货物的起运地一致，则说明在中转时没有发生买卖关系；发票出票人的地址与进口货物的起运地不一致，而与中转地一致，则说明在中转时发生了买卖关系。

确定在出口货物中转时是否发生商业性交易（买卖关系）的依据：

接受发票人的地址与出口货物的目的地一致，则说明在中转时没有发生买卖关系；接受发票人的地址与出口货物的目的地不一致，而与中转地一致，则说明在中转时发生了买卖关系。

③无实际进出境的货物，起运国（地区）或运抵国（地区）填中国。

（十五）装货港/指运港

1. 含义

装货港也称装运港，指货物起始装运的港口，报关单上指进口货物在运抵我国关境前的最后一个装运港。

指运港亦称目的港，指最终卸货的港口，报关单上指出口货物运往境外的最终目的港。

2. 填报要求

（1）报关单"装货港"或"指运港"栏应填报其中文名称或代码。遇到无港口中文名称及代码的，可选择填报相应的国家中文名称或代码。如最终目的港不可预知的,按尽可能预知的目的港填报。

(2) 直接运抵货物,以货物实际装货的港口为装货港,货物直接运抵的港口为指运港。

(3) 对于发生运输中转的货物,无论是否在中转地发生商业性交易行为,进口货物最后一个中转港就是装货港,出口货物指运港不受中转影响,填报最终目的港。

(4) 无实际进出境货物,"装货港"或"指运港"应填报"中国境内"(代码:0142)。

(十六) 境内目的地/境内货源地

1. 含义

境内目的地指已知的进口货物在我国关境内消费、使用地或最终运抵地的地点。

境内货源地指出口货物在国内的产地或原始发货地。

2. 填报要求

(1) "境内目的地"栏和"境内货源地"栏应根据进口货物的收货单位、出口货物的生产厂家或发货单位所属国内地区,按"国内地区代码表"选择国内地区名称或代码填报,代码含义与经营单位代码前5位的定义相同。

(2) 境内目的地应填报以进口货物在境内的消费、使用地或最终运抵地。其中最终运抵地为最终使用单位所在地区。最终使用单位难以确定的,填报货物进口时预知的最终收货单位所在地。

(3) 境内货源地以出口货物的生产地为准。如出口货物在境内多次周转,不能确定生产地的,应填报最早发运该出口货物的单位所在地。

例如:收货单位为上海顺达贸易发展公司2201213070,境内目的地填报:上海浦东新区或22012。

(4) 海关特殊监管区域、保税物流中心(B型)与境外之间的进出境货物,境内目的地/境内货源地填报本海关特殊监管区域、保税物流中心(B型)所对应的国内地区名称及代码。

(十七) 许可证号

1. 含义

许可证号指商务部配额许可证事务局及其授权发证机关签发的进(出)口货物许可证的编号。本栏可填写的许可证为进(出)口许可证、两用物项和技术进(出)口许可证、两用物项和技术出口许可证(定向)、纺织品临时出口许可证、出口许可证(加工贸易)、出口许可证(边境小额贸易)。

2. 填报要求

(1) 一份报关单只允许填报一个许可证号。例如,某公司持06-AB-100256编码的出口许可证报关,许可证号栏填:06-AB-100256。

(2) 非许可证管理商品此栏为空。注意,自动进口许可证不可填在此栏。

(十八)成交方式

1. 含义

成交方式是指在进出口贸易中进出口商品的价格构成和买卖双方各自应承担的责任、费用和风险,以及货物所有权转移的界限。成交方式在国际贸易中称为贸易术语,又称价格术语,在我国习惯称为价格条件。成交方式包括两方面的内容:一方面表示交货条件;另一方面表示成交价格的构成因素。

《2000通则》中13种贸易术语与报关单"成交方式"栏一般对应关系见表3-26。

表3-26 贸易术语与报关单"成交方式"栏对应关系表

组别	E组	F组			C组				D组			
术语	EXW	FCA	FAS	FOB	CFR	CIF	CPT	CIP	DAF	DES	DEQ	DDU	DDP
成交方式	FOB				CFR				CIF				

《2010通则》中11种贸易术语与报关单"成交方式"栏一般对应关系见表3-27。

表3-27 贸易术语与报关单"成交方式"栏对应关系表

组别	E组	F组			C组				D组			
术语	EXW	FCA	FAS	FOB	CFR	CPT	CIF	CIP	DAT	DAP	DDP	
成交方式		FOB			CFR		CIF					

2. 填报要求

(1)"成交方式"栏应根据实际成交价格条款,按海关规定的"成交方式代码表"选择填报相应的成交方式代码。

(2)无实际进出境的货物,进口成交方式为CIF,出口成交方式为FOB。

成交方式代码表见表3-28。

表3-28 成交方式代码表

代码	名称	代码	名称
1	CIF	4	C&I
2	C&F	5	市场价
3	FOB	6	垫仓

(十九) 运费、保费、杂费

1. 含义

运费是指进出口货物从始发地至目的地的国际运输所需要的各种费用。

保费是指被保险人允予承保某种损失、风险而支付给保险人的对价或报酬。

杂费是指成交价格以外的，应计入货物价格或应从货物价格中扣除的费用，如手续费、佣金、折扣等。

2. 填报要求

（1）运费。

本栏目用于成交价格中不包含运费的进口货物或成交价格中含有运费的出口货物，应填报该份报关单所含全部货物的国际运输费用。可按运费单价、总价或运费率三种方式之一填报，同时注明运费标记，并按海关规定的货币代码表选择填报相应的币种代码。

运保费合并计算的，运保费填报在本栏目。

运费标记"1"表示运费率，"2"表示每吨货物的运费单价，"3"表示运费总价。

（2）保费。

本栏目用于成交价格中不包含保险费的进口货物或成交价格中含有保险费的出口货物，应填报该份报关单所含全部货物国际运输的保险费用。可按保险费总价或保险费率两种方式之一填报，同时注明保险费标记，并按海关规定的货币代码表选择填报相应的币种代码。运保费合并计算的，运保费填报在运费栏目中。

保险费标记"1"表示保险费率，"3"表示保险费总价。

（3）杂费。

指成交价格以外的、应计入完税价格或应从完税价格中扣除的费用，如手续费、佣金、回扣等，可按杂费总价或杂费率两种方式之一填报，同时注明杂费标记，并按海关规定的货币代码表选择填报相应的币种代码。

应计入完税价格的杂费填报为正值或正率，应从完税价格中扣除的杂费填报为负值或负率。如无杂费时，本栏免填。

杂费标记"1"表示杂费率，"3"表示杂费总价。

成交方式、运费、保费各栏目间的逻辑关系见表 3-29，运费、保费、杂费填写规范见表 3-30。

表 3-29 成交方式、运费、保费各栏目间的逻辑关系

	成交方式	运费	保费
进口	CIF	不填	不填
	CFR、C&F、CNF	不填	填
	FOB	填	填
出口	FOB	不填	不填
	CFR、C&F、CNF	填	不填
	CIF	填	填

表 3-30 运费、保费、杂费填写规范表

标记	费率 "1"	单价 "2"	总价 "3"
情形	给出费率	给出单价	给出总价
运费	5%→5/1	USD500 每吨→502/500/2	HKD5 000→110/5 000/3
保费	0.3%→0.3/1	/	EUR1 000→300/1 000/3
杂费（计入）	1%→1/1	/	GBP5 000→303/5 000/3
杂费（扣除）	1%→-1/1	/	JPY5 000→116/-5 000/3

（二十）合同协议号

1. 含义

合同协议号是指在进出口贸易中，买卖双方或数方当事人根据国际贸易惯例或国家的法律、法规，自愿按照约定的条件买卖某种商品所签署的合同或协议的编号。

2. 填报要求

（1）本栏目应填报进（出）口货物合同（协议）编号，包括全部字头和号码。例如，如 Contract No. ABC-001，则该栏填 "ABC-001"。

（2）未发生商业性交易的免予填报。

（二十一）件数

1. 含义

件数是指有外包装的单件进出口货物的实际件数，货物可以单独计数的一个包装称为一件。

2. 填报要求

（1）"件数" 栏填报有外包装的进出口货物的实际件数，要求与舱单件数相同。

（2）舱单件数为集装箱的，填报集装箱个数。

（3）舱单件数为托盘的，填报托盘个数。

（4）本栏目不得填报为零，裸装、散装货物，"件数"栏填报为"1"。

（二十二）包装种类

1. 含义

商品的包装是指包裹和捆扎货物用的内部或外部包装和捆扎物的总称。一般情况下，应以装箱单或提运单据所反映的货物处于运输状态时的最外层包装或称运输包装作为"包装种类"向海关申报，并相应计算件数。

2. 填报要求

本栏目应根据进（出）口货物的实际运输外包装种类，按海关规定的包装种类代码表选择填报相应的包装种类代码。

常见包装种类代码如表 3-31 所示。

表 3-31 常见包装种类代码表

代码	包装种类	代码	包装种类
1	木箱	5	托盘
2	纸箱	6	包
3	桶装	7	其他
4	散装		

（二十三）毛重、净重

1. 含义

毛重指货物及其包装材料的重量之和。

净重指货物的毛重减去外包装材料后的重量，即商品本身的实际重量。

2. 填报要求

（1）毛重。

①本栏目填报进（出）货物实际毛重，计量单位为千克，不足一千克的填报为 1。

②如货物的毛重在 1 千克以上并且非整数，则小数点后保留 4 位，后面的则删去，如不足 4 位，按实际毛重填写。

③本栏不得留空，毛重应大于或等于 1。

（2）净重。

①本栏目填报进（出）口货物的实际净重，计量单位为千克，不足一千克的填报为 1。以毛重作为净重的，可填毛重。

②按照国际惯例以公量重计价的，如未脱脂羊毛、羊毛条等，填报公量重。

③如合同、发票等有关单证不能确定净重的货物，可以估重填报；对采用零售包装的酒类、饮料，应按照液体部分的重量填报。

(二十四)集装箱号

1. 含义

集装箱号是指装载进出口货物(包括拼箱货物)集装箱的箱体信息。集装箱号是在每个集装箱箱体两侧标示的全球唯一的编号。其组成规则是:箱主代号(3位字母)+设备识别号"U"+顺序号(6位数字)+校验码(1位数字),如EASU9809490。

2. 填报要求

(1)一个集装箱填一条记录,分别填报集装箱号(在集装箱箱体上标示的全球唯一编号)、集装箱的规格和集装箱的自重。

(2)非集装箱货物填报为"0"。

(二十五)随附单证

1. 含义

随附单证指随进(出)口货物报关单一并向海关递交的除"许可证号"栏填报的进出口许可证以外的监管证件代码及编码。

2. 填报要求

(1)合同、发票、装箱单、许可证等必备的随附单证不在本栏目填报。

(2)本栏目分为随附单证代码和随附单证编号两栏,其中代码栏应按海关规定的监管证件代码表选择填报相应证件代码;编号栏应填报证件编号(表3-32)。

(3)加工贸易内销征税报关单,随附单证代码栏填写"c",随附单证编号栏填写海关审核通过的内销征税联系单号。

(4)优惠贸易协定项下进出口货物。

一份报关单仅对应一份原产地证书或原产地声明。有关优惠贸易协定项下报关单填制要求按照海关总署2016年第51号公告执行。

表3-32 主要监管证件代码表

代码	监管证件名称	代码	监管证件名称
1	进口许可证	F	濒危物种允许进口证明书
4	出口许可证	K	深加工结转申请表
5	纺织品临时出口许可证	O	自动进口许可证(新旧机电产品)
7	自动进口许可证	P	同体废物进口许可证
A	入境货物通关单	Y	原产地证明
B	出境货物通关单	v	自动进口许可证(加工贸易)
E	濒危物种允许出口证明书		

（二十六）标记唛码及备注

1. 含义

标记唛码是运输标志的俗称。进出口货物报关单上标记唛码专指货物的运输标志。标记唛码英文表示为：Marks、Marking、MKS、Marks&No.、Shipping Marks 等。它通常是由一个简单的几何图形和一些字母、数字及简单的文字组成。

备注是指填制报关单时需要备注的事项，即除按报关单固定栏目申报进出口货物有关情况外，需要补充或特别说明的事项，包括关联备案号、关联报关单号等。

2. 填报要求

本栏目包括两部分内容，一个为标记唛码，另一个为备注。

（1）进出口货物报关单上标记唛码专指货物的运输标志，填写标记唛码中除图形以外的文字、数字。

（2）备注填制报关单时需要备注的事项，如关联备案号、关联报关单号等，包括以下情况：

①受外商投资企业委托代理其进口投资设备、物品的外贸企业名称。

②受外商投资企业委托代理其进口投资设备、物品的进出口企业名称。

③与本报关单有关联关系的，同时在业务管理规范方面又要求填报的备案号，填报在电子数据报关单中"关联备案"栏。

加工贸易结转货物及凭征免税证明转内销货物，其对应的备案号应填报在"关联备案"栏。

减免税货物结转进口（转入），报关单"关联备案"栏应填写本次减免税货物结转所申请的中华人民共和国海关进口减免税货物结转联系函的编号。

减免税货物结转出口（转出），报关单"关联备案"栏应填写与其相对应的进口（转入）报关单"备案号"栏中征免税证明的编号。

④与本报关单有关联关系的，同时在业务管理规范方面又要求填报的报关单号，填报在电子数据报关单中"关联报关单"栏。

加工贸易结转类的报关单，应先办理进口报关，并将进口报关单号填入出口报关单的"关联报关单"栏。

办理进口货物直接退运手续的，除另有规定外，应当先填写出口报关单，再填写进口报关单，并将出口报关单号填入进口报关单的"关联报关单"栏。

减免税货物结转出口（转出），应先办理进口报关，并将进口（转入）报关单号填入出口（转出）报关单的"关联报关单"栏。

⑤办理进口货物直接退运手续的，本栏目填报"＜ZT"+海关审核联系单号或者海关责令进口货物直接退运通知书编号+"＞"。

⑥保税监管场所进出货物，在"保税/监管场所"栏填写本保税监管场所编码（保税物流中心（B型）填报本中心的国内地区代码），其中涉及货物在保税监管场

所间流转的，在本栏填写对方保税监管场所代码。

⑦ 涉及加工贸易货物销毁处置的，填写海关加工贸易货物销毁处置申报表编号。

⑧ 当监管方式为"暂时进出货物"（2600）和"展览品"（2700）时，如果为复运进出境货物，在进出口货物报关单的本栏内分别填报"复运进境""复运出境"。

⑨ 跨境电子商务进出口货物，在本栏目内填报"跨境电子商务"。

⑩ 加工贸易副产品内销，在本栏内填报"加工贸易副产品内销"。

⑪ 服务外包货物进口，填报"国际服务外包进口货物"。

⑫ 公式定价进口货物应在报关单备注栏内填写公式定价备案号，格式为："公式定价"＋备案编号＋"@"。对于同一报关单下有多项商品的，如需要指明某项或某几项商品为公式定价备案的，则备注栏内填写应为："公式定价"＋备案编号＋"#"＋商品序号＋"@"。

⑬ 获得预审价决定书的进出口货物，应在报关单备注栏内填报预审价决定书编号，格式为预审价（P＋2位商品项号＋决定书编号），若报关单中有多项商品为预审价，需依次写入括号中。

⑭ 含预归类商品报关单，应在报关单备注栏内填写预归类 R－3－关区代码—年份—顺序编号，其中关区代码、年份、顺序编号均为4位数字，例如 R－3－0100－2016－0001。

⑮ 含归类裁定报关单，应在报关单备注栏内填写归类裁定编号，格式为"c"＋四位数字编号，例如 c0001。

⑯ 申报时其他必须说明的事项填报在本栏目。

三、报关单表体部分填写

（一）项号

1. 含义

项号是指申报货物在报关单中的商品排列序号及该项商品在加工贸易手册、征免税证明等备案单证中的顺序编号。一份电子报关单最多可以录入50项商品。

2. 填报要求

（1）对于商品编号不同的，商品名称不同的，原产国（地区）/最终目的国（地区）不同的，征免不同的，都应各自占据表体的一栏。

（2）本栏目分两行填报及打印。第一行打印报关单中的商品排列序号。第二行专用于加工贸易、减免税货物和实行原产地联网监管等已经备案的货物，填报和打印该项货物在加工贸易手册的项号、征免税证明或对应的原产地证书上的商品项号。

（3）加工贸易合同项下进出口货物，必须填报与加工贸易手册一致的商品项号，所填报项号用于核销对应项号下的料件或成品数量。注意加工贸易货物的特殊填报要求。

(二)商品编号

1. 含义

商品编号是指按《进出口税则》确定的税则号列,以及符合海关监管要求的附加编号组成的 10 位编号。

2. 填报要求

(1)"商品编号"栏应填报 8 位税则号列,以及第 9、10 位附加编号。

(2)在填报商品编号时应该按照进出口商品的实际情况填报。

(3)加工贸易手册中商品编号与加工贸易手册(账册)中备案的商品编码一致。

(4)减免税货物,报关单商品编码与征免税证明备案信息一致。

(三)商品名称、规格型号

1. 含义

商品名称,即商品品名,是指国际贸易缔约双方同意买卖的商品的名称。进出口货物收发货人及其代理人在报关时应当严格按照《规范申报目录》中关于规范申报商品品名、规格的要求,认真填制报关单并依法办理通关手续。

商品的规格型号是指反映商品性能、品质和规格的一系列指标,如品牌、等级、成分、含量、纯度、大小、长短、粗细等。一般来说商品名称及规格型号都在发票的"Description of Goods""Product and Description""Goods Description""Quanfities and Description"栏有具体的描述。

2. 填报要求

(1)"商品名称及规格型号"栏分两行填报:第一行填报进出口货物规范的中文名称。如果发票中的商品名称为非中文名称,则需翻译成规范的中文名称填报,仅在必要时加注原文。第二行填报规格型号。

(2)商品名称及规格型号应据实填报,并与所提供的商业发票相符。

(3)商品名称应当规范,规格型号应当足够详细,按照《规范申报目录》中所列商品相应的申报要素内容填写。以能满足海关归类、审价及许可证件管理要求为准。根据商品属性,本栏目填报内容包括:品名、牌名、规格、型号、成分、含量、等级、用途、功能等。

(4)减免税、加工贸易等已备案的货物,本栏目填报录入的内容必须与备案登记中同项号下货物的名称与规格型号一致。

(5)其他情况按海关的要求填报。

(四)数量及单位

1. 含义

数量在货物进出口报关业务中,商品的数量是报关的重要内容。进出口货物报关单上的数量是指进出口商品的实际数量。

计量单位分为成交计量单位和海关法定计量单位。成交计量单位是指买卖双方在交易过程中所确定的计量单位。海关法定计量单位是指海关按照《中华人民共和国计量法》的规定所采用的计量单位。通过税则查找。

2. 填报要求

（1）进出口货物必须按海关法定计量单位和成交计量单位填报。数量单位栏不得为空或填报"0"。

（2）"数量及单位"栏分三行填报。具体填报要求如下：进出口货物必须按海关法定计量单位填报，法定第一计量单位及数量打印在本栏目第一行。海关列明第二计量单位的，必须报明该商品第二计量单位及数量。打印在本栏目第二行。无第二计量单位的，本栏目第二行为空。实际成交计量单位及数量应当填报并打印在第三行，如表3-33所示。

表3-33 商品的数量及单位填报示例

商品名称、规格型号	数量及单位
男式内裤 100%棉针织	122 640 件（第一行，法定第一计量单位及数量） 1 042 千克（第二行，法定第二计量单位及数量） 10 220 打（第三行，成交计量单位及数量）

（3）其他情况按海关的要求填报。

（五）原产国（地区）

1. 含义

原产国（地区）是指进口货物的生产、开采、加工制造的国家或地区，依据《中华人民共和国进出口货物原产地条例》《中华人民共和国海关关于执行〈非优惠原产地规则中实质性改变标准〉的规定》以及海关总署关于各项优惠贸易协定原产地管理规章规定的原产地确定的。

2. 填报要求

（1）进口报关单填写，按海关规定的国别（地区）代码表选择填报相应的国家（地区）名称及代码。

（2）同一批货物的原产地不同的，应当分别填报原产国（地区）。

（3）进口货物原产国（地区）无法确定的，应填报"国别不详"（701）。

（六）最终目的国（地区）

1. 含义

最终目的国（地区）指已知的进出口货物的最终实际消费、使用或进一步加工制造国家（地区）。

2. 填报要求

（1）出口报关单填写，本栏目应按海关规定的国别（地区）代码表选择填报相应的国家（地区）名称及代码。

（2）同一批出口货物的最终目的国（地区）不同的，应分别填报最终目的国（地区）。

（3）不经过第三国（地区）转运的直接运输货物，以运抵国（地区）为最终目的国（地区）。

（4）经过第三国（地区）转运的货物，以最后运往国（地区）为最终目的国（地区）。

（5）出口货物不能确定最终目的国（地区）时，以尽可能预知的最后运往国（地区）为最终目的国（地区）。

（七）单价、总价、币制

1. 含义

单价是指商品的一个计量单位以某一种货币表示的价格。

总价是指进出口货物实际成交的商品总价。

币制指进出口货物实际成交价格的计价货币的名称（表3-34）。

表3-34 常见货币代码表

币制代码	币制符号	币制名称	币制代码	币制符号	币制名称
110	HKD	港币	300	EUR	欧元
116	JPY	日元	303	GBP	英镑
142	CNY	人民币	502	USD	美元

2. 填报要求

（1）单价栏目应填报同一项号下进（出）口货物实际成交的商品单位价格的金额部分。

（2）总价栏目应填报同一项号下进（出）口货物实际成交的商品总价的金额部分。

（3）无实际成交价格的，单价、总价填报货值。

（4）币制栏目应根据实际成交情况按海关规定的货币代码表选择填报相应的货币名称或代码，如货币代码表中无实际成交币种，需将实际成交货币按申报日外汇折算率折算成货币代码表列明的货币填报。

（八）征免

1. 含义

征免是指海关依照《海关法》《关税条例》及其他法律、行政法规，对进出口货物进行征税、减税、免税或特案处理的实际操作方式。

2. 填报要求

(1) 根据海关核发的征免税证明或有关政策规定,对报关单所列每项商品选择填报海关规定的征减免税方式代码表中相应的征减免税方式的名称(表3-35)。

(2) 加工贸易报关单应根据登记手册中备案的征免规定填报。加工贸易手册中备案的征免规定为"保金"或"保函"的,不能按备案的征免规定填报,而应填报"全免"。

表3-35 征减免税方式代码表

代码	名称	代码	名称
1	照章征税	5	保证金
2	折半征税	6	保函
3	全免	7	折半补税
4	特案	8	全额退税

四、进出口货物报关单其他栏目

(一) 预录入编号

1. 含义

预录入编号是指预录入单位录入报关单的编号,用于申报单位与海关之间引用其申报后尚未接受申报的报关单。

2. 编号规则

预录入编号由接受申报的海关决定编号规则,由计算机自动打印。

(二) 海关编号

1. 含义

海关编号是指海关接受申报时给予报关单的18位顺序编号,海关编号由各直属海关在接受申报时确定,并标志在报关单的每一联上。一般来说海关编号就是预录入编号,由计算机自动打印,不需填写。

2. 编号规则

报关单海关编号由18位数组成,报关单海关编号结构如表3-36所示。

表3-36 报关单海关编号结构

5302	2016	0	215514049
接受申报海关的编号	年份	进出口标志("1"为进口,"0"为出口)	报关单顺序编号
罗湖海关代码		出口	

（三）特殊关系确认

1. 含义

根据《中华人民共和国海关审定进出口货物完税价格办法》（以下简称《审价办法》）第十六条，确认进出口行为中买卖双方是否存在特殊关系，有下列情形之一的，应当认为买卖双方存在特殊关系：

（1）买卖双方为同一家族成员的。

（2）买卖双方互为商业上的高级职员或者董事的。

（3）一方直接或者间接地受另一方控制的。

（4）买卖双方都直接或者间接地受第三方控制的。

（5）买卖双方共同直接或者间接地控制第三方的。

（6）一方直接或者间接地拥有、控制或者持有对方5%以上（含5%）公开发行的有表决权的股票或者股份的。

（7）一方是另一方的雇员、高级职员或者董事的。

（8）买卖双方是同一合伙的成员。买卖双方在经营上相互有联系，一方是另一方的独家代理、独家经销或者独家受让人，如果符合前款的规定，也应当视为存在特殊关系。

2. 填报要求

（1）在本栏目应填报"是"，反之则填报"否"。

（2）出口货物免予填报，加工贸易及保税监管货物（内销保税货物除外）免予填报。

（四）价格影响确认

1. 含义

根据《审价办法》第十七条，确认纳税义务人是否可以证明特殊关系未对进口货物的成交价格产生影响，纳税义务人能证明其成交价格与同时或者大约同时发生的下列任何一款价格相近的，应视为特殊关系未对成交价格产生影响：

（1）向境内无特殊关系的买方出售的相同或者类似进口货物的成交价格。

（2）按照《审价办法》第二十三条的规定所确定的相同或者类似进口货物的完税价格。

（3）按照《审价办法》第二十五条的规定所确定的相同或者类似进口货物的完税价格。

2. 填报要求

（1）有特殊关系填报"否"，反之则填报"是"。

（2）本栏目出口货物免予填报，加工贸易及保税监管货物（内销保税货物除外）免予填报。

（五）与货物有关的特许权使用费支付确认

1. 含义

根据《审价办法》第十一条和第十三条，填报确认买方是否存在向卖方或者有关方直接或者间接支付与进口货物有关的特许权使用费，且未包括在进口货物的实付、应付价格中。

2. 填写要求

（1）买方存在需向卖方或者有关方直接或者间接支付特许权使用费，且未包含在进口货物实付、应付价格中，并且符合《审价办法》第十三条的，在"支付特许权使用费确认"栏目应填报"是"。

（2）买方存在需向卖方或者有关方直接或者间接支付特许权使用费，且未包含在进口货物实付、应付价格中，但纳税义务人无法确认是否符合《审价办法》第十三条的，在本栏目应填报"是"。

（3）买方存在需向卖方或者有关方直接或者间接支付特许权使用费且未包含在实付、应付价格中，纳税义务人根据《审价办法》第十三条，可以确认需支付的特许权使用费与进口货物无关的，填报"否"。

（4）买方不存在向卖方或者有关方直接或者间接支付特许权使用费的，或者特许权使用费已经包含在进口货物实付、应付价格中的，填报"否"。

（5）本栏目出口货物免予填报，加工贸易及保税监管货物（内销保税货物除外）免予填报。

（六）版本号

加工贸易货物出口报关单填报，应与加工贸易手册中备案的成品单耗版本一致，通过加工贸易手册备案数据或企业出口报关清单提取。

（七）货号

加工贸易货物进出口报关单填报，应与加工贸易手册中备案的料件、成品货号一致，通过加工贸易手册备案数据或企业出口报关清单提取。

（八）录入员、录入单位

录入员栏用于记录预录入操作人员的姓名。录入单位栏填报预录入单位名称。

（九）海关批注及签章

供海关作业时签注。

五、报关单格式模版

1. 进口报关单（表3–37）
2. 出口报关单（表3–38）

表 3-37 进口报关单

中华人民共和国海关进口货物报关单

预录入编号：　　　　　　　　　　　海关编号：

收发货人		进口口岸		进口日期		申报日期	
消费使用单位		运输方式		运输工具名称		提运单号	
申报单位		监管方式		征免性质		备案号	
贸易国（地区）		启运国（地区）		装货港		境内目的地	
许可证号		成交方式		运费	保费		杂费	
合同协议号		件数		包装种类	毛重（千克）		净重（千克）	
集装箱号		随附单证						
标记唛码及备注								

项号	商品编号	商品名称、规格型号	数量及单位	原产国（地区）	单价	总价	币制	征免

特殊关系确认：　　　　价格影响确认：　　　　支付特许权使用费确认：

录入员	录入单位	兹申明对以上内容承担如实申报、依法纳税之法律责任	海关批注及签章

报关人员　　　　　　　　　　　申报单位（签章）

表 3–38　出口报关单

中华人民共和国海关出口货物报关单

预录入编号：　　　　　　　　　　海关编号：

收发货人		出口口岸		出口日期		申报日期	
生产销售单位		运输方式		运输工具名称		提运单号	
申报单位		监管方式		征免性质		备案号	
贸易国（地区）		运抵国（地区）		指运港		境内货源地	
许可证号		成交方式		运费		保费	杂费
合同协议号		件数		包装种类		毛重（千克）	净重（千克）
集装箱号		随附单证					
标记唛码及备注　　　随附单证号：							

项号	商品编号	商品名称、规格型号	数量及单位	最终目的国（地区）	单价	总价	币制	征免

特殊关系确认：无　　价格影响确认：　　支付特许权使用费确认：

录入员　　录入单位	兹申明对以上内容承担如实申报、依法纳税之法律责任	海关批注及签章

报关人员　　　　　　　　　　　　　申报单位（签章）

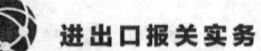

【工作任务示范】
根据模块二项目一工作示范案例1资料（详见附录二），填写报关单。

【任务成果分析】

中华人民共和国海关进口货物报关单

预录入编号：　　　　海关编号：

收发货人 上海××贸易发展公司 2201213070		进口口岸 上海浦东海关 2201	进口日期 20161031	申报日期
消费使用单位 上海××贸易发展公司 2201213070		运输方式 水路运输	运输工具名称 QIAN JIN/308	提运单号 SH0103580
申报单位 上海××贸易发展公司 2201213070		监管方式 一般贸易	征免性质 一般征税	备案号
贸易国（地区） 美国	启运国（地区） 美国		装货港 波士顿	境内目的地 上海浦东新区
许可证号	成交方式 CFR	运费	保费 0.3/1	杂费
合同协议号	件数 10	包装种类 木箱	毛重（千克） 1560	净重（千克） 1440
集装箱号 ABTU136898/40/4000	随附单证　A：××××××××			
标记唛码及备注 VADI　　　　ABTU136899/40/4000 BOSTON U.S.A C/No. 1－10.1…10				
项号　商品编号　　商品名称、规格型号　数量及单位　　原产国（地区）　　单价　　总价　　币制　　征免				
01　　84411000　　切纸机　　　　　80 台　　　　德国　　　　6500.00　52 000.00　美元　照章征税 　　　　　　　　　VIDD 牌（VI－400）				
特殊关系确认：否　　　价格影响确认：否　　　支付特许权使用费确认：否				
录入员　　　　　　录入单位　　　兹申明对以上内容承担如实申报、 　　　　　　　　　　　　　　　依法纳税之法律责任			海关批注及签章　　　　广州新风海关	
报关人员申报单位（签章）				

参考文献

[1] 报关水平测试教程编委会. 报关基础知识 [M], 北京：中国海关出版社，2017.
[2] 报关水平测试教程编委会. 报关业务技能 [M], 北京：中国海关出版社，2017.
[3] 报关水平测试教程编委会. 报关职业水平测试大纲及试题解析 [M], 北京：中国海关出版社，2017.
[4] 武晋军，唐俏编. 报关实务 [M], 北京：电子工业出版社，2016.

附录一

模块二【项目一工作任务】资料

广州天河区××无线电厂是一家民营企业,该厂向日本订购了冷轧不锈钢带(规格MM:0.5×300×COIL)一批,委托广州××外贸公司(4401210077)外贸代理进口,生产成品内销,广州××外贸公司将报关业务委托给汉德报关行,向广州海关办理进口报关手续。运输工具将于2016年8月25日到港。

资料一:提单

Shipper YUASA TRADING CO., LTD. Consignee TO ORDER Notify Party GUANGZHOU FOREIGN TRADE CORP. TIANCHENG CORP. 321 TIYU ROAD, GUANGZHOU 200127 CHINA		YOKOHAMA TUMLJIMA GUMI CO., LTD B/L NO. YSHI03208 T101227 中国远洋运输(集团)总公司 CHINA OCEAN SHIPPING (GROUP) CO. CABLE:COSCO BEIJING TLX:210740 CPC CN Combined Transport BILL OF LADING	
Pre-carriage by YOKOHAMA CFS	Place of receipt		
Place of receIpt "YONG AN CHENG" 348	Port of loading YOKOHAMA JAPAN		
Port of discharge GUANGZHOU, CHINA	Place of Delivery GUANGZHOU CFS		
Mark. & Nos. 04YN050-ES0072JP-1 GUANGZHOU N/W KGS G/W KGS C!NO. 1~5	No. of Packages 5 CASES	Kind of PACKAGES: description of Goods STAINLESS STRIP "FREIGHT PREPAID" | Gross Weight 3349KGS	Measurement 1.305CBM
TOTAL NUMBER OF CONTAINERS OR PACKAGES(IN WORDS)-TOTAL:FIVE(5)CASES ONLY				
FREIGHT & CHARGES	Revenue tons	Rate	Prepaid	Collect
Ex. Rate:	Prepaid at TOKYO, JAPAN	Payable at		Place and date of issue TOKYO, JAPAN AUG22, 2016
	Total Prepaid	NO. of Original B(s)/L THREE (3)		Signed for the Carrier
	LADEN ON BOARD THE VESSEL			
Date	AUG 22 2016			

资料二：商业发票

YUASA TRADING CO., LTD.

13-10, NTHONBASHI-ODENMACHO
CHUO 一 KU, TOKYO 103. JAPAN

Sold To
GUANGZHOU FOREIGN TRADE CORP.
TIANCHENG CORP.
321 TIYU ROAD, GUANGZHOU 200127
CHINA

Consignee

INVOICE

Invoice NO. and Date Reference Nos.

1190
AUGUST 12, 2016

Country of Origin
JAPAN

REMARKS
ISSUING DATE: JUNE 19, 2016
L/C NO.: 093LC0400263

EXPIRY DATE: OCTOBER 19, 2016

ISSUING BAN: THE AGRICULTURAL BANK
OF CHINA,
TIANHE BRANCH

Means of Transport and rout

Shipped per   On or about
YONG AN CHENG V. 348   AUGUST 22, 2016

Form   Via
YOKOHAMA, JAPAN

To
GUANGZHOU, CHINA   AUGUST 25, 2016

Terms of Payment
BY L/C AT SIGHT

CONT. NO: 04YN050-ES0072JP-1

Marks & Nos.	No.& Kind of Package	Description	Quantity	Unit Price	Amount
		STAINLESS STEEL STRIP 冷轧不锈钢带			
		SPEC: JIS G4313 SUS301-CSP-3/4H			
		SIZE: (MM)0.5X300XCOIL			
04YN050-ES0072JP-I				PER M/T CIF	
GUANGZHOU					
N/W KGS	SIZE	QUANTITY	GUANGZHOU	AMOUNT	
G/W KGS	0.5×300MM×COIL	3217KG	@US$3470	US$l1162.99	
C/NO. 1~5	TOTAL	3217KG	US$11162.99		
			计量:千克		

DELIVERY ALLOWANCE: +/- 10%
PACKING: COIL I. D. ABOUT 300MM
COIL WEIGHT ABOUT 1-3KGS/MM IN WIDTH
MANUFACTURER'S STANDARD EXPORT PACKING
MANUFACTURER: NIPPON KINZOKU CO., LTD.
---E. & O.E----
YUASA TRADING CO., LTD.
MANAGER

资料三：装箱单

YUASA TRADING CO., LTD.	PACKING LIST	
	Invoice NO. and Date Reference Nos.	
13-10，NIHONBASHI-ODENMACHO CHUO-KU，TOKYO 103.JAPAN	1190 AUGUST 12，2016	
Sold to GUANGZHOU FOREIGN TRADE CORP. TIANCHENG CORP.	Country of Origin JAPAN	
321 TIYU ROAD，GUANGZHOU 200127 CHINA 经营单位编码:3122210077 Consignee	REMARKS ISSUING DATE: JUNE 19，2016 L/C NO. : 093LC0400263 EXPIRY DATE:OCTOBER 19，2016 ISSUING BAN:THE AGRICULTURAL BANK 　　　　　　OF CHINA， 　　　　　　TIANHE BRANCH	
Means of Transport and route	Terms of Payment	
Shipped per　　　　　On or about YONG AN CHENG V. 348　　AUGUST 22，2016 From　　　　　　　　　Via YOKOHAMA，JAPAN To GUANGZHOU，CHINA　　AUGUST 25，2016	BY L/C AT SIGHT CONT. NO. : 04YN050-ES0072JP-1	

Marks & Nos.	No.& Kind of Package	Description	Quantity	Unit Price	Amount
		STAINLESS STEEL STRIP 冷轧不锈钢带			
		SPEC:JIS G4313 SUS301-CSP - 3/4H			
		SIZE: (MM)0.5X300XCOIL			
04YN050-ES0072JP-1					
GUANGZHOU	C/NO.	SIZE	NET WEIGHT	GROSS WEIGHT	
N/W KGS	1.	0.5 × 300MM × COIL	642KG	667KG	
G/W KGS	2.	0.5 × 300MM × COIL	642KG	668KG	
C/NO. 1~5	3.	0.5 × 300MM × COIL	643KG	670KG	
	4.	0.5 × 300MM × COIL	644KG	671KG	
	5.	0.5 × 300MM × COIL	646KG	673KG	
	TOTAL：FIVE (5) CASES		3217KG	3349KG	
	DELIVERY ALLOWANCE:+/- 10%				
	PACKING:COIL I.D.ABOUT 300MM				
	COIL WEIGHT ABOUT 1-3KGS/MM IN WIDTH				
	MANUFACTURER'S STANDARD EXPORT PACKING				
	MANUFACTURER：NIPPON KINZOKU CO.，LTD.				
	YUASA TRADING CO.，LTD.				

附录一　模块二【项目一工作任务】资料

【任务预期成果】

请完成以下任务预期成果，具体任务见模块二项目一工作任务预期成果要求。①判别该货物属于哪种海关监管货物。②查看该货物是否需要特殊单证，并准备报关单证（提示：商品编码查询）。③填写报关单并提交电子报关单。④查验货物。⑤税费缴纳（计算税费）。⑥办理提取货物手续和申请签发证明联。

中华人民共和国海关进口货物报关单

预录入编号：　　　　　　海关编号：

收发货人		进口口岸		进口日期		申报日期	
消费使用单位		运输方式 水路运输		运输工具名称		提运单号	
申报单位		监管方式		征免性质		备案号	
贸易国（地区）		启运国（地区）		装货港		境内目的地	
许可证号		成交方式		运费		保费	杂费
合同协议号		件数		包装种类		毛重（千克）	净重（千克）
集装箱号		随附单证					
标记唛码及备注							
项号	商品编号	商品名称、规格型号	数量及单位	原产国（地区）	单价	总价	币制	征免
特殊关系确认：	价格影响确认：	支付特许权使用费确认：						
录入员　　录入单位	兹申明对以上内容承担如实申报、依法纳税之法律责任	海关批注及签章						
报关人员申报单位（签章）								

233

附录二

模块二【项目一工作示范1】资料

上海××贸易发展公司（经营单位代码：2201213070）进口 VlDD 牌切纸机一批，型号 VI-400，运输该批货物的运输工具于 2016 年 10 月 31 日向上海浦东海关申报进境。该公司自理向上海浦东海关（关区代码2201）报关，保险费为3%，集装箱自重：4 000 千克。

【任务预期成果】

请根据资料完成以下任务预期成果，具体要求见模块二项目一工作示范预期成果要求。

①海关监管类别判断。
②进出口货物海关监管条件查询。
③单证准备。
④货物申报。
⑤货物查验。
⑥税费缴纳。
⑦货物提取或装运。

（注：报关单填制时，相关单证采用：代码：××××××××××。如入境货物报关单A：×××××××××）

资料一：发票

HAIDA HEALTH MANAGEMENT LTD.

TONG SHING BUILDING A，80 SHEUNG SHA WAN ROAD、

KOWLOON， U.S.A

INVOICE

No. SH04-10-001   Date: October 28，2016

INVOICE of

For account and risk Messrs. <u>SHANGHAI SHUNDA TRADE DEVELOPMENT</u>

<u>9/F No. 266 DONG FENG XI RD. SHANGHAI P. R. CHINA</u> 上海×× 贸易发展公司2201213070（上海浦东新区）

Shipper by <u>HAIDA HEALTH MANAGEMENT LTD Per QIAN JIN 308</u>

sailing on or about <u>Oct. 31,2016</u> From <u>BOSTON U.S.A to PUDONG PORT，SHANGHAI CHINA</u>

L/C No. 360LC010050115   Contract No. SHDI01-16HH024

Mark &. Nos.	Description of Goods	Quantity	Unit Price	Amount
VADI BOSTON U.S.A C/No. 1-10.	VIDD CUTTING MACHINES (VI-400) (VIDD牌切纸机VI-400) COUNTRY OF ORIGIN: GERMANY SAY TOTAL U.S. DOLLARS FIFTY TOW THOUSAND ONLY	80PCS 80PCS	CFR SHANG HAI USD 6.500.00	USD 52 000.00 USD 52.000.00

HAIDA HEALTH MANAGEMENT LTD. USA

资料二：装箱单

HAIDA HEALTH MANAGEMENT LTD.

TONG SHING BUILDING A，80 SHEUNG SHA WAN ROAD

KOWLOON，U.S.A

PACKING LIST

No.SH04-10-001 　　　　　　　　　　　　　　　Date:Octobeir 28. 2016

PACKING　LIST of 　　　　　　　　　　　　　B/ L NO:SH0103580

For and risk of Messrs. SHANG HAI SHUE1DA TRADE DEVELOPMENT CORP　MRKS & NOS.

S/FNO. 266 DONG FENG XI RD SHANGHAI P. R. CHINA　　　　　VAD1

Shippcd by HAIDA HEALTH MANAGEMENT LTD per QIAN JIN 308　　(IN TRI)

　Sailing on or about Oct. 31，2016　　　　　　　　　　　BOSTON U. S. A

From BOSTON U. S.A to PUDONG PORT, SHANGHAI CHINA　　C/No.1-10

Packing No.	Description	Quantity	Net Weight	Gross Weight	Measurement
1-10	VTDD CUTTINIG ACHINES(VI-400) (VTDD牌 切纸机VI-400)	@8 PCS	@144.00 kg	@ 156.00kg	
		80 PCS	1 440.00 kg	1 560.00 kg	
	TOTAL， 10 CASES SAY TOTAL TEN (10) CASES ONLY 2 X 40CONTAINER 　CONTAINER NO:ATU136399-8 　ATU136399-8	80 PCS	1 440.00 kg	1 560.00 kg	

HATDA HEALTH MANAGEMENT LTD. U. S. A

附录三

模块二【项目二工作任务】资料

深圳××科技有限公司（海关注册代码4403148024），主要生产电脑周边产品。

2016年6月2日，深圳××科技有限公司接到香港华美贸易公司一批订单，订单内容为：订购数码相机镜头/电脑用2000PCS，单价为FOB深圳USD4，交货日期最晚不得超过2016年12月10日。

2016年6月7日，深圳××科技有限公司开始着手订单的生产，因生产需要，部分料件在香港采购，货物由香港华美贸易公司提供，由于数量较少，采用自带方式从罗湖海关（代码5302）入关，香港华美贸易公司提供的装箱明细如下：

资料一：装箱单

合同号：2016-2　　　　　　　　　　　　　　　　　　　　　　日期：2016/6/15

品名规格	数量	总净重	总毛重	件数
单片数字集成电路/线宽＞0.35μm	8000PCS			
单片数字集成电路/0.18μm＜线宽≤0.35μm	2000PCS			
单层双面空白的印刷电路板	2000PCS			
镜头/Lens	2000PCS			
		21.2KG	22.2kg	1件

香港华美贸易公司制表

公司备好国内采买的其他料件开始生产，生产完成后，2016年9月3日，深圳××科技有限公司请深达货运公司负责将货运至香港，负责运输的汽车车牌号为粤ZH037港，2吨散货车。

深圳××科技有限公司委托福汉兴报关行代为办理，李明作为该公司报关员，应如何完成报关业务？

资料二：数码相机镜头（电脑用）的BOM表

产品编号：80205#　　数码相机镜头/电脑用Ⅱ　　　　　　　　　　币制：USD

序号	工厂编号	品名规格	单价	产地	单耗	损耗	单位
1	I4588	单片数字集成电路/线宽＞0.35μm	0.36	美国	4	0	个
2	I0304	单片数字集成电路/0.18μm＜线宽≤0.35μm	0.17	印尼		0	个

续上表

序号	工厂编号	品名规格	单价	产地	单耗	损耗	单位
3	P1214	单层双面空白的印刷电路板	0.22	中国台湾		0	块
4	J5011	镜头/Lens	0.45	美国		0	个
5	I2082	单片数字集成电路/线宽>0.35μm	0.13	—	2	0	个
6	D1344	插座/国内购买	0.05	—	1	0	个
7	D3863	晶振、国内购买	0.01			0	个
8	D2476	片式电容/国内购买	0.01		2	0	个
9	D5366	片式电容/国内购买	0.01		4	0	个
10	Z1047	塑胶外壳/国内购买	5		0.018	0	千克
11	Z3218	铁螺丝/国内购买	4		0.0005	0	千克
12	D4369	二极管/国内购买	0.01		1	0	个
13	D6639	电子线/国内购买	3		0.081	0	千克

【任务预期成果】

（1）填写进口料件申请备案清单及出口成品申请备案清单。

（2）办理电子化手册设立，取得电子化手册（写出电子化手册流程）。

（3）办理料件进口手续，写出进口报关流程（要求填写报关单）。

（4）办理成品出口手续，写出出口流程（出口报关单练习时不要填写）。

（5）办理合同核销手续。

进口料件申请备案清单

预录入号　　　　　　　　　　　　加工单位名称：××科技（深圳）有限公司

序号	商品编码	商品名称	规格型号	数量	单位	单价	总价	产地

出口成品申请备案清单

预录入号　　　　　　　　　　　　　　　　加工单位名称：××科技（深圳）有限公司

序号	商品编码	商品名称	规格型号	数量	单位	单价	总价	消费地	征免

中华人民共和国海关进口货物报关单

预录入编号：　　　　　　　　　海关编号：

收发货人	进口口岸	进口日期	申报日期
消费使用单位	运输方式 水路运输	运输工具名称	提运单号
申报单位	监管方式	征免性质	备案号
贸易国（地区）	启运国（地区）	装货港	境内目的地
许可证号	成交方式　运费	保费	杂费
合同协议号	件数　包装种类	毛重（千克）	净重（千克）
集装箱号	随附单证		

标记唛码及备注

项号	商品编码	商品名称、规格型号	数量及单位	原产国（地区）	单价	总价	币制	征免

特殊关系确认：　　价格影响确认：　　支付特许权使用费确认：

录入员　　录入单位	兹申明对以上内容承担如实申报、依法纳税之法律责任	海关批注及签章

报关人员申报单位（签章）

附录四

模块二【项目二工作示范1】资料

深圳市宝安区××××厂是一家与港资合作加工厂,主要生产吸塑产品,该公司已取得电子化手册B53××××××××。

目前,根据客户需求,该公司之港商投资方提供一批LCP塑胶粒,这批货物是从中国香港进口,然后存入福田保税区仓库,现从福田保税区以来料加工的方式进口至深圳进行加工。深圳市宝安区××××厂于2016年3月1日委托深圳外运报关有限公司报关申报进口,从福田保税区海关(福保税关:5321)进口,由深圳市××运输公司承运,其中车牌号为粤B×××××,其他相关资料参阅附件装箱单/发票。

请完成进口一批料件原料PVC胶片的报关。

【任务预期成果】

①分析该批货物从香港进入福田保税区仓库属于哪种海关监管货物。

②写出该批货物从福田保税区以来料加工方式申报进口适用的报关流程。

③填写从福田保税区以来料加工方式申报进口的报关单。

资料一：装箱单

PACKING/WEIGHT LIST

NO：20160311

PACKING LIST of _____   DATE：2016/03/11

For account and risk Messrs：深圳市宝安区××××厂

Shipped by

Per S. S

Sailing on about

From _____ 福保 _____ to _____ 深圳 _____

Commodity Code	Description	Quantity	Cartons	N. Weight (kg)	G. Weight (kg)	Origin Country/Region
3920430090	PVC 胶片 厚0.220－0.400mm	10 000KG	200 卷	10 000	10 300	台湾
	合计		200	10 000	10 300	

SHIOOING MARK

MADE IN TaiWan   PLASTRON INTERNATION LTD.

                                                  Amber Chou

资料二：发票

INVOICE

NO：20160311

INVOICE of _____   DATE：2016/03/11

For account and risk Messrs：深圳市宝安区××××厂

Shipped by _____

Sailing on about   From _____ 福保 _____ to _____ 深圳 _____

Issued Bank _____

Packing No.	Description of Goods	Quantity	Unit Price（USD）	Amount（USD）
	PVC 胶片 厚0.220－0.400mm	10 000kg	1.3	13 000
	合计	10 000kg		13 000

资料三：载货清单

中华人民共和国海关
进境汽车载货清单

进境日期：2016.3.11		企业编号：		关封编号：	
发货人：（盖章）			贸易性质：来料加工		
收货人：深圳市宝安区××××厂			贸易国别（地区）：香港		
合同（协议）号：2016.2564			消费国别（地区）：中国		
货名及规格		件数	重量	成交价格	起运地
				单价 / 总价	
PVC胶片 厚0.220－0.400mm		200卷	10 000KG	1.3 USD / 13000USD	福保清关
车辆牌号	境内：粤B×××××		公司封志NO：		
	境外：		海关封志NO：		
货柜箱体号NO：8T			海关批注：		
福保 海关 上列货物总计 200 件， 10 000 公斤，由 ×× 公司 委托我公司承运，保证无讹。 此致 运输公司（盖章）： 驾驶人员：陈×× 海关编号：5318151104			关员签名： 海关签章： 年 月 日		

说明：
① 此表"签证海关编号"以上项目由货主填写；以下部分由运输公司填写；
② 如此表不够填写，可附货物清单；
③ 此表填写一式三份向海关申报。